Das Survival Handbuch der Eliteeinheiten

Chris McNab

pietsch

Einbandgestaltung: Luis Dos Santos
Titelbild: www.army.mil; Bild auf der Umschlagrückseite: © Amber Books Ltd.

Deutsche Fassung: Susanne Finke

Bildnachweis: Alle Illustrationen © Amber Books Ltd.

ISBN 978-3-613-50729-6

1. Auflage 2013

Sie finden uns im Internet unter:
www.pietsch-verlag.de

Lektorat: Susanne Fischer
Innengestaltung: Lukas Kretzschmar, TEBITRON GmbH, Gerlingen
Druck und Bindung: Graspo CZ, 76302 Zlin
Printed in Czech Republic

INHALT

EINLEITUNG

Um einen Notfall in der Wildnis zu überleben, braucht man zweifellos ein bisschen Glück. Kennt man aber militärische Überlebenstechniken, so ist die Wahrscheinlichkeit, dass man mit heiler Haut davonkommt, deutlich größer. Diese Techniken und Fähigkeiten können Sie davor bewahren, in kritischen Momenten falsche Entscheidungen zu treffen. Sie helfen Ihnen, sich darauf zu konzentrieren, die Reise gesund zu überstehen und sicher nach Hause zurückzukehren. Unser Alltagsleben ist gewöhnlich gekennzeichnet durch warme Häuser, gutes Essen und eine – manchmal direkt langweilige – Abwesenheit von Gefahren. So müssen Sie die Überlebensfähigkeiten und -techniken im Vorfeld erwerben, damit sie Ihnen in einem Notfall von Nutzen sind. Dabei wird Ihnen dieses Buch helfen.

Natürlich tragen Willensstärke und Durchhaltevermögen maßgeblich zu den Überlebenschancen eines Soldaten bei. Sie sind manchmal sogar wichtiger als der eine oder andere Überlebenstrick. Denn die wahrscheinlich größten Feinde

Regionen der Erde

Für Elitesoldaten ist das Wissen über alle Einzelheiten eines Einsatzes von entscheidender Bedeutung für ihr Überleben. Die Vertrautheit mit dem Terrain, in dem sie sich bewegen, hat oberste Priorität. Diese Karte gibt Ihnen einen Überblick über die wichtigsten Regionen der Erde, einschließlich der Dschungel- und Bergregionen.

in einer Survivalsituation sind Angst und Kontrollverlust. Resignation führt zu einem schlechten Urteilsvermögen, zu Unachtsamkeit, Teilnahmslosigkeit und einem Mangel an Aufmerksamkeit. All diese Faktoren können eine ohnehin schon kritische Situation ausweglos machen. Wenn Sie also in eine derartige Überlebenssituation geraten, versuchen Sie, Ihre geistigen und körperlichen Fähigkeiten von Anfang an unter Kontrolle zu halten:

- Wirken Sie negativen Gedanken mit positivem, klarem Handeln entgegen.
- Seien Sie auf das Äußerste entschlossen zu überleben, egal wie aussichtslos die Situation erscheint.
- Verfallen Sie nicht in Lethargie. Nehmen Sie sich konsequent eine Überlebensaufgabe nach der anderen vor, so dass Sie jedes Mal, wenn Sie etwas geschafft haben, ein Gefühl von Optimismus und Befriedigung verspüren. Stecken Sie sich keine unrealistischen Ziele.
- Achten Sie auf Ihre Körperhaltung. Soldaten lernen, mit Hilfe ihrer Körperhaltung Zuversicht statt Angst auszustrahlen. Lassen Sie Ihren Kopf nicht hängen

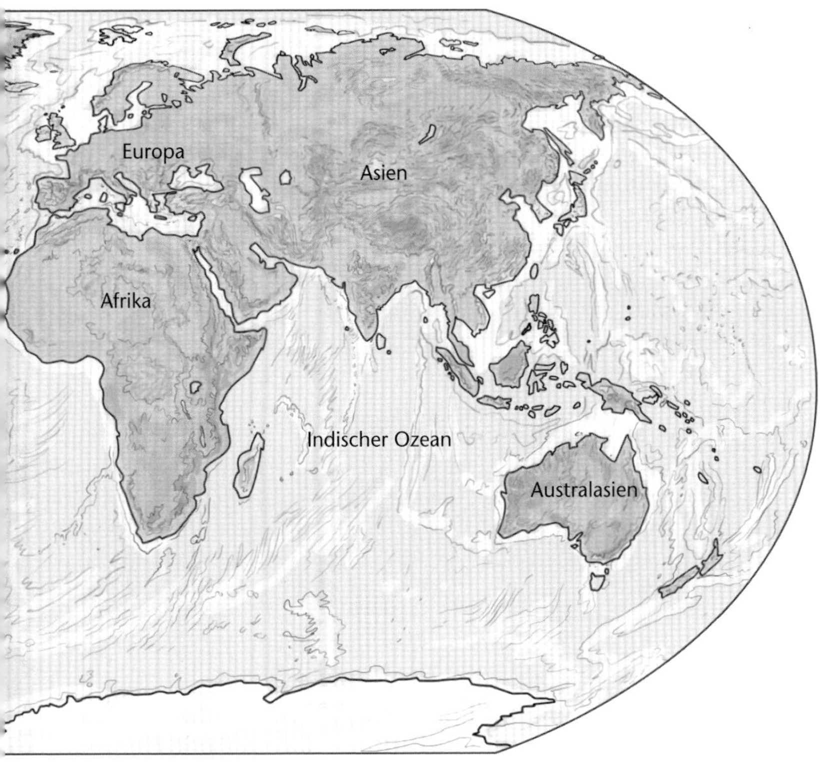

Teamwork

Soldaten vertrauen ihren Kameraden blind. Sie wissen, dass ihre Überlebenschance größer ist, wenn sie sich gegenseitig helfen und schützen. Daher sollten Sie bei jeder Expedition in die Wildnis Ihre Reisepartner klug wählen. Sie sollten sowohl körperliche als auch mentale Stärke besitzen und einen ausgeprägten Sinn für Humor haben.

– weder wörtlich noch im übertragenen Sinne –, stehen Sie gerade und strecken Sie die Brust raus. Atmen Sie tief in den Bauch hinein und bewegen Sie sich entschieden und selbstbewusst.

Sie sollten allerdings wissen, dass ein schlechter psychischer Zustand auch durch ungünstige Umweltfaktoren hervorgerufen werden kann. Kälte zum Beispiel verlangsamt den Blutkreislauf und führt zu Müdigkeit. Dieser Zustand schränkt nicht nur Ihre geistigen Fähigkeiten ein, sondern ist auch eine Vorstufe der Unterkühlung. Genauso gefährlich sind hohe Temperaturen. Sie können zur Dehydration führen, die eine fatale Auswirkung auf die Gehirnfunktion hat (Das Gehirn besteht zu 85 % aus Wasser). Nahrungsentzug führt zu Schwindelgefühlen und Ohnmacht sowie zu einer größeren Anfälligkeit für Kälte und Durst. Vermuten Sie, dass Ihr schlechter mentaler Zustand durch solche Umweltfaktoren hervorgerufen wurde, so nehmen Sie diese Probleme als erstes in Angriff. Wenn Ihnen kalt ist, finden oder bauen Sie sich einen Unterschlupf und entzünden Sie ein Feuer. Trinken Sie reichlich. Falls Wasser knapp ist, essen Sie weniger, da der Körper große Mengen an Flüssigkeit zur Verdauung benötigt. Wenn Sie hungrig sind, sollten Sie die Nahrungsaufnahme natürlich zu Ihrer obersten Priorität machen. Falls Erschöpfung – der häufigste Grund für Depressionen und Panikattacken – der Grund für Ihr mentales Tief ist, so planen Sie alle paar Stunden einen 20-minütigen Schlaf ein.

PLANUNG UND VORBEREITUNG

Das Vertrauen darauf, dass Sie überleben können und werden, hängt häufig davon ab, wie gut Sie sich auf Ihren Trip in die Wildnis vorbereitet haben. Sie sollten – wie auch Soldaten es tun – bei diesen Vorbereitungen mit dem Zusammentragen von Informationen beginnen. Belesen Sie sich über die Region, in die Sie reisen, und nutzen Sie dafür jede Ihnen zur Verfügung stehende Quelle. Dazu gehören Reiseführer, aktuelle, hochwertige Karten der Region ebenso wie persönliche Bekannte, die diese Region schon einmal besucht haben. Das Internet ist eine weitere nützliche Informationsquelle. Auf den Internetseiten der Auswärtigen Ämter finden Sie zum Beispiel kulturelle und

Routenplaner

Bereiten Sie Ihre Reise in die Wildnis mit Hilfe eines Routenplaners vor, auf dem Sie sowohl Ihre Etappenziele als auch den detaillierten Zeitplan notieren.

Routenplaner										
Datum:				Zeit:				Startposition:		
Wettervorhersage:										
Mitglieder der Reisegruppe:										
Beschreibung der Route:										
Ziel (Koordinaten)	Beschreibung (des Ziels)	Richtung	Entfernung	Zeit (für Strecke)	Höhenunterschied	Zeit (für Höhe)	Gesamtzeit	Beschreibung (Route und Terrain)	Mögl. Alternativrouten	Fluchtroute
Endgültiges Ziel (Koordinaten):			Abholzeit:							
Beschreibung:			Rückmeldung per Telefon:							

Gefahren aus der Natur

Zu den wichtigsten Aufgaben eines Kommandeurs, der in den Krieg zieht, gehört das genaue Studium des Terrains vor Ort. Genauso gut müssen auch Sie die Beschaffenheit des Terrains in Ihrem Reisegebiet mit all seinen Gefahren und Möglichkeiten kennen, bevor Sie sich auf Ihre Reise begeben.

politische Informationen über die Länder der Welt. Hier steht außerdem eine Liste der Länder zur Verfügung, die man meiden sollte. (Der amerikanische Geheimdienst CIA und das britische Außenministerium haben jeweils eine umfangreiche Internetseite zu diesem Thema. Auch das deutsche Auswärtige Amt stellt diese Informationen zur Verfügung.) Außerdem bietet das Internet verschiedenste Foren, in denen Menschen über ihre Reiseerfahrungen berichten. Nutzen Sie diese Erfahrungen für Ihre eigene Vorbereitung. Achten Sie jedoch darauf, nur seriöse Internetseiten zu nutzen – die veröffentlichten Informationen werden nicht von offizieller Stelle geprüft.

Die wichtigsten Informationen über die zu bereisende Region sind das Klima zu Ihrer Reisezeit, die geographischen Gegebenheiten in Ihrem Reisegebiet sowie die Flora und Fauna dort. Bringen Sie außerdem in Erfahrung, wie die Jahreszeiten die Wetterbedingungen beeinflussen. Finden Sie heraus, ob es in dem betreffenden Gebiet zum Beispiel häufig zu Tropenstürmen, schwerem Schneefall, Waldbränden, Sandstürmen, Perioden mit kurzem Tageslicht, zu Extremtemperaturen, Problemen mit wilden Tieren oder zu anderen saisonalen Besonderheiten kommt. Versuchen Sie, diese Zeiten auf Ihrer Reise zu meiden.

Wenn Ihre Expedition näher rückt, sollten Sie die Wetterbedingungen in der Zielregion genau verfolgen. Internationale Wetterberichte sind überall im Internet zu finden. Sie können sie sich sogar direkt per SMS auf Ihr Handy schicken lassen. Achten Sie außerdem regelmäßig auf den aktuellen Wetterbericht und mögliche Wetterwarnungen im Radio, und überprüfen Sie die Anschlagtafeln in den Nationalparks. Nehmen Sie in jedem Fall immer Bekleidung mit, um für jede mögliche extreme Wettersituation gerüstet zu sein – Wettervorhersagen treffen, wie Ihnen jeder sagen kann, der schon einmal bei einem Familienpicknick dabeigewesen ist, nicht immer ganz akkurat zu.

Auch die Kultur der Menschen in Ihrer Reiseregion sollten Sie – ähnlich wie Soldaten dies im Rahmen der psychologischen Kriegsführung tun – in unserer heutigen, moralisch komplexen Welt genauestens studieren. Es kann zu den größten Problemen führen, den Einheimischen unter Missachtung ihrer Bräuche und Regeln, ohne Respekt oder gar mit Ignoranz gegenüberzutreten. In abgelegenen, mehr oder weniger gesetzlosen Regionen kann ein solches Verhalten Sie sogar in Gefahr bringen. Respektieren Sie daher vor allem die religiösen Denkmäler vor Ort und achten Sie darauf, sich angemessen zu kleiden. Dieser Punkt ist vor allem für Frauen überaus wichtig. Ein westlich geprägter Kleidungsstil kann im harmlosesten Fall sexuelle Belästigungen und im schlimmsten Fall sogar empfindliche gesetzliche Strafen provozieren. Besondere Vorsicht ist hier in arabischen und anderen muslimisch dominierten Ländern geboten.

Finden Sie so viel wie möglich über die örtlichen Bräuche und Sitten heraus. Informieren Sie sich außerdem über kriminelle oder politische Aktivitäten, die Ihre Reise beeinflussen könnten. Lernen Sie die wichtigsten Sätze in der regionalen Sprache, unter anderem, wie Sie sich entschuldigen, wenn Sie jemanden durch eine Handlung verletzt haben. Reisen Sie nicht in ein Konfliktgebiet – egal wie spannend dies scheinen mag. Bedenken Sie: Wenn Sie in Schwierigkeiten geraten, muss jemand anderes sein Leben riskieren, um Sie zu retten.

KÖRPERLICHE FITNESS

Einer der größten Vorteile, den Soldaten in einer Überlebenssituation haben, ist ihre durch die militärische Ausbildung geschulte körperliche Leistungsfähigkeit. Die meisten Menschen, die sich auf ein Survivalabenteuer einlassen, überschätzen häufig ihre körperliche Fitness, vor allem wenn sie auf Extreme wie Hitze oder Kälte, Höhe, steile Berghänge oder schwieriges Gelände treffen. Die unterschiedlichen körperlichen Herausforderungen, auf die Sie in der Wildnis treffen, können Ihnen sehr viel mehr abverlangen als die kontrollierten Kraftanstrengungen im Fitnessstudio.

Daher ist es wichtig, dass Sie alle Bereiche Ihres Körpers trainieren. Machen Sie Krafttraining; gehen Sie laufen, schwimmen oder Rad fahren, um Ihre Ausdauer zu trainieren; machen Sie Yoga oder Dehnübungen, um Ihre Beweglichkeit zu steigern usw. Versuchen Sie, Fitnessübungen in Ihren Tagesablauf zu integrieren. Falls Ihre Ernährung zum größten Teil aus fettreichen Lebensmitteln besteht, Sie einen Bürojob haben und vielleicht auch noch rauchen, dann ist die Gefahr groß, dass Sie nicht fit genug für ein anstrengendes Wildnis-Abenteuer sind. Hier ein paar Tipps, wie Sie mit wenigen, unkomplizierten Änderungen in Ihrem alltäglichen Tagesablauf physisch fitter werden können:

- Geben Sie das Rauchen auf und reduzieren Sie den Alkoholkonsum auf ein Minimum.
- Essen Sie weniger Fastfood.
- Benutzen Sie immer die Treppen anstatt des Aufzugs.
- Gehen Sie mehr zu Fuß. Versuchen Sie, bei kurzen Wegen das Auto stehen zu lassen. Wenn Sie mit dem Auto fahren, parken Sie dieses ein wenig entfernt

von Ihrem Ziel, so dass Sie weiter laufen müssen.

- Seien Sie aktiver zu Hause. Arbeiten Sie im Garten, machen Sie dynamische Spiele mit Ihren Kindern oder lange Spaziergänge mit dem Hund.
- Gucken Sie nicht so viel Fernsehen und bewegen Sie sich in den Werbepausen.

Liegestütze

Liegestütze gehören aus gutem Grund zu den wichtigsten Fitnessübungen des Militärs. Sie stärken nicht nur die Muskulatur des Oberkörpers enorm, sondern verbessern auch die aerobe Kapazität.

Zusätzlich zu diesen alltäglichen Aktivitäten sollten Sie ein systematisches Fitnesstraining beginnen. Wenn Sie diese Tipps befolgen, sollten Sie fit genug sein, um ein Abenteuer in der Wildnis in Angriff zu nehmen. Zwar ist und bleibt die Natur unberechenbar – ganz gleichgültig, wie hart Sie trainieren. Aber falls dann ein Notfall eintreten sollte, werden Sie wie ein Soldat in der bestmöglichen körperlichen Verfassung sein, um ihm zu begegnen.

Ausfallschritt und Beugestütze

Bringen Sie Ihren ganzen Körper mit Hilfe verschiedener Fitnessübungen in Form. Der Ausfallschritt beispielsweise trainiert die Oberschenkel- und die Rumpfmuskulatur, während Beugestützen die Schulter- und Oberarmmuskeln stärken.

Arnold-Presse

Soldaten nutzen immer häufiger Hanteln und Gewichte, um ihr Fitnesstraining zu ergänzen. Führen auch Sie eine Reihe von Hantelübungen durch, wie beispielsweise die hier gezeigte Arnold-Presse, die die Schultern, die Arme und die Brustmuskulatur stärkt.

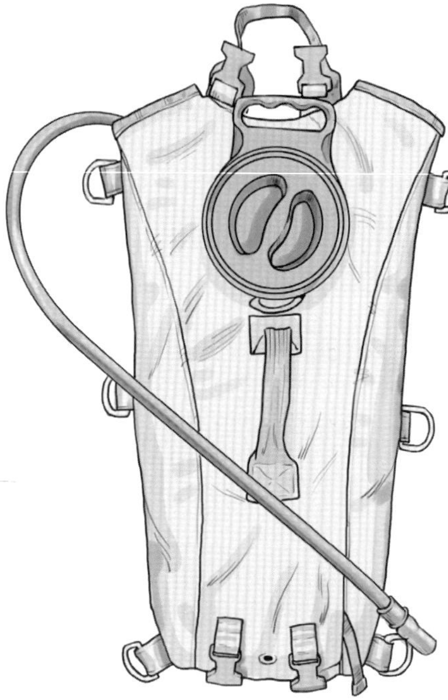
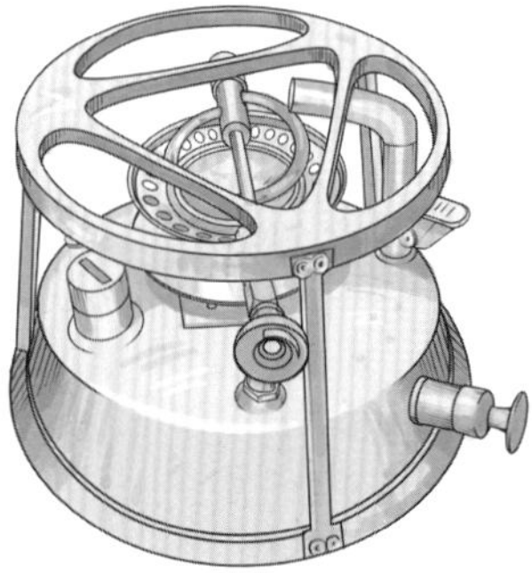
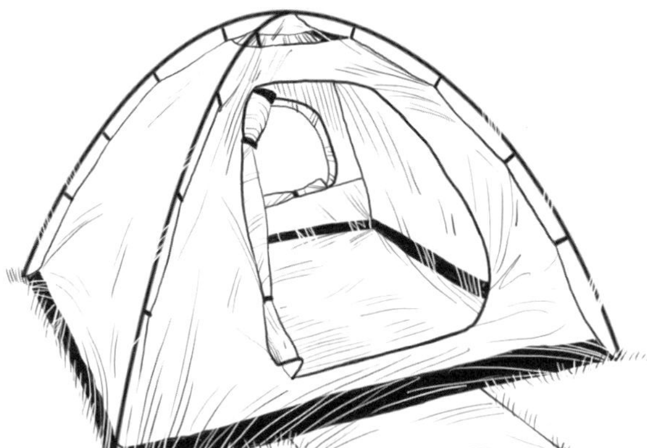

Elitesoldaten richten einen Großteil ihrer Aufmerksamkeit auf ihre Ausrüstung. Jedes Ausstattungsstück, das sie mit auf Einsätze nehmen, hat eine ganz bestimmte Aufgabe zu erfüllen. Alles, was nicht unbedingt notwendig ist, bedeutet nur überflüssiges Gewicht. Viele Soldaten ergänzen ihre militärische Ausrüstung daher durch qualitativ hochwertige Ausrüstungsgegenstände, die in den einschlägigen Outdoor-Läden erhältlich sind. Bei dieser großen Auswahl sollten Sie sich allerdings gut überlegen, was Sie mit in die Wildnis nehmen. Ein Rucksack voll mit nützlichem Zubehör und reichlich Kleidung ist für ein paar Kilometer kein Problem, kann aber über mehrere Tage zu einer wirklichen Last werden. Daher sollten Sie bei der Wahl Ihrer Ausrüstung zwei Dinge im Hinterkopf behalten: Welches Klima herrscht in der Region, in die Sie reisen? Und: Welche Notfälle könnten eintreten? Prüfen Sie jeden Teil Ihrer Ausrüstung auf Funktionalität, und stellen Sie sich immer wieder die gleiche Frage: Kann dieser Gegenstand zu meinem Überleben beitragen? Wenn die Antwort »Nein« lautet, dann packen Sie ihn nicht ein.

RUCKSÄCKE

Bei einem Einsatz trägt ein Soldat im wahrsten Sinne des Wortes sein Zuhause im Rucksack mit sich. In Ihrem Fall befinden sich im Rucksack Ihr Unterschlupf, Ihr

Bedenken Sie beim Kauf Ihrer Ausrüstung und Ihrer Kleidung, dass beides robust und genau auf Ihre Bedürfnisse zugeschnitten sein muss, aber nicht zu komplex sein darf; auch in Notfällen muss eine Benutzung mit einfachen Handgriffen möglich sein.

1

Ihre Ausrüstung und die Kleidung, die Sie tragen, können in einer lebensgefährlichen Situation den entscheidenden Unterschied zwischen Leben und Tod ausmachen.

Ausrüstung und Bekleidung

Marschgepäck

Taschen und Rucksäcke für Soldaten sind sowohl für starke Beanspruchung als auch für dauernden Komfort ausgelegt. Army-Shops führen ein großes Angebot an Ausrüstungsgegenständen. Prüfen Sie diese vorher jedoch auf Gebrauchsspuren und kaufen Sie nur die Dinge, die genau auf Ihre Bedürfnisse zugeschnitten sind.

Rucksack der britischen Armee

Schultertasche

Gürteltasche

Tragegestell

Packen eines Rucksacks

- **Beschränken Sie den Inhalt Ihres Rucksacks auf das absolute Minimum! Lassen Sie alles zu Hause, was lediglich als Luxus den Weg in Ihren Rucksack gefunden hat. So vermeiden Sie unnötiges Gewicht.**
- **Packen Sie alle Dinge, die Sie häufig oder plötzlich brauchen könnten – etwa Nahrung oder einen trockenen Pullover – nach oben oder in die Seitentaschen des Rucksacks.**
- **Die oberste Tasche ist gut geeignet, um Regenkleidung zu verstauen, da sie schnell zuganglich ist.**
- **Schützen Sie Ihre Ausrüstung – vor allem den Schlafsack – vor plötzlichen Wassereinbrüchen, falls Sie zum Beispiel in einen Fluss fallen, und wickeln Sie sie in dicke Plastiksäcke ein.**
- **Dinge, die Sie nur unregelmäßig benötigen – beispielsweise Ihren Schlafsack – lagern Sie weiter unten im Rucksack. Es sei denn, die Größe des Schlafsacks lässt dies nicht zu. Dann müssen Sie ihn außen am Rucksack befestigen.**
- **Kanten und Ecken von Dosen, Schuhen oder anderen harten Objekten müssen in der Mitte Ihres Rucksackes verstaut werden, so dass sie nicht an Ihrem Rücken drücken.**

Schlafsack, Ihr Essen und Ihr Geschirr sowie alles andere, was Sie zum Überleben in der Wildnis brauchen. Das erste Kriterium bei der Auswahl eines Rucksacks sollte daher sein Fassungsvermögen sein. Die Größenordnung reicht von kleinen 20-Liter- bis zu großen 100-Liter-Rucksäcken. Schätzen Sie realistisch ein, wofür Sie den Rucksack brauchen, und suchen Sie einen aus, der gerade groß genug für Ihr Abenteuer ist. Alles, was darüber hinausgeht, verleitet Sie nur dazu, mehr an Ausrüstung mitzunehmen, als Sie brauchen. Der gepackte Rucksack sollte nicht mehr als ein Drittel Ihres eigenen Körpergewichts wiegen. Bezüglich der Form werden grundsätzlich zwei Kategorien unterschieden – Rucksäcke mit Außengestell und solche mit Innengestell. Rucksäcke mit Außengestell sind sehr gut für längere Trips geeignet, da man Zelt und Schlafsack an der Außenseite befestigen kann, ohne den Innenstauraum zu belegen. Dagegen sind Rucksäcke mit einem inneren Rahmen komfortabler zu tragen und leichter zu handhaben. Wie immer sollten Sie, wenn Sie auf der Suche nach einem Rucksack mit der besten Kombination aus Komfort und Stabilität sind, auf den Rat eines Fachmanns hören. Hier einige Merkmale, an denen Sie einen guten Rucksack erkennen:

- Seitentaschen – so kann man schnell auf häufig gebrauchte Gegenstände zugreifen.
- Ein separates Fach unten im Rucksack, um nasse oder selten genutzte Gegenstände aufzubewahren.
- In der Länge variierbare Zurrgurte, mit denen sich die Kapazität des Rucksacks nach Bedarf verändern lässt.

- Doppelte unterklebte Nähte, Sturmklappen über den Reißverschlüssen und Riegelstichverstärkungen, um die Stabilität und Wetterbeständigkeit des Rucksacks zu verbessern.

Justieren Sie die Schultergurte und den Hüftgurt so, dass der Rucksack möglichst eng an Ihrem Körper anliegt, ohne dass die Durchblutung behindert wird. Falls die Gurte zu eng sind, so lockern Sie

Das Packen eines Rucksacks

Soldaten sind Experten, was das Packen ihres Rucksacks angeht. Die Effizienz beruht auf einem einfachen Prinzip: Dinge, die sie häufig brauchen – wie Nahrung und Regenkleidung – verstauen sie im oberen Teil des Rucksacks oder in den Seitentaschen. Dinge, die sie nur selten benötigen, werden weiter unten gelagert.

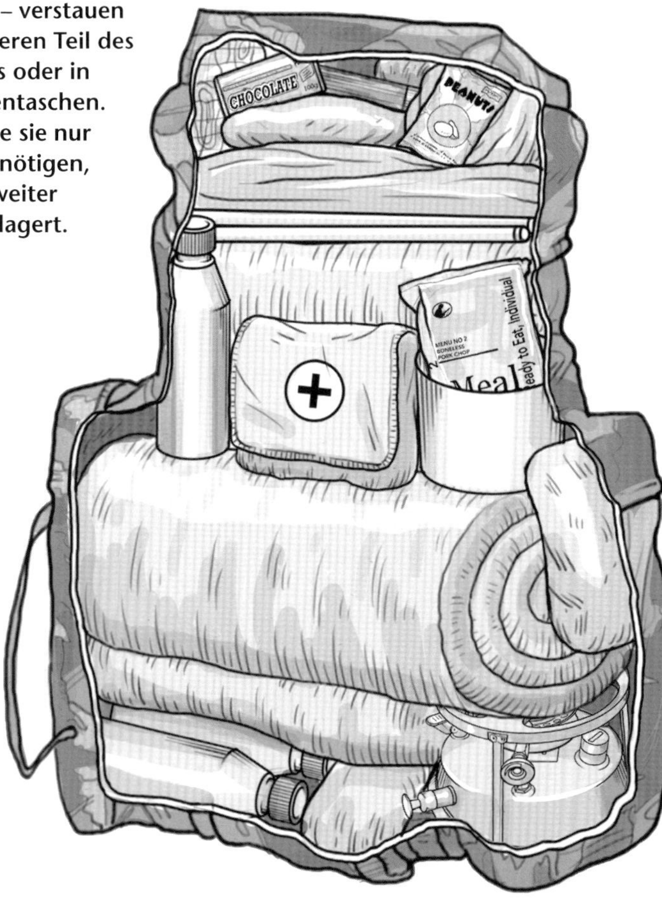

sie oder umwickeln sie mit ein wenig Schaumstoff, bis der Rucksack perfekt sitzt. Tragen Sie den Rucksack möglichst im oberen Bereich des Rückens, so dass das Gewicht zentral gelagert ist. Die hohe Position des Rucksacks verlagert den größten Teil des Gewichts auf Hüfte und Beine und beugt so Rückenschmerzen vor. Genau wie Ihre Kleidung sollten Sie Ihren Rucksack in einem guten Zustand halten. Tragen Sie immer ein Reparaturset bei sich, zu dem ein starkes Klebeband, eine Tube guter Kleber, ein paar Stofffetzen und festes Nähgarn gehören. Mit diesen Materialien können Sie die meisten kaputten Nähte und Risse im Rucksack reparieren.

SCHLAFSÄCKE

Damit Sie während eines Survivaltrips genug Schlaf und Wärme bekommen, ist ein guter Schlafsack unabdingbar. Soldaten bevorzugen eine eng anliegende Form des Schlafsacks, da so das Volumen verringert wird, das mit der eigenen Körperwärme aufgewärmt werden muss. Außerdem nehmen diese Formen weniger Platz im Rucksack ein. Beim Füllmaterial sollte es sich möglichst um Daunen handeln – eines der besten Materialien zur Wärmeisolierung. Sie können sich aber auch für ein künstliches Material mit ähnlichen Eigenschaften (etwa Thinsulate, Quallofil, Hollowfil oder Polarguard) entscheiden. Natur- und Kunstfasern haben unterschiedliche Eigenschaften. Daunen (hier vorzugsweise Enten- oder Gänsedaunen) sind extrem warm und trotzdem leicht. Außerdem lassen sich Daunenschlafsäcke besser zusammenfalten als die mit Kunststoff gefüllten. Ein Nachteil der Daunen ist jedoch, dass sie im nassen Zustand ihre Isolierwirkung verlieren – bei Regen ist daher ein wasserdichter Überzug nötig. Im Gegensatz dazu sind kunststoffgefüllte Schlafsäcke schwerer und sperriger, leisten aber auch bei Nässe noch gute Dienste. Schlafsäcke werden nach der niedrigsten Temperatur kategorisiert, bei der sie ihre Aufgabe noch erfüllen können. Suchen Sie sich also den zu Ihrem geplanten Reiseziel passenden Schlafsack aus. Alternativ können Sie sich auch ein so genanntes »Allwetter«-System anschaffen, das aus einem Schlafsack, einer Fleece-Decke und einem Biwaksack besteht. Egal wofür Sie sich entscheiden, achten Sie immer darauf, dass der Schlafsack zu Ihrer Körpergröße und Statur passt.

Isomatten sind wichtig, falls Sie planen, für längere Zeit in der Wildnis zu übernachten. Viele moderne Matten blasen sich von alleine auf und lassen die Luft auf Wunsch auch automatisch wieder entweichen. Schlafen Sie nie direkt auf dem kalten Untergrund – hierdurch verlieren Sie mehr Wärme als durch den Kontakt mit kalter Luft. Denken Sie immer daran, dass Sie den Schlafsack mit Ihrer eigenen Körperwärme aufwärmen. Wenn Ihnen ohnehin kalt ist, so wird Ihnen auch im Schlafsack nicht so schnell warm werden. Es ist also ratsam, ein paar Aufwärmübungen zu machen, um die Körpertemperatur zu erhöhen, bevor Sie in den Schlafsack schlüpfen. Für den Fall, dass der Schlafsack verloren geht, sollten Sie zwei Rettungsdecken einpacken, wie man sie in jedem Erste-Hilfe-Kasten findet.

In tropischen Gegenden ist eine Hängematte als Bett besser geeignet als ein Schlafsack, da sie nicht so warm ist und sich leichter zusammenpacken lässt. Moderne Hängematten sind relativ billig und nehmen im Rucksack nur sehr wenig Platz ein. Einige haben sogar ein eigenes Mückennetz, was in tropischen Gebieten sehr nützlich ist.

ZELTE

Das Zelt ist Ihr tragbares Zuhause und Ihr wichtigster Schutz gegen die Elemente. Die große Auswahl an Zelten auf dem Markt macht es dem Laien schwer, ein passendes zu finden. Der Rat von Experten in einem Outdoor-Geschäft ist daher ein Muss. Wie beim Kauf der übrigen Überlebensausrüstung sollten Sie ein Zelt wählen, das genau auf Ihre Bedürfnisse zugeschnitten ist.

Das wichtigste Kriterium ist natürlich die Größe des Zeltes. Für eine Rucksacktour sollte es die Größe eines Zweimannzeltes nicht überschreiten. Verzichten Sie auf traditionelle Leinenzelte, da diese zwar

Hufeisengepäck

Als Hufeisengepäck können Sie Ihre Ausrüstung transportieren, wenn Ihnen kein professioneller Rucksack zur Verfügung steht. Diese einfache und praktische Transportweise wurde oft von Guerillakämpfern wie den Vietkong genutzt. Wickeln Sie einfach alles, was Sie tragen müssen, in ein möglichst wasserdichtes Tuch oder eine Plane ein und binden Sie die Enden zu. Dann teilen Sie die Rolle mit Hilfe weiterer Bänder in Drittel, damit der Inhalt nicht hin und her rutscht. Schließlich werfen Sie die Rolle über eine Schulter und verschnüren die beiden Enden auf der gegenüberliegenden Hüftseite.

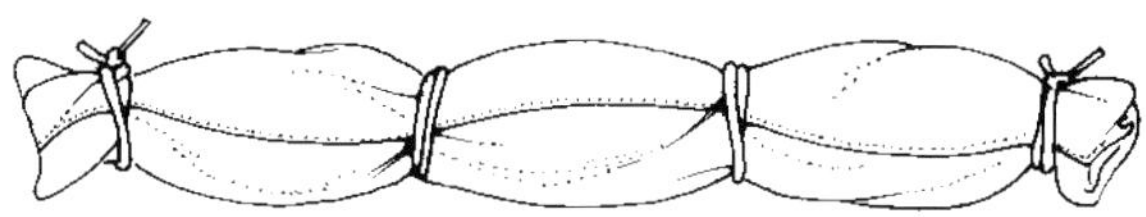

Bodenplane

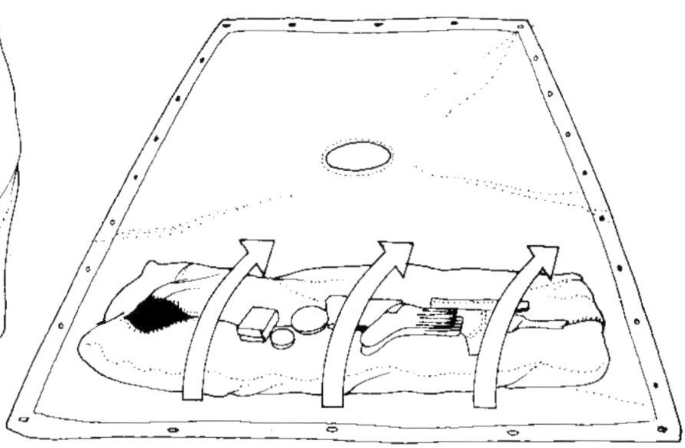

Ausrüstung, die Sie transportieren wollen

sehr robust, aber eben deshalb auch sehr schwer sind. Wählen Sie ein Polyesterzelt mit einem kunststoffbeschichteten Nylonboden und Flugzeugaluminium- oder Fiberglasstangen. Viele moderne Zelte verfügen über integrierten UV-Schutz, um Sie vor zu intensiver Sonneneinstrahlung zu schützen. Egal für welches Zelt Sie sich entscheiden, es sollte in jedem Fall die folgenden Eigenschaften aufweisen:

- 100 % wasserdicht mit verstärkten und überlappenden Nähten. Wählen Sie ein Zelt mit einer Wassersäule von mindestens 1500, je nachdem, in welche Klimazone Sie reisen. Achten Sie außerdem darauf, dass alle Materialien feuerhemmend sind.
- Eine innenliegende Baumwollschicht, durch die die Kondensation minimiert und die »Atmungsaktivität« des Zeltes verbessert wird. Falls Sie sich für ein einwandiges Zelt entscheiden – diese sind sehr viel leichter –, sollten Sie ein atmungsaktives Material wie Gore-Tex wählen.
- Durch Gummischnüre verbundene Aluminiumstangen. Hierdurch wird der Aufbau erleichtert.
- Mückennetze, die den Eingang verschließen. Dies ist besonders wichtig, falls Sie im Sommer oder in tropischen Regionen reisen.
- Das Zelt sollte maximal 2,7 kg wiegen (Zweimannzelt).

Zelte

Ihr Zelt sollte gerade groß genug sein, um Sie und Ihre Ausrüstung zu beherbergen. Gleichzeitig muss es Sie vor den härtesten Wetterbedingungen schützen. Ein Tunnel- oder Kuppelzelt beispielsweise ist ausreichend für leichte oder mäßige Wetterbedingungen, während ein geodätisches Zelt sehr viel robuster ist und auch sehr starken Winden standhält. So hat zum Beispiel das typische selbstaufrichtende Zelt der britischen Armee geodätische Form.

Kuppelzelt

Geodätisches Zelt

Tunnelzelt

Als Minimalist könnten Ihnen auch eine einfache Plane oder ein Biwakzelt reichen. Bei Letzterem handelt es sich um eine Sonderform des Biwacksacks, der mit wenig Stoff und wenig Gestänge einen Tunnel für eine Person bildet. Für einen längeren Aufenthalt in der Wildnis sind Biwakzelte allerdings nicht geeignet, da man in ihnen weder kochen noch Ausrüstungsgegenstände lagern kann. Sie sind jedoch wasser- und winddicht und wiegen nur etwa ein halbes Kilo, so dass sie optimal für kürzere Trips oder als Ersatz für ein Zelt geeignet sind.

Für extreme Wetterbedingungen brauchen Sie ein Winterzelt, das besondere Voraussetzungen erfüllen muss. Es sollte zwischen 3,6 kg und 4,5 kg wiegen. Das größere Gewicht verleiht dem Zelt einen besseren Windwiderstand in Winterstürmen. Hinzu kommt, dass Winterzelte mehr Platz bieten, um die im Winter nötige zusätzliche Ausrüstung unterbringen zu können. Bezüglich der Form des Winterzeltes sollten Sie sich für ein Kuppelzelt entscheiden, das durch seine runde Form den stärksten Winden standhalten kann.

NOTFALLSET

Ein Notfallset ist ein kleiner Behälter, in dem Sie überlebensnotwendige Utensilien mit sich führen. Diese Dose beinhaltet die Gegenstände, die Ihr Überleben sichern können, falls wichtige Teile Ihrer ursprünglichen Ausrüstung verlorengegangen sind. Daher sollten Sie sie niemals in Ihrem Rucksack verstauen, falls dieser verlorengeht oder gestohlen wird. Transportieren Sie das Notfallset stattdessen in einer verschließbaren Jacken- oder Hosentasche. Die Bestandteile eines Notfallsets sind die folgenden:

- Streichhölzer – tunken Sie die Spitzen in flüssiges Wachs und lassen Sie dieses trocknen, um die Streichhölzer wasserfest zu machen. (Wasserfeste Streichhölzer können Sie auch fertig kaufen.)
- Eine kleine Kerze – nicht nur als Lichtquelle und zum Feueranzünden, sondern auch, weil Talg im Notfall essbar ist.
- Feuerstein und Feuereisen, um ein Feuer zu entfachen – die besten bestehen teilweise aus Magnesium. Magnesiumsplitter erzeugen eine sehr heiße Flamme, die auch feuchtes Material zum Brennen bringen kann.
- Wasseraufbereitungstabletten – nehmen Sie genügend Tabletten mit, um mindestens eine Woche lang Trinkwasser herstellen zu können.
- Ein kleiner Handspiegel, um mit reflektiertem Sonnenlicht Signale zu senden. Spezielle Signalspiegel finden Sie im Fachgeschäft.
- Sicherheitsnadeln – mit diesen können Sie Kleidung reparieren und sie im Notfall auch als Angelhaken verwenden.
- Nähset – um beschädigte Kleidung zu reparieren und im Notfall Kleidung aus Tierhäuten zu nähen.
- Angelhaken, Angelschnur und Angelblei – Angelschnur kann auch verwendet werden, um Vögel zu fangen.
- Ein starker durchsichtiger Plastikbeutel – perfekt geeignet zur Aufbewahrung von allen möglichen Gegenständen und als Solar-Destillierapparat.
- Schlingendraht – für Tierfallen und feste Schlaufen.
- Drahtsäge – wenn Sie zwei Stöcke durch die Ringe an den Enden führen, haben Sie eine perfekte Säge, um Baumstämme zu durchtrennen.
- Eine kleine Pfeife – um im Notfall auch akustische Signale senden zu können.
- Knopfkompass – als Ersatz für Ihren großen Kompass.

Der Knopfkompass ist eines der wichtigsten Elemente in Ihrem Notfallset. Überprüfen Sie regelmäßig sowohl Ihren Hauptkompass als auch Ihren Knopfkompass auf Lecks (die Kompassnadel schwimmt gewöhnlich auf Öl) und erlernen Sie die Grundlagen der Navigation, bevor Sie sich in die Wildnis begeben. Überprüfen Sie auch alle anderen Teile Ihres Sets auf Anzeichen von Verschleiß. Beugen Sie Beschädigungen vor, indem Sie Watte oder Baumwolle mit in die Dose legen. Diese kann auch verwendet werden, um Feuer zu machen. Reiben Sie alle Metallgegenstände mit einer dünnen Fettschicht ein, um Rost vorzubeugen.

Notfallset

Fast alle Soldaten moderner Streitkräfte tragen heutzutage bei einem Einsatz ein Notfallset bei sich. Überprüfen Sie den Inhalt regelmäßig auf Rost- oder Gebrauchsspuren.

- ① Dose
- ② Streichhölzer
- ③ Kerze
- ④ Feuerstein/-eisen
- ⑤ Nähset
- ⑥ Wasseraufbereitungstabletten
- ⑦ Kompass
- ⑧ Signalspiegel
- ⑨ Sicherheitsnadeln
- ⑩ Drahtsäge
- ⑪ Angelschnur
- ⑫ Plastikbeutel
- ⑬ Schlingendraht
- ⑭ Kaliumpermanganat

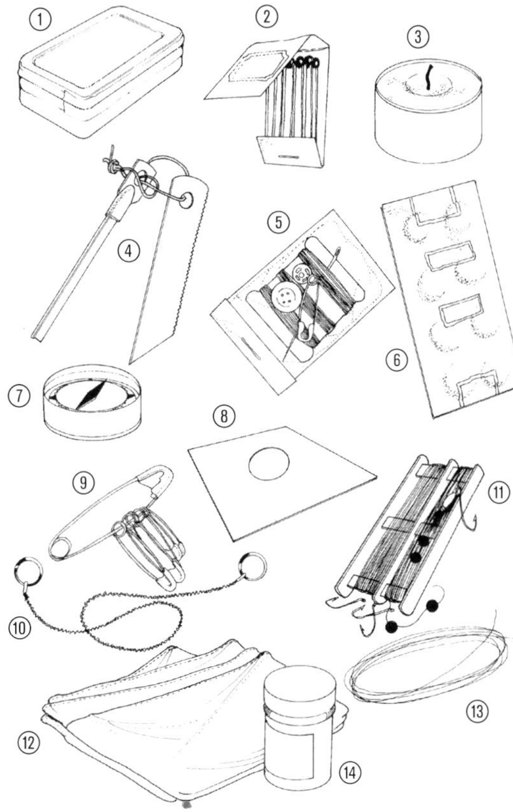

Notfalltelefon

Viele Soldaten tragen sowohl ein Satellitentelefon als auch ein handelsübliches Mobiltelefon bei sich, um die vom Militär zur Verfügung gestellte Kommunikationstechnik zu ergänzen. Satellitentelefone unterscheiden sich insofern von Mobiltelefonen, als sie fast überall auf der Welt Empfang haben, sehr robust sind und unter fast allen Umständen funktionieren.

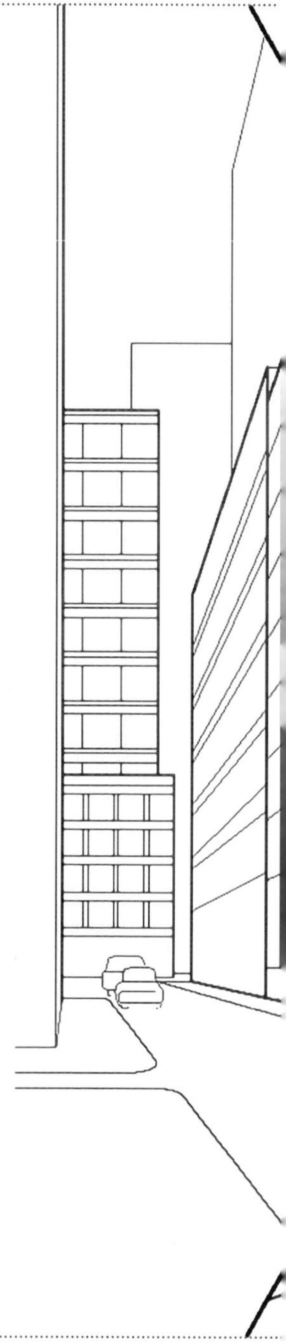

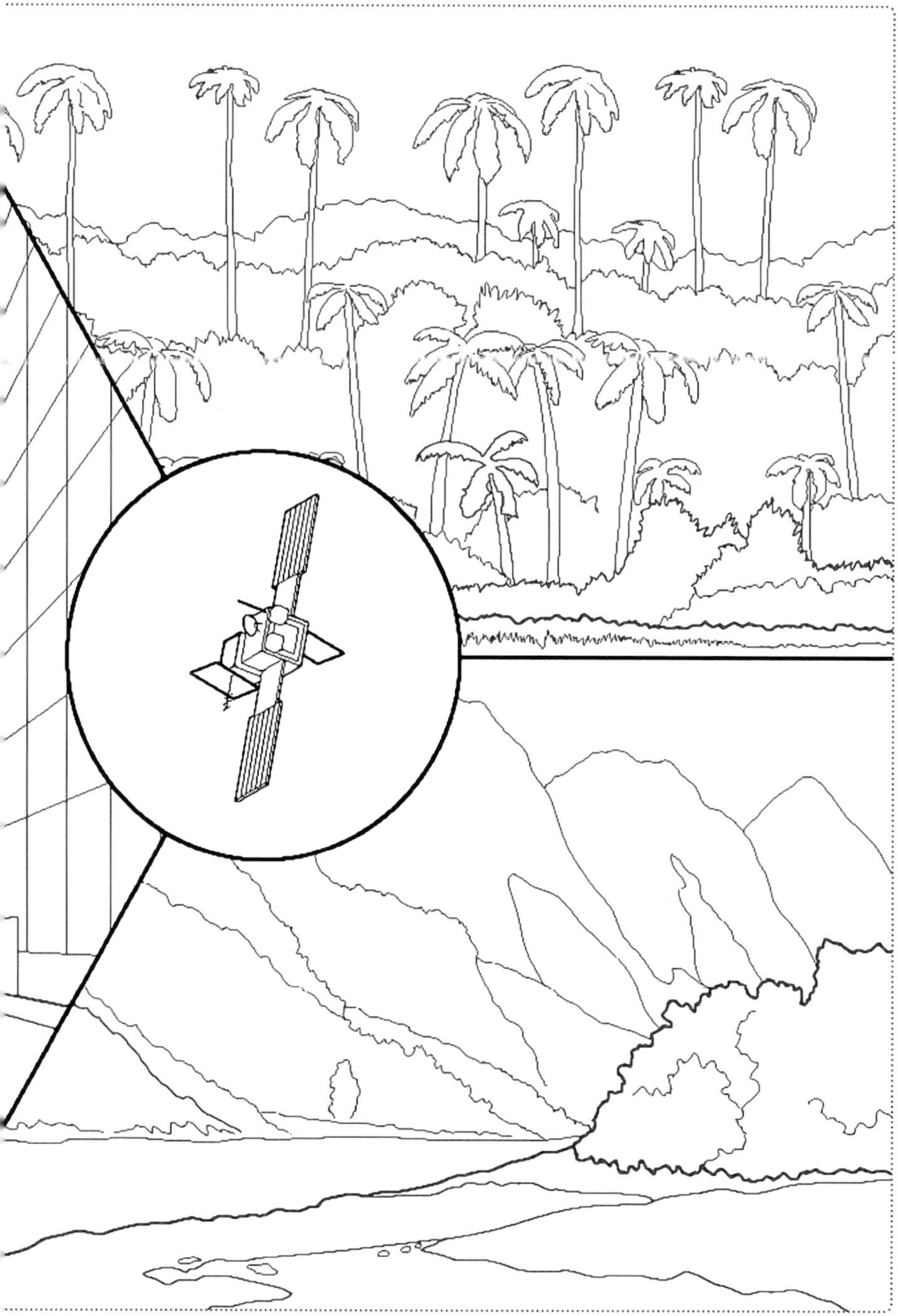

MESSER

Messer sind ein entscheidender Bestandteil der Ausrüstung eines Soldaten. Sie werden für das Häuten von Tieren ebenso wie zum Bau eines Unterschlupfs benötigt. Die besten Messer bestehen aus nur einer starken, einseitig geschärften, zur anderen Seite dicker werdenden Klinge. Diese sollte in einem hölzernen Griff enden, der mit Schrauben fest fixiert ist. Militärische Survivalmesser sind teuer, dafür aber sehr praktisch, da wichtiges Überlebensequipment, z. B. Angelschnur, Bleigewichte, ein Knopfkompass und Wasseraufbereitungstabletten, im Griff aufbewahrt werden kann. Als Ersatz sollten Sie trotzdem ein kleines, aber stabiles Klappmesser bei sich tragen. Ein Messer mit mehreren Klingen, zum Beispiel ein Schweizer Armeemesser, ist zwar praktisch, aber auch gefährlich, wenn man etwas zerteilt, da es keine Schließsperre hat. Dafür bietet das Schweizer Messer eine Reihe sehr nützlicher Zusatzwerkzeuge, zum Beispiel Säge, Pinzette und Hakenlöser.

Soldaten pflegen ihre Messer ebenso gut wie ihre Schusswaffen. Halten Sie Ihr Messer sauber und scharf, und tragen Sie es immer griffbereit, aber in einer Messerscheide, um sowohl sich selbst als auch die Klinge zu schützen – vor allem beim Wandern. Stecken oder werfen Sie das Messer niemals in Baumstämme. Auch weicher Boden kann dem Messer schaden. Das harte Holz und der Kies in der Erde können die Klinge beschädigen und abstumpfen.

Survivalmesser

Die Messer der Elitespezialeinheiten sind in Army-Shops erhältlich. Bei guten Exemplaren sind ein kleiner Knopfkompass, ein Feuerstein mit Feuerstahl, Angelschnur sowie Gewichte in den Griff integriert. Auch eine Drahtschneide an der Klinge erweist sich häufig als sehr nützlich.

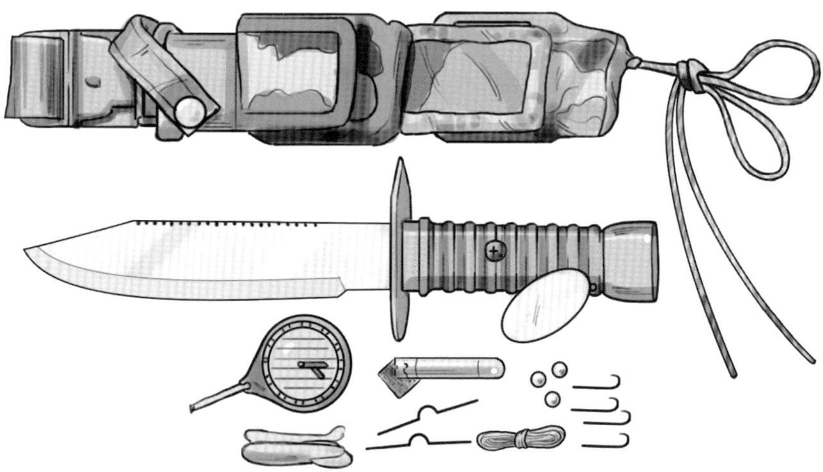

Notfallaxt

Diese Notfallaxt besitzt einen einklappbaren Griff, der es Ihnen erlaubt, die Axt in einer kleinen Tasche zu transportieren. Äxte sind wertvolle Werkzeuge, wenn es darum geht, einen Unterschlupf oder ein Floß zu bauen. Auch die Beschaffung von Feuerholz wird damit erleichtert.

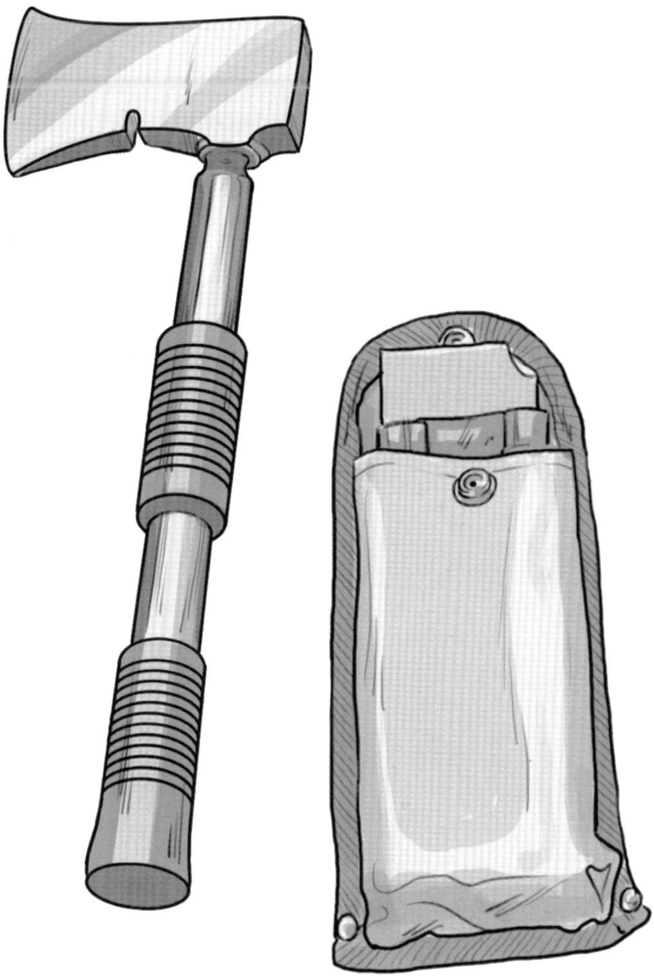

KOCHGESCHIRR

Das wichtigste Einzelteil des Kochgeschirrs ist der tragbare Kocher. Dieser sollte höchstens 700 Gramm wiegen und aus möglichst wenigen Einzelteilen bestehen. Bei der Wahl des Brennstoffs – Propangas, Brennspiritus, Petroleum oder Benzin – sollten Sie berücksichtigen, wie beziehungsweise wo Sie den Kocher benutzen werden. Bei der Nutzung von Petroleumkochern zum Beispiel muss für gute Belüftung gesorgt sein, damit die giftigen Gase abziehen können. Verwenden Sie niemals Tro-

Gaskocher

Tragbare Kocher, die mit Gas betrieben werden, sind leicht und einfach zu bedienen. Sie sind ideal, um kleine Mengen Wasser oder Nahrung zu erwärmen.

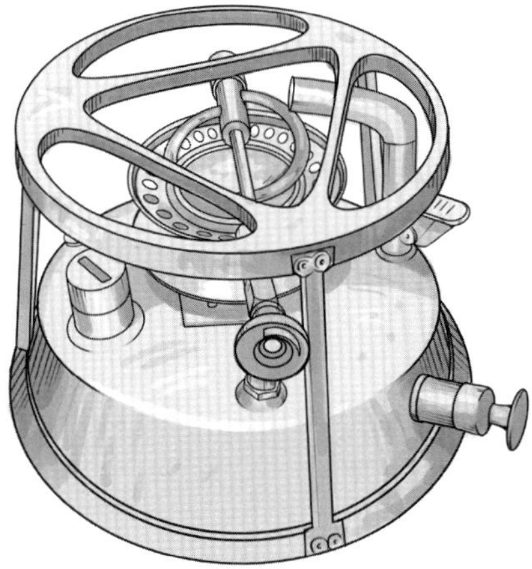

Sturmkocher

Sturmkocher gehören schon lange zu den besten Freunden eines Soldaten. Mit ihnen lässt sich ohne Schwierigkeiten Wasser erhitzen. Außerdem funktionieren sie auch unter härtesten Wetterbedingungen.

ckenspiritus oder Benzin im Inneren eines Zeltes. Beachten Sie außerdem, dass Gas bei Temperaturen von unter null Grad gefrieren kann.

Als Besteck können Sie ein zusammensteckbares Set aus Edelstahl wählen, das aus vier bis fünf Einzelteilen besteht. Für einen kurzen Trip reichen zwei Töpfe. Als Geschirr sollten Sie leichte Plastikschüsseln und Plastikteller verwenden. Wie von allen anderen Dingen sollten Sie nur so viel mitnehmen, wie Sie wirklich brauchen.

Trinkblase

Zusätzlich zu oder anstelle von ihren Wasserflaschen tragen viele Elitesoldaten einen Wasserbeutel, den sogenannten »Dromedar-Beutel«, auf dem Rücken, um stetig auf ihren Wasservorrat zugreifen zu können. Der typische Wasserbeutel für diesen Zweck hat eine Kapazität von zwei Litern.

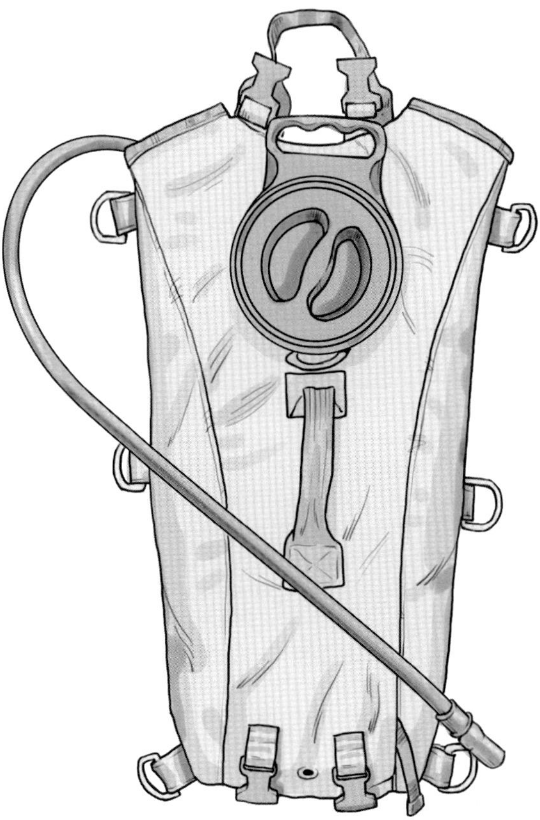

Angelzubehör

Angelzubehör nimmt so gut wie keinen Platz in Ihrem Rucksack ein. Es hat aber unschätzbare Vorteile, ein paar Gewichte, Haken und Angelschnur dabeizuhaben. Idealerweise sollten Sie verschiedene Hakengrößen und Gewichte mitnehmen, um verschiedene Sorten Fisch unter unterschiedlichsten Bedingungen fangen zu können.

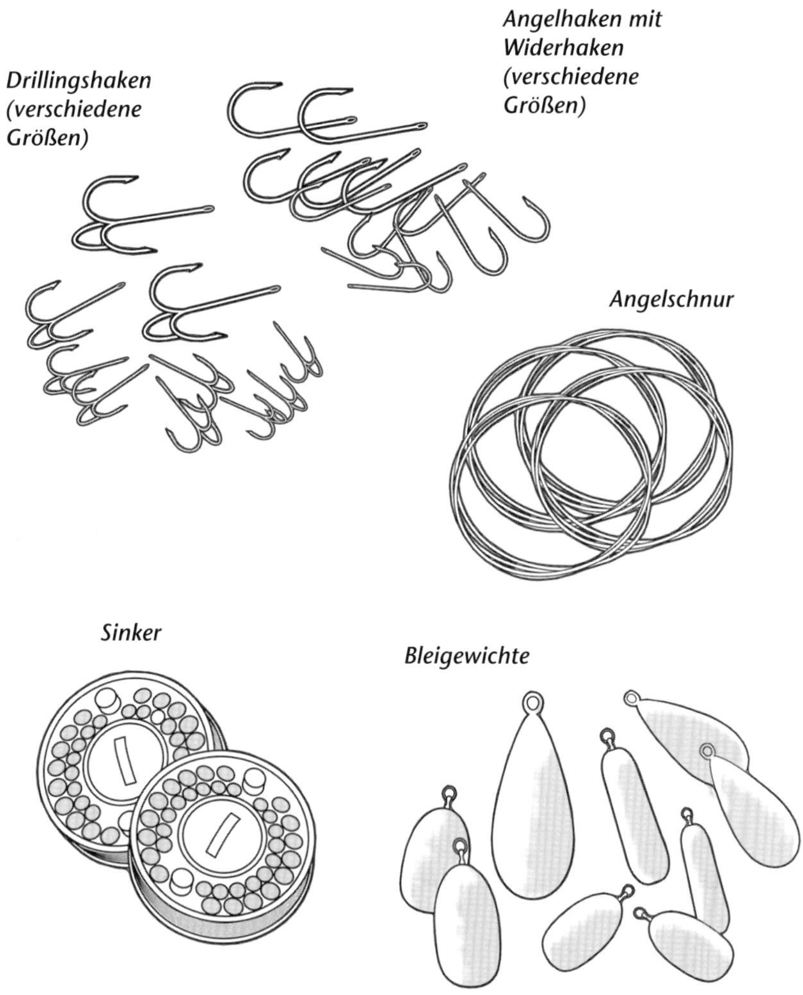

Drahtsäge

Die NATO-Drahtsäge gehört oft zum Flucht- und Notfallset von Elitesoldaten. Mit der Drahtsäge kann man durch Holz, Plastik und Knochen schneiden. Zu einem Bündel zusammengerollt und in einer kleinen Tasche verpackt nimmt sie nicht viel Platz weg.

Vakuumverpackte Lebensmittel

Im Einsatz ernähren sich Soldaten hauptsächlich von sogenannten »Einmannpackungen«, die die Verpflegung für einen Tag sicherstellen und nur noch aufgewärmt werden müssen oder sogar kalt gegessen werden können. Auch energiereiche Snacks wie Nüsse, getrocknete Früchte und Schokolade gehören zur Verpflegung. Es ist empfehlenswert, alles Essbare in wasserdichten Verpackungen aufzubewahren, um es vor Verschmutzung, Fäulnis und Feuchtigkeit zu schützen.

KLEIDUNG

Kleidung, die das Überleben von Soldaten sichern soll, muss mehrere Kriterien erfüllen. Sie soll den Soldaten – je nach Klima – warm beziehungsweise kühl halten und ihn gleichzeitig vor allem beschützen, was die Natur an Extremen zu bieten hat: Regen, Schnee, starker Sonnenschein, Insekten etc. In den letzten zwanzig Jahren gab es außergewöhnliche technologische Weiterentwicklungen vor allem beim Material der Jacken.

Eines der Grundprobleme, mit dem Outdoor-Kleidung fertigwerden muss, ist, dass der Träger anfängt zu schwitzen, sobald er sich anstrengt. Der Schweiß durchnässt die Kleidung von innen. Sobald der Schweiß zu trocknen beginnt, wird dem Körper Wärme entzogen. Damit erhöht sich das Risiko für Unterkühlung. Glücklicherweise gibt es inzwischen moderne, atmungsaktive Materialien, die genau dies verhindern. Gore-Tex ist das wohl bekannteste dieser Materialien. Auch Ultrex und Extreme sind bekannte Hersteller solcher atmungsaktiven Stoffe. Die mikroporöse Membran erlaubt es dem Schweiß, durch die Kleidung hindurch zu verdunsten. Dadurch bleibt der Stoff trocken. Trotzdem bleibt die Jacke vollkommen wasserdicht, da die 1,5 Millionen Poren pro Quadratzentimeter zweitausend Mal kleiner sind als ein Wassertropfen, aber 700 Mal größer als ein verdunstetes Wassermolekül.

Außerdem gibt es Materialien, die einen integrierten UV-Schutz von 40+ bieten, was die Gefahr eines Sonnenbrands erheblich verringert.

Mehrschichtenprinzip (Zwiebelprinzip)

Das grundlegende Prinzip von Überlebenskleidung ist das Mehrschichtenprinzip, auch Zwiebelprinzip genannt. Viele dünne Lagen isolieren besser als wenige dicke Lagen. Die Luft zwischen den einzelnen Schichten wird durch die Körperwärme aufgewärmt. Jede dieser Luftschichten isoliert den Körper von der umgebenden kälteren Luft. Um sich der jeweiligen Klimalage anzupassen, können Sie je nach Bedarf Kleidungsstücke aus- oder anziehen. Die wichtigste Kleidungsschicht ist die, die direkt auf der Haut aufliegt. Sie sollte aus leichtem, atmungsaktivem Material bestehen. Vermeiden Sie daher auf jeden Fall Baumwollshirts, da diese sehr schnell durchnässen. Bei kalten Wetterbedingungen sollte die unterste Schicht außerdem wärmende Eigenschaften besitzen und auch Arme und Beine bedecken. Je nach Wetter ist diese Reihenfolge der Schichten empfehlenswert:

- Ein Hemd aus Wolle oder Wollmischgewebe.
- Eine isolierende Schicht, etwa eine Fleece-Jacke. Solche Jacken sind sehr warm und trotzdem leicht.
- Zum Schluss eine leichte wind- und wasserdichte Hose. Diese sollte sich bequem über die restliche Kleidung ziehen lassen, ohne zu eng anzuliegen.

Beachten Sie, dass viele moderne Jacken bereits mehrere Schichten in sich vereinen. Sie bestehen aus einer Regenjacke und einem herausnehmbaren Fleece, die mit Hilfe eines Reißverschlusssystems verbunden sind. Sie sollten dabei immer auf eine gute Atmungsaktivität achten. Trotz der modernen, atmungsaktiven Materialien wird sich immer eine gewisse Menge von Schweiß ansammeln, wenn Sie sich körperlich anstrengen. Aus diesem Grund sollten Sie immer Wechselkleidung dabei haben. So können Sie die durchgeschwitzte Kleidung gegen trockene tauschen, wenn Sie zur Ruhe kommen.

Das Mehrschichtenprinzip

Dieses Prinzip erlaubt es Ihnen, Ihre Körpertemperatur optimal unter Kontrolle zu halten. Je nach Bedarf können Sie einzelne Kleidungsstücke aus- oder anziehen, um Ihre Körpertemperatur an die aktuellen Bedingungen anzupassen. So besteht beispielsweise die CS95-Uniform der britischen Armee aus sieben verschiedenen Lagen, von einem Thermounterhemd als unterster Lage bis hin zu einer wetterfesten Gore-Tex-Jacke.

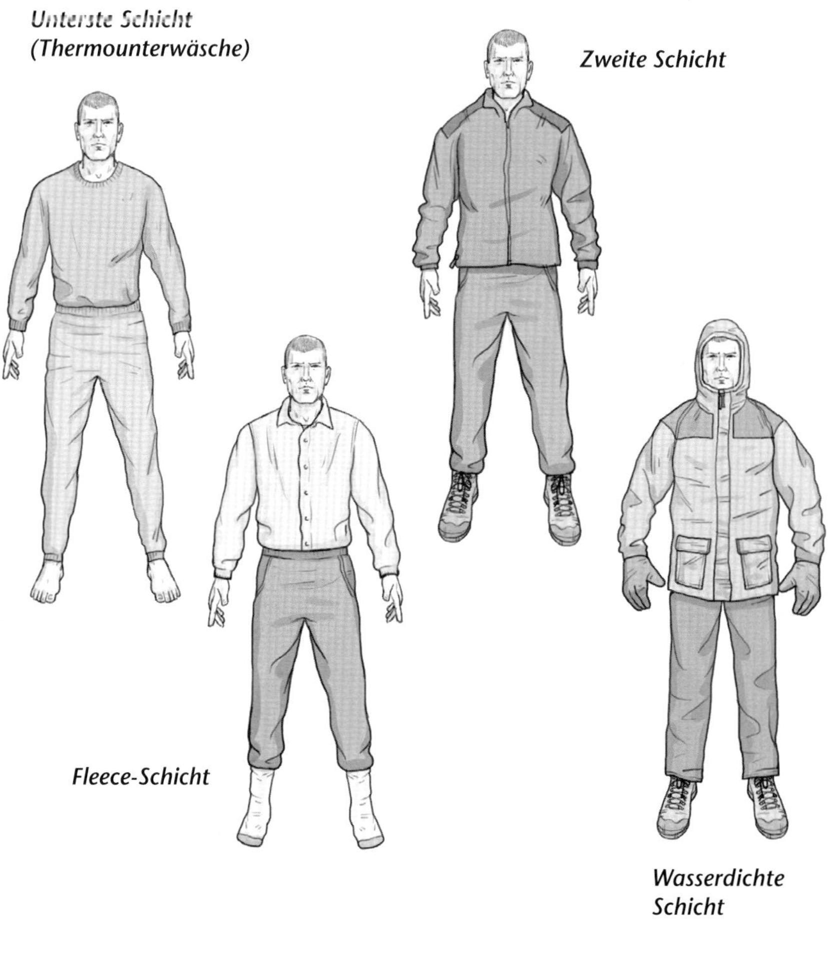

TIPP

Wie Sie Ihre Kleidung auf Ihrem Survivaltrip in Schuss halten

Soldaten wird schon in der Grundausbildung beigebracht, auf ihre Kleidung achtzugeben, da sie durch Schmutz oder Beschädigung ihre schützenden Funktionen verlieren kann. Hier sind einige Tipps von Soldaten, wie Sie Ihre Kleidung instand halten können:

- **Halten Sie die Kleidung sauber. Durch Schmutz wird nicht nur die wasserabweisende Eigenschaft, sondern auch die Wärmedämmung beeinträchtigt. Sollte Ihre Kleidung also schmutzig sein, wischen Sie den Dreck beispielsweise mit einem feuchten Lappen ab.**
- **Reparieren Sie kleine Schäden sofort. Nähen Sie alle kleinen Risse, sobald Sie die Möglichkeit dazu haben, um zu verhindern, dass diese weiter aufreißen. Wasserdichter Kleber ist überall erhältlich und kann verwendet werden, um Risse in wasserdichten Nähten zu verschließen.**
- **Halten Sie die Kleidung trocken. Trocknen Sie Ihre Kleidung bei jeder Gelegenheit, indem Sie die Kleidungsstücke entweder an der frischen Luft aufhängen oder dicht an einem Feuer – nicht über dem Feuer – zum Trocknen auslegen. Packen Sie niemals feuchte Kleidung zurück in den Rucksack, da sich schnell Schimmel bilden wird, der die Kleidung verrotten lässt.**

Jacken

Das grundlegende Prinzip der Jacke als der äußersten Schicht ist, dass sie wind- und wasserdicht, aber trotzdem atmungsaktiv sein sollte. Achten Sie darauf, dass die Jacke groß genug ist, um problemlos über mehrere untere Schichten zu passen. Sie sollte knielang sein und Gummizüge an den Ärmeln und am Saum haben. Alle Reißverschlüsse, vor allem der Hauptreißverschluss, sollten sowohl mit Knöpfen als auch mit Klettverschlüssen abgedeckt werden können, um sie vor Wind und Regen zu schützen. Verstellbare Gummizüge an den Handgelenken sind nützlicher als elastische Varianten, da diese zur Überhitzung führen können, falls die Temperatur steigt. An einigen teuren Jacken kann man die Ärmelweite mit einer Hand verstellen. Das ist nützlich, wenn Sie Handschuhe tragen. Die Kapuze der Jacke muss groß genug sein, um Platz für eine eventuell benötigte Mütze zu bieten, und sollte verschließbar sein, um den unteren Teil des Gesichts zu schützen. Ein Gummizug in der Kapuze ermöglicht es, diese eng um das Gesicht zu legen. Das minimiert zum einen den Wärmeverlust und verhindert zum anderen, dass die Kapuze vom Kopf geweht wird. Aus praktischen Gründen sollte die Jacke mindestens zwei große, wasserdichte Außentaschen und eine große Innentasche haben, in der Sie eine Karte verstauen können. Taschen an den Ärmeln können auch von Nutzen sein, um dort kleinere Gegenstände aufzubewahren. Bei der Farbe der Jacke sollten Sie sich für eine Signalfarbe ent-

Wasserdichte Kleidung

Die Wasserdichtigkeit von Kleidung ist entscheidend, da selbst die wärmsten Kleidungsstücke aus Fleece oder Wolle ihre wärmenden Eigenschaften verlieren, wenn sie feucht sind.

scheiden, die es in einem Notfall den Rettungskräften leichter macht, Sie zu finden. Falls Sie vorhaben, auf dem Trip zu jagen, sollten Sie allerdings selbstverständlich Tarnfarben wählen. Dies sollte aber die einzige Ausnahme sein. Die beste Lösung wäre es, eine leichte wind- und wasserdichte tarnfarbene Jacke über einer hellen Jacke in Signalfarbe zu tragen. Die Regenjacke können Sie dann bei trockenem Wetter ausziehen. Denken Sie daran, dass die äußerste Schicht auch ein einfacher wasserdichter Poncho sein kann. Ein Poncho mit Kapuze bietet ausgezeichneten Schutz vor Regen und ist groß genug, um auch Ihren Rucksack abzudecken. Im Notfall kann er auch als Unterlage oder sogar als improvisierter Unterschlupf verwendet werden.

Hosen

Genau wie alle anderen Kleidungsstücke sollten auch die Hosen aus einem atmungsaktiven und schnell trocknenden Material bestehen. Wählen Sie eine Hose mit Schlaufen, um sie zum Trocknen aufhängen zu können. Außerdem sollte die Hose aus reißfestem Material bestehen, da sie häufig Kontakt mit Erde, Felsen und Gestrüpp haben wird. Hosen aus Baumwollmischgewebe und Nylon sind gute Begleiter auf Ihrem Abenteuertrip, vor allem unter heißen Klimabedingungen. Achten Sie darauf, dass die Hose nicht zu eng anliegt, damit Sie sich frei bewegen können. Andernfalls werden Ihre Beine stark schwitzen. Alle Taschen sollten groß und mit einem Reißverschluss verschließbar sein. Kniepolster sind von großem

Kleidung für Temperaturen unter dem Gefrierpunkt

Bei Temperaturen unter dem Gefrierpunkt müssen Sie darauf achten, dass jeder Teil Ihres Körpers gut vor der Kälte geschützt ist. Hier sehen wir die verschiedenen Kleidungsschichten, die für extreme Wetterbedingungen benötigt werden. Die Gesichtsmaske und die Handschuhe schützen die Körperpartien, die besonders anfällig für Erfrierungen sind. Behalten Sie jedoch im Hinterkopf, dass selbst die Royal Marines immer einen Unterschlupf aufsuchen, wenn die Temperaturen unter –30° C fallen.

Nutzen, vor allem, wenn Sie in bergiges Gebiet reisen. Zusätzlich zu dieser Hose sollten Sie eine wasser- und winddichte Ersatzhose dabeihaben. Diese können Sie bei Regen über die normale Hose ziehen. Suchen Sie nach einer Regenhose, die um die Knöchel herum Reißverschlüsse hat, so dass Sie diese überziehen können, ohne Ihre Stiefel auszuziehen.

Kopfbedeckungen

Nehmen Sie immer eine warme Mütze mit in die Wildnis. Selbst an Sommertagen kann die Temperatur je nach Tageszeit, Höhe über dem Meeresspiegel und Bewölkung variieren. In Wüstenregionen kann vor allem nachts die Temperatur dramatisch sinken. Eine einfache Wollmütze kann Ihren Schlaf angenehmer machen, da der Körper nachts am meisten Wärme über den Kopf verliert. Allgemein sind Woll- oder Fleece-Mützen sowohl für moderate als auch für kalte Klimabedingungen angebracht. Für extreme Temperaturen brauchen Sie eine Thermo-Mütze, die Ihren Nacken, Ihre Ohren und Ihre Wangen schützt. Zusätzlich sollten Sie eine Sturmhaube tragen. In heißen Klimabedingungen ist ein Hut aus Leder, wie er oft von Schäfern getragen wird, sehr beliebt. Er spendet Schatten, ist wasserdicht und wird erstaunlicherweise auch bei starken Winden nicht vom Kopf geweht. Alternativ können Sie eine arabische Kopfbedeckung, die Keffiyeh, auch bekannt als Palästinensertuch, nutzen. Soldaten der britischen SAS-Einheiten haben diese während des Irakkriegs getragen, da sie leicht herzustellen sind. Sie nehmen dazu ein quadratmetergroßes Stück hellen Stoff und falten es über Ihren Kopf, Ihren Nacken und Ihre Schulter. Fixiert wird es mit einem Band oder Gummi, das um Ihren Kopf gewickelt wird. Nun sollte immer noch genügend Stoff übrig sein, den Sie nutzen können, um Ihr Gesicht im Falle eines Sandsturmes zu schützen. Verzichten Sie auf Baseballmützen, da diese nicht genügend Schatten spenden.

Schuhwerk

Jeder, der einen modernen Outdoor-Laden betritt, sieht sich einer riesigen Auswahl an Schuhwerk gegenüber. Es gibt Wandersandalen, Wander- und Kletterschuhe und spezielle Bergstiefel. Jeder Schuh oder Stiefel hat seine bestimmten Vorteile. Generell gilt: Je schwerer das Terrain ist, desto fester sollte das Schuhwerk sein. Dabei ist vor allem wichtig, dass der Schuh an die Anforderungen Ihres Trips angepasst ist. Ein Bergstiefel zum Beispiel ist steifer als ein normaler Wanderschuh und macht es schwer, in ebenem Gelände zu wandern. Tragen Sie auf Ihrer Reise auf keinen Fall Sportschuhe. Mit ihrer weichen Beschaffenheit bieten sie weder Dämpfung noch Stabilität für das Fußgelenk und haben Kälte und Nässe nichts entgegenzusetzen.

Egal, für welchen Schuh Sie sich entscheiden, achten Sie darauf, dass er die folgenden Eigenschaften aufweist: Er sollte flexibel sein und bequem sitzen, muss aber trotzdem fest genug sein, um dem Fuß und dem Knöchel ausreichend Stabilität zu bieten. Die einzige Ausnahme von dieser Regel ist ein Bergstiefel, den Sie häufig mit Steigeisen tragen. Dieser muss in der Spitze, der Sohle und der Hacke steif sein. Die Sohle sollte außerdem ein tiefes Profil aufweisen. Viele moderne Schuhe haben eine stoßdämpfende Sohle, um die Gefahr von Zerrungen oder Bänderrissen im Fußbereich zu mindern. Schuhe mit einer wasserdichten, atmungsaktiven Membran halten Ihre Füße auch bei nassen Witterungsbedingungen trocken. Beim Material gibt es eine große Auswahl. Leichtere Wanderschuhe werden oft aus Gore-Tex hergestellt, während feste Bergstiefel traditionell aus Leder gefertigt werden. Da die Wahl des richtigen Schuhs von vielen Faktoren abhängt, ist es unmöglich pauschal zu sagen, welcher der richtige für Sie ist. Gleichgültig, für welchen Schuh Sie sich entscheiden, Sie sollten ihn jedenfalls lange vor Reisebeginn kaufen. So haben Sie die Möglichkeit, ihn zu Hause einzulaufen und so Blasen vorzubeugen. Gehen Sie damit auch auf ein paar kurze Wande-

Verschiedene Kopfbedeckungen

Es gibt zahlreiche unterschiedliche Arten von Kopfbedeckungen. Neben solchen, die vorwiegend Wärme spenden, gibt es auch solche, die für die Beschattung von Kopf, Nacken und Gesicht sorgen. In Army-Shops kann man Hüte und Mützen aus den verschiedensten Nationen der Welt finden, die für das jeweilige regionale Klima hergestellt werden.

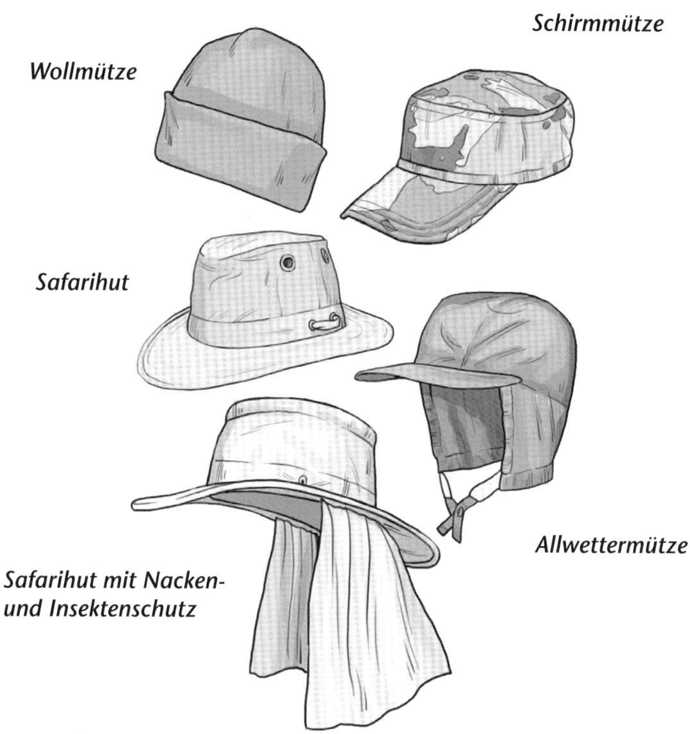

rungen, um den Schuh im Gelände zu erproben. Beim Schuhkauf sollten Sie eine Sockenkombination anziehen, die Sie auch auf der Reise tragen werden. Probieren Sie die Schuhe außerdem nachmittags an, wenn Ihre Füße warm und ein wenig angeschwollen sind.

Socken und Handschuhe

Wandersocken halten den Fuß nicht nur warm, sondern vermindern auch die Reibung zwischen Fuß und Schuh. Wenn sie aus atmungsaktivem Material bestehen, verhindern sie außerdem, dass sich Schweiß sammelt. Es gibt spezielle Wander- oder Klettersocken. Sie sollten also vorher wissen, was Sie auf Ihrer Reise erwartet und dann das passende Paar Socken wählen. Woll- oder Baumwollsocken mit elastischen Verstärkungen an der Hacke und Sohle, die ein Verrutschen verhindern, sind besonders geeignet. Probieren Sie verschiedene Socken aus, bevor Sie sich auf Ihren Wildnistrip begeben, um sicherzugehen, dass Sie das richtige Paar gefunden haben. Vermeiden Sie zu eng anliegende Socken, da diese die Durchblutung hemmen und so Erfrierungen an den Füßen Vorschub leisten können. Nehmen Sie genügend Wechselsocken mit, so dass Sie immer ein trockenes Paar zur Verfügung haben. Wenn Sie nasse Socken tragen, erhöht sich das Risiko, Fußbrand zu bekommen. Wechseln Sie die Socken daher regelmäßig. Ein alter Soldatentrick ist es, sich die feuchten Socken um den Nacken oder Bauch zu binden, um sie zu trocknen. Manche Socken sind mit antibakteriellem Schutz imprägniert, um den Stoff bakterienfrei zu halten. Ist das nicht der Fall, so sollten Sie die benutzten Socken regelmäßig waschen.

Die richtigen Handschuhe zu finden, ist genauso wichtig wie das richtige Paar Socken auszuwählen. Es gibt eine große Auswahl an Woll- oder Skihandschuhen. Bei extremen Wetterbedingungen bieten Fausthandschuhe die beste Isolierung. Wenn Sie ein Paar dünne Handschuhe unter den Fausthandschuhen tragen, können Sie trotzdem Ihre Finger benutzen, falls es notwendig ist. Achten Sie jedoch darauf, dass die Fausthandschuhe durch ein Band mit der Jacke verbunden sind, da Sie sie sonst leicht verlieren.

TIPP

Insektenschutzmittel

Bei Einsätzen in tropischen Regionen gehört ein Insektenschutzmittel für Soldaten zur Standardausrüstung, um sich gegen Mücken und Zecken zu schützen. Das Amt für Seuchenkontrolle in den USA empfiehlt die aufgeführten Insektenschutzmittel mit folgenden Inhaltsstoffen, die sich hauptsächlich in der Häufigkeit ihrer Anwendung unterscheiden:

- **Alle 1–2 Stunden**
  < 10 Prozent DEET
  < 10 Prozent Picaridin
- **Alle 2–4 Stunden**
  ~15 Prozent DEET
  ~15 Prozent Picaridin/KBR 3023
  ~30 Prozent Zitroneneukalyptus/PMD
- **Alle 5–8 Stunden**
  ~20-50 Prozent DEET*

***Dieses Mittel sollte in Regionen verwendet werden, in denen sowohl Mücken als auch Zecken vorkommen.**

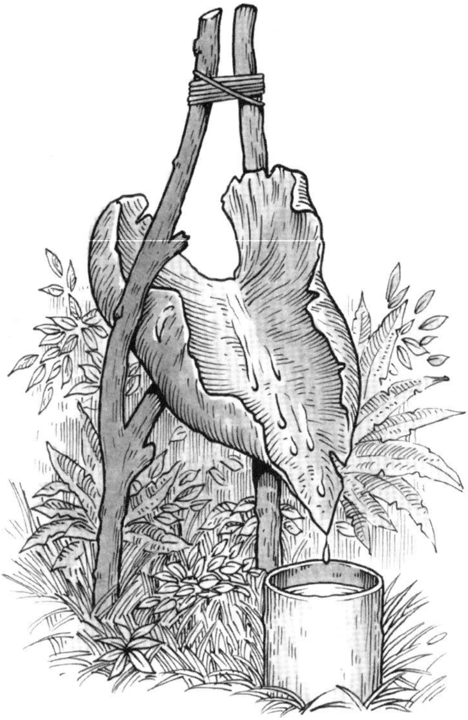
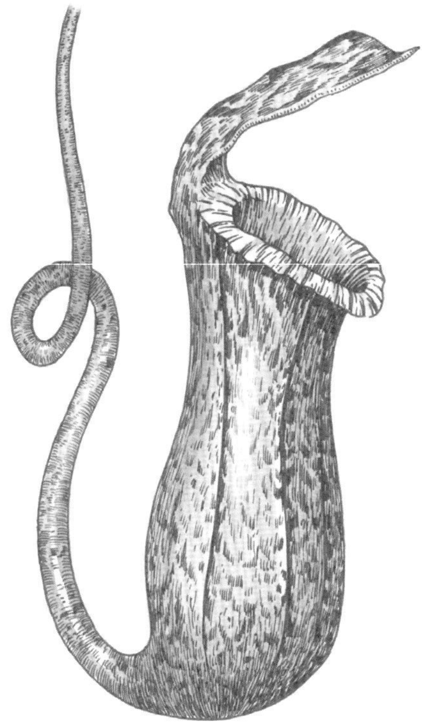

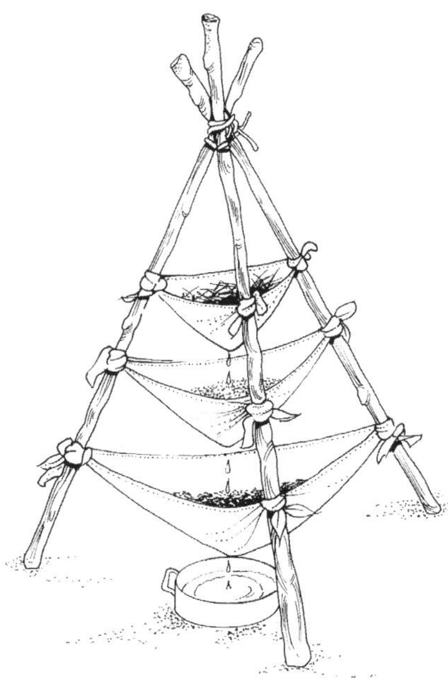

2

Leben von dem, was die Natur uns bietet:

Wasser und essbare Pflanzen

Trinkwasser zu finden hat die höchste Priorität vor all den anderen Dingen, die für das Überleben in der Wildnis auch notwendig sind.

Für einen Soldaten hat die ausreichende Versorgung mit Trinkwasser die höchste Priorität bei der Planung des Einsatzes. Vor allem in tropischen oder ariden Klimazonen wird dem Körper erschreckend schnell Flüssigkeit entzogen. Wird dieser Verlust an Wasser nicht durch die entsprechende Flüssigkeitsaufnahme ausgeglichen, so können die Folgen von einer leichten Dehydration bis hin zum Tod durch einen Hitzschlag reichen. Aus diesem Grund haben viele Einheiten der amerikanischen Armee einen strengen Trinkplan. Jeder Soldat muss zu vorgegebenen Zeiten eine bestimmte Menge Wasser trinken. Falls kein abgefülltes Trinkwasser zur Verfügung steht, müssen die Soldaten auf andere Art und Weise ihre Wasserversorgung sicherstellen. In diesem Kapitel werden wir einige der erprobten Methoden erläutern, die Soldaten anwenden, um in der Wildnis Wasservorräte zu finden und zu nutzen. Danach werden wir die Pflanzen identifizieren, die vorübergehend als wichtige Nahrungsquelle dienen können, bevor wir uns im nächsten Kapitel der tierischen Nahrung zuwenden. Beachten Sie, dass zur Planung auch ein genaues Studium der essbaren und giftigen Pflanzen und Tiere der Region gehört, die Sie bereisen. Tragen Sie immer ein zuverlässiges Bestimmungsbuch bei sich, um eine Pflanze oder ein Tier im Zweifelsfall eindeutig identifi-

Nach Wasser müssen Sie aktiv suchen – Sie werden es nicht durch Zufall finden, nur weil Sie es sich erhoffen. Denken Sie aber nicht nur darüber nach, wie Sie Wasser entdecken können, sondern auch daran, wie Sie es auffangen, sammeln und für den späteren Gebrauch aufbewahren können.

zieren zu können. Sie werden sehen, dass es Methoden gibt, mit deren Hilfe Sie mit einer gewissen Wahrscheinlichkeit feststellen können, ob eine Pflanze giftig ist oder nicht. Trotzdem ist es immer besser, gut vorbereitet zu sein und genau zu wissen, was Sie essen können und was nicht.

WASSER

Trinkwasser zu finden ist definitiv die wichtigste Aufgabe eines Soldaten im Überlebenskampf und steht in der Wichtigkeit noch vor der Nahrungssuche. Der Grund hierfür ist einfach: Unser Körper kann eine ziemlich lange Zeit ohne Nahrung auskommen, bevor wir verhungern. Ohne Wasser hingegen ist die Wahrscheinlichkeit, dass wir schon innerhalb der ersten Tage sterben, sehr hoch. Dehydration beginnt bereits, wenn nur ein bis fünf Prozent des im Körper befindlichen Wassers verbraucht sind und nicht ersetzt werden. Mögliche Symptome sind Durst, Verwirrung, Übelkeit und Erschöpfung. Ernste Probleme treten auf, sobald die Dehydration den Blutdruck, die Nierentätigkeit, die Verdauung und die Gehirnfunktion beeinträchtigt. Wenn der Körper ein Zehntel seines Wassergehalts verliert, führt dies zu schweren Symptomen wie Kopfschmerzen, Schwindelgefühlen, Schüttelfrost, Sehstörungen und Atembeschwerden. Wenn Sie noch mehr Wasser verlieren, ohne es zu ersetzen, gerät der Körper in einen Schockzustand, und Sie werden sterben.

Wasserreserven

Selbstverständlich ist die beste Wasserreserve die, die Sie auf Ihre Reise mitgenommen haben. Wasser sollte in einem stoßfesten Behälter mit absolut dichtem Verschluss transportiert werden. Es gibt viele verschiedene Arten von Wasserbehältern. In einschlägigen Fachgeschäften finden Sie alles von der traditionellen Feldflasche bis hin zu einem Beutel, der bis zu 20 Liter Wasser aufnehmen und im leeren Zustand gefaltet werden kann und dann kaum Platz wegnimmt. Wasser ist sehr schwer. Sie sollten also genug mitführen, sich aber dabei nicht übernehmen. Stellen Sie außerdem einen Trinkplan auf. Trinken Sie öfter kleine Mengen Wasser. Sollte allerdings eine Notsituation eintreten, müssen Sie das verbleibende Wasser sofort rationieren, ohne dabei eine Dehydration zu riskieren. Teilen Sie die Trinkmenge so ein, dass sie möglichst lange reicht. Halten Sie sich an diese Rationierung, es sei denn, die Temperatur erhöht sich merklich oder Ihr Wasserbedarf steigt auf Grund stärkerer körperlicher Anstrengung deutlich an.

Ein ausgezeichnetes modernes Hilfsmittel auf Abenteuertouren in der Wildnis ist die Wasseraufbereitungspumpe. Diese Pumpe besteht aus einem Zylinder, der mit reinigenden Chemikalien gefüllt ist. Das zu reinigende Wasser wird durch den Zylinder geleitet, wo es von Schmutz und Bakterien – allerdings nicht von Viren! – befreit wird. Viele Anbieter von Outdoor-Ausrüstung führen Wasseraufbereitungspumpen im Sortiment. Wie immer sollten Sie auch hier ein auf Ihre Bedürfnisse zugeschnittenes Modell auswählen. Die Pumpen unterscheiden sich in der Größe der Filterporen. Allgemein kann man sagen, dass die Filterporen in tropischen Gebieten und Entwicklungsländern kleiner sein müssen als in moderaten Klimazonen.

In einer wirklichen Überlebenssituation sind die Chancen jedoch gering, dass Sie genügend Wasservorräte bei sich tragen oder gar eine Wasseraufbereitungspumpe dabeihaben. Für diesen Fall müssen Sie wissen, wie man in der Wildnis zuverlässig sichere natürliche Wasservorkommen findet.

Speichern von Wasser

Es gibt viele verschiedene Behälter, in denen Sie Wasser speichern können. Die Auswahl reicht von Thermosflaschen bis hin zu großvolumigen modernen Trinkblasen, wie sie das Militär benutzt. Beachten Sie aber, dass Wasser das Gewicht Ihrer Ausrüstung beträchtlich erhöht. Sie müssen stattdessen andere Dinge zurücklassen.

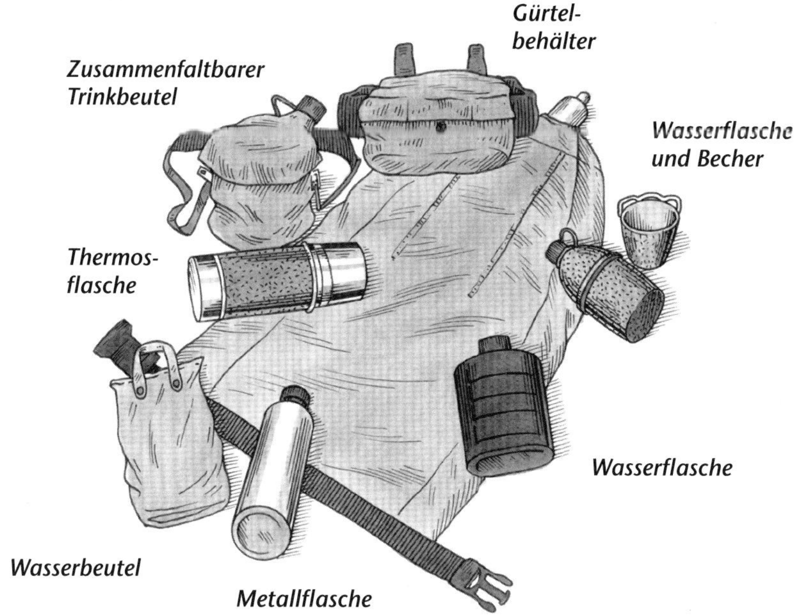

Flüssigkeitsverlust

Elitesoldaten wissen, dass der Körper ständig Flüssigkeit verliert:

- Urinieren: etwa 1,5 Liter pro Tag
- Defäkation: etwa 0,2 Liter täglich
- Schweiß/Verdunstung auf der Haut: etwa 0,5 Liter am Tag
- Durchschnittlicher Verlust unter mäßigen klimatischen Bedingungen bei normaler Anstrengung: 2–3 Liter täglich
- Tropen- oder Wüstenregionen, schwere Belastung: Nehmen Sie ca. 19 Liter Flüssigkeit pro Tag zu sich.

Rahmen zum Transportieren größerer Wassermengen

Einen solchen Rahmen können Sie herstellen, indem Sie einen Y-förmigen Ast abschneiden, dessen zwei Arme sich am oberen Ende jeweils noch einmal gabeln. Mit Hilfe eines Seils können Sie nun einen Wasserbehälter an den Ast binden und die gesamte Konstruktion wie einen Rucksack aufsetzen.

Wasserfilterpumpe

Tragbare Wasserfilterpumpen wurden vom amerikanischen Militär in den 1980er Jahren entwickelt. Der Vorteil dieser Pumpen liegt darin, dass sie das natürlich vorkommende Wasser mit Hilfe der eingebauten Filter sofort trinkbar machen. Sie müssen es daher nicht mehr kochen, um eventuelle Keime abzutöten.

Natürliche Wasservorkommen

Bäche, Flüsse und Seen sind die offensichtlichsten Wasserquellen. Man muss jedoch vorsichtig sein, da viele dieser Gewässer alle möglichen Bakterien, Pflanzen- und Tierüberreste, Parasiten und Krankheitserreger enthalten. Solches Wasser ungereinigt zu trinken führt fast zwangsläufig zu Durchfall. Das verschlechtert Ihre Situation, anstatt sie zu verbessern. Egal wie klar das Wasser ist, filtern Sie es immer, bevor Sie es trinken. Für diese Regel gibt es nur wenige Ausnahmen.

In landwirtschaftlich genutzten flachen Gegenden sind die natürlichen Wasservorkommen nicht immer sofort offensichtlich. Überprüfen Sie Gräben zwischen Feldern, Bewässerungsrinnen im Boden und Senken. Außerdem sollten Sie Tau als Wasserquelle nicht geringschätzen. Wiesen sind morgens mit vielen Litern Wasser in Form von Tau bedeckt. Viele weidende Tiere nehmen den größten Teil ihres täglichen Wasserbedarfs in Form von Tau auf. Sie können Tau sammeln, indem Sie einen Stofffetzen nehmen und ihn über das feuchte

Tausammler

Tausammler können aus Plastiktüten improvisiert werden, doch professionelle Modelle wie dieser hier im Bild sind deutlich effizienter. An den Rändern der Plane bildet sich Kondensat, das nach einer Zeit in das Auffangbecken fließt. Dieses Wasser können Sie trinken, ohne es vorher zu filtern oder anderweitig zu säubern.

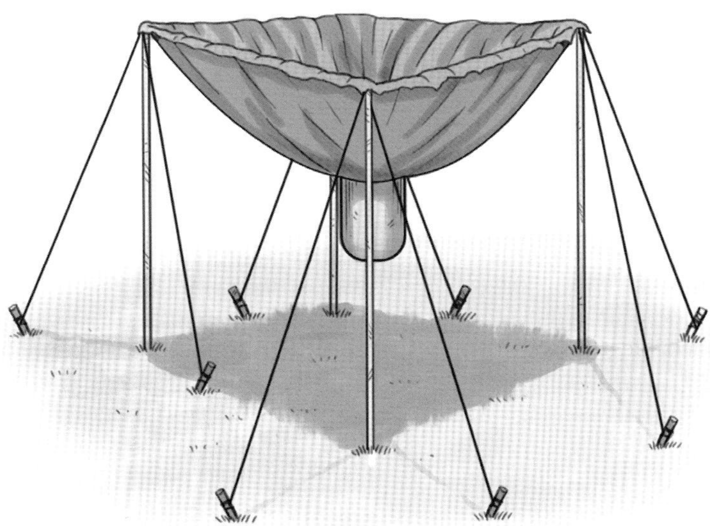

Nach Wasser graben

Wenn Sie tief in feuchter Erde graben, werden Sie häufig durch das Auffinden einer beträchtlichen Wassermenge belohnt. Graben Sie ein etwa ein bis zwei Meter tiefes und circa 30 cm breites Loch und warten Sie, bis Wasser hineinsickert. Filtern und säubern Sie dieses Wasser in jedem Fall, bevor Sie es trinken.

Sedimentgrube

Soldaten lernen, welche Indikatoren im Gelände auf Wasserquellen hindeuten. So kann das Wasser eines Flusses durch die Erde am Flussufer in ein Loch im Sediment fließen. Auf seinem Weg durch die verschiedenen Sedimentschichten wird es gleichzeitig schon gefiltert.

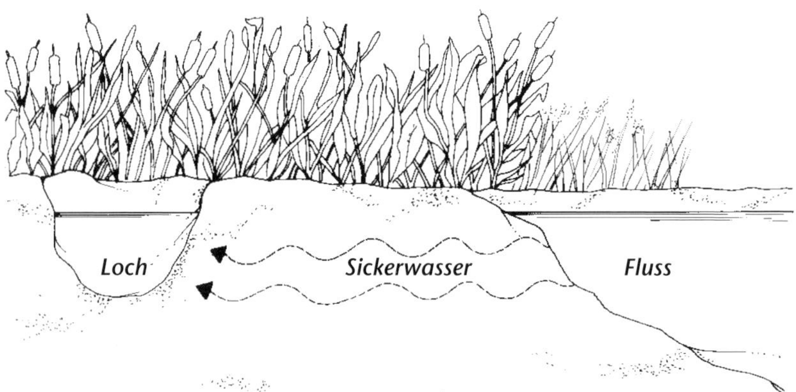

Gras legen, so dass er die Flüssigkeit aufsaugen kann. Wringen Sie ihn anschließend über einem Behälter aus. Tun Sie dies bei Sonnenaufgang, wenn die Sonne noch keine Gelegenheit hatte, die Wiese zu trocknen. Behalten Sie immer im Kopf, dass Wasser bergab fließt. Dies wird Ihnen bei der Suche nach Trinkwasser helfen. Bei jeder Erhöhung, auf der es regnet, gibt es Wasservorkommen im anliegenden Tal und oft auch in den kleinen Rinnen und Vertiefungen am Abhang. In felsigen Gegenden, auch auf Höhe des Meeresspiegels, sollten Sie nach Quellen und nach Grundwasser, das aus dem Boden sickert, Ausschau halten. Kalk- und Lavagestein haben oft unterirdische Wasservorkommen. Die Quellen sind meist sauber genug, um das Wasser direkt zu trinken.

In ariden Klimazonen ist Grundwasser vielleicht Ihre einzige Chance, an Wasser zu gelangen. Selbst wenn ein Flussbett, eine Pfütze oder ein Graben ausgetrocknet erscheint, so kann unterirdisch trotzdem immer noch Wasser existieren. Schlammige Erde oder kleine Stellen mit grüner Vegetation sind Anzeichen hierfür. Wenn die Pflanzen nur 1,5–1,8 Meter hoch sind, so sollten Sie direkt an der Wurzel der Pflanzen auf Wasser stoßen. Graben Sie direkt zur Wurzel – falls dies nicht zu viel Energie beansprucht – und sammeln Sie so viel Wasser, wie Sie können. Sind die Pflanzen höher, so ist der Wasserspiegel wahrscheinlich zu tief. Naturvölker gra-

Wasser aus einem trockenen Flussbett

Das Survivalhandbuch der amerikanischen Streitkräfte weist ausgetrocknete Flussbetten in ariden Klimaregionen als Schlüsselstellen bei der Wassersuche aus. Ein Trick afrikanischer Stämme ist es, mit Hilfe eines langen Rohres Wasser aus der Erde zu saugen. Konzentrieren Sie sich für diese Methode auf die Außenseite einer Biegung im Fluss. Hier werden Sie am wahrscheinlichsten fündig, da das Wasser zuletzt an dieser Stelle von der Oberfläche verdunstet. Alternativ können Sie auch ein Loch graben, bis Sie auf Wasser stoßen.

ben oft in ausgetrockneten Flussbetten oder Bächen nach Wasser. Auch Sie können hier fündig werden. Überprüfen Sie zuerst die äußere Seite einer Flusskurve oder einen Teil des Flussbetts, der durch viele Bäume beschattet wird. In sandigen Gegenden sollten Sie es in einer Rinne zwischen zwei Sanddünen versuchen. Graben Sie an einem Strand oberhalb der Wasserlinie. Der Sand filtert das Salz aus dem Wasser, und das Loch füllt sich stetig mit Trinkwasser. Egal, in welchem Gelände Sie sich befinden, graben Sie immer in die Tiefe, bis die Erde feucht wird und das Loch sich mit Wasser füllt. Zu Beginn wird das Wasser schmutzig und voller Sand sein. Nach einer kurzen Weile wird es jedoch klarer. Nehmen Sie das Wasser auf und filtern es. Nun können Sie es trinken. Im Polargebiet oder im Win-

Die Regenfalle

In der Dschungelausbildung üben SAS-Soldaten unter anderem, wie man diese einfache, aber sehr effektive Regenfalle baut. Mit Hilfe eines Holzrahmens und eines wasserundurchlässigen großen Blatts können Sie das Regenwasser direkt in einen Behälter leiten. Das aufgefangene Wasser können Sie trinken, ohne es filtern oder anderweitig aufbereiten zu müssen.

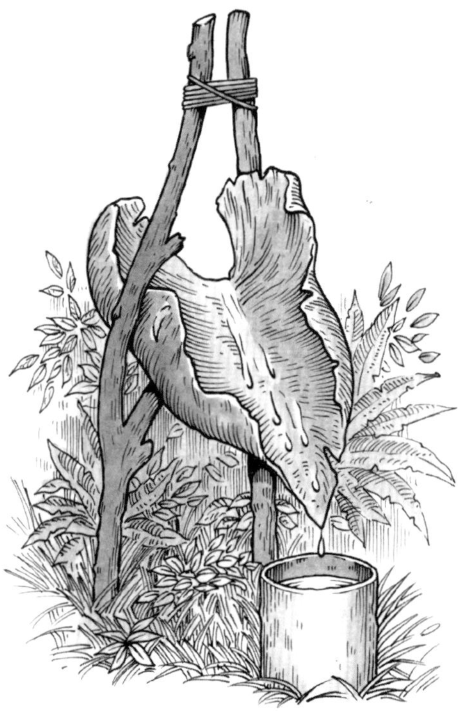

Dieses Wasser ist nicht trinkbar

- Wasser aus Becken, die einen strengen Geruch verströmen.
- Wasser aus Becken mit einer Puder- oder Schaumschicht. Diese kann auf chemische Verunreinigung hindeuten. (Wenn Sie eine chemische Belastung vermuten, können Sie ein wenig Flüssigkeit kochen, bis sie verdampft ist. Wenn das Wasser verunreinigt ist, werden chemische Rückstände im Topf zu sehen sein.)
- Wasser aus Quellen mit Gasblasen oder grünem Schleim an der Oberfläche.
- Wasser aus Becken mit toten Pflanzen oder Tieren am Ufer.
- Wasser aus stehenden Wasserbecken ohne Zu- oder Abfluss.
- Wasser aus Flüssen mit übermäßig vielen Algen und Gräsern – landwirtschaftliche Chemikalien sind hier wahrscheinlich die Ursache.

ter ist Wasser in Form von Eis und Schnee überall zu finden. Schmelzen Sie Eis und Schnee immer, bevor Sie davon zu sich nehmen, da es sonst schnell zu Unterkühlung, Mundverletzungen oder Magenschmerzen kommen kann. Wasser, das Sie aus Eis oder Schnee gewinnen, muss normalerweise nicht gefiltert werden, es sei denn, Sie sammeln es in Küstenregionen. Hier könnte es schädliche Mikroorganismen enthalten, die herausgefiltert werden müssen. Bei Temperaturen unter null Grad sollten Sie gesammeltes Wasser in Plastik- statt in Metallbehältern aufbewahren, da Wasser sich ausdehnt, wenn es gefriert, und selbst Metall zum Platzen bringen kann. Gleichgültig, was für eine Art Behälter Sie verwenden, füllen Sie ihn niemals bis oben hin, um dem Wasser Raum zur Ausdehnung zu geben.

Wasser sammeln

Sobald es anfängt zu regnen, sollten Sie möglichst viele Wasserauffangkonstruktionen aufstellen. Verwenden Sie wasserdichte Materialien, große Blätter oder Rindenstücke, um das Wasser in Wasserauffangbehälter zu lenken.

- Legen Sie Ihr eigenes tiefes Wasserbecken an, indem Sie ein Loch graben und es mit einer Plastikplane auslegen. Sichern Sie diese gut an den Rändern.
- Bewahren Sie gesammeltes Wasser immer in verschlossenen Behältern und wenn möglich lichtgeschützt auf, da Sonneneinstrahlung das Wachstum von Grünalgen begünstigen kann.
- Filtern Sie Regenwasser, wenn Sie es länger als zwei Tage aufbewahrt haben, um Fremdkörper, Keime und Parasiten zu entfernen.

Anzeichen für Wasser

Anzeichen für Wasser kann man in jeder Landschaftsform, selbst in Wüsten, finden. Wie schon erwähnt, sind Stellen mit grüner Vegetation ein Indikator für ober- oder unterirdisches Wasser. Auf einem trockenen Berg zum Beispiel ist ein grüner Grasbüschel oder ein Strauch ein Zeichen für eine unterirdische Wasseransammlung. Bestimmte Pflanzen sind Indikatoren für bevorstehenden Regen. Das gibt Ihnen Zeit, ein Wasserauffangsystem vorzubereiten. Pflanzen strömen, kurz bevor es anfängt zu regnen, einen stärkeren Geruch als gewöhnlich aus. Tannenzapfen öffnen sich bei erhöhter Luftfeuchtigkeit, während sie sich bei trockener Luft fest schließen. Einige Pflanzen speichern Wasser in ihrem Stamm oder in becherähnlichen Strukturen. Das innere Fleisch eines Goldkugelkaktus enthält zum Beispiel sehr viel Flüssigkeit. Schneiden Sie bis in die Mitte der Pflanze und pressen Sie die Flüssigkeit aus dem Fleisch. Dattelpalmen und Affenbrotbäume sammeln Wasser im Stamm, das herausläuft, sobald ein Ast dicht am Stamm abgeschnitten wird. Genau wie die Rinde des Saxaulbaumes enthalten auch die Glieder und Früchte des Feigenkaktus Wasser. In der trockenen Wüste Australiens haben sowohl die Wüstenkasuarine als auch der Wasserbaum Wasservorräte in den Wurzeln gespeichert. Diese kann man aufschneiden und aussaugen.

Regenwasser können Sie direkt von Blättern ablecken oder in Behältern sammeln. Bäume speichern Regenwasser in Astlöchern oder Astgabeln. Dieses sollten Sie jedoch filtern, bevor Sie es trinken. Trinken Sie auf keinen Fall Wasser von einer Pflanze, die giftig sein könnte oder verdächtige Farben hat.

Der Regensammler

Falls es nur selten regnet, müssen Sie möglichst große Mengen Regenwasser auffangen. Mit dieser simplen Konstruktion können Sie während eines starken Regengusses viel Regenwasser auffangen und in einen Behälter umleiten. Sie müssen diesen Regensammler allerdings bauen, bevor es anfängt zu regnen. Beobachten Sie daher den Himmel aufmerksam.

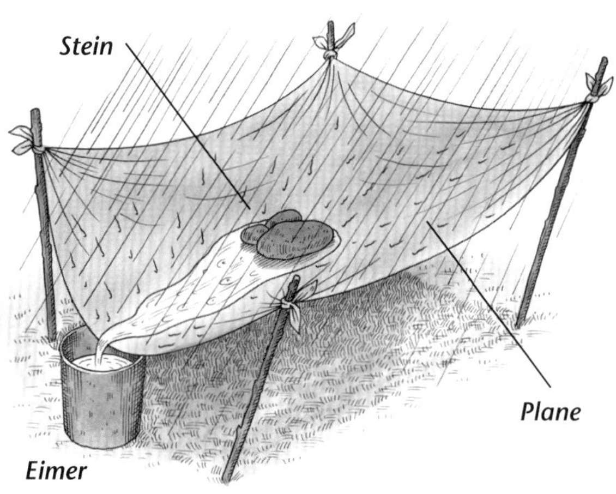

Baumstammwickel

Wickeln Sie einfach ein Stück wasserabsorbierenden Stoff um einen Baum. Bei Regen saugt der Stoff das Regenwasser auf, das dann vom herunterhängenden Ende des Stoffes in einen Auffangbehälter unter dem Baum tropft.

Eis schmelzen

Das Survivalhandbuch der amerikanischen Streitkräfte weist die Soldaten darauf hin, dass sie Eis immer schmelzen müssen, bevor sie es zu sich nehmen, weil sonst das Risiko von Unterkühlung und Gewebeschäden im Gesicht zu groß ist. Die hier gezeigte Konstruktion ist optimal, um große Eisstücke zu schmelzen und sie so in Trinkwasser zu verwandeln.

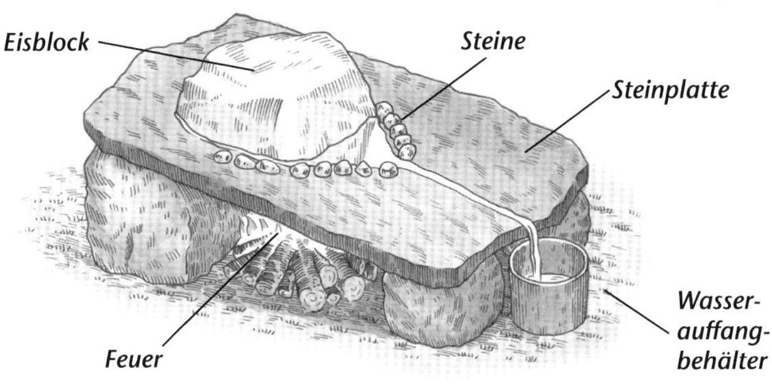

Auch Tiere können Sie zu Wasservorkommen führen. Grasende Tiere zum Beispiel suchen im Morgengrauen und in der Abenddämmerung Wasserstellen auf. Falls Sie keine Tiere sehen, sollten Sie nach Stellen mit vielen Tierspuren Ausschau halten und diesen folgen. Folgen Sie niemals fleischfressenden Tieren, da diese den größten Teil ihrer benötigten Flüssigkeit aus Beutetieren und nicht aus natürlichen Wasservorkommen beziehen. Körnerfressende Vögel sind gute Wegweiser zu Wasserquellen. Sie fliegen tief und schnell auf dem Weg zu ihrer Trinkstelle und legen auf dem Rückweg häufige Zwischenstopps ein. Fliegen und Mücken leben immer im Umkreis von 100 Metern um eine Wasserstelle. Ihre Anzahl steigt, je näher man dem Wasser kommt. Ameisen marschieren in Kolonien zu ihrer Wasserstelle. Wenn sie einen Baumstamm hinaufwandern, kann es gut sein, dass sie dort eine Trinkstelle aufsuchen.

Wasser aus einem Bananenbaum

Bananenbäume sind gute Wasserspender. Wenn Sie den Baum an der markierten Stelle fällen, wird der Stumpf sich mit Wasser füllen. Die ersten drei Füllungen werden ungenießbar schmecken, doch das nachfolgende Wasser ist trinkbar. Der Stumpf eines Bananenbaums kann Sie bis zu vier Tage lang mit Wasser versorgen.

Wasser aus einer Kletterpflanze

Während des Überlebenstrainings der amerikanischen Special Forces lernen die Soldaten, wie sie aus einer Liane Wasser gewinnen können. Schneiden Sie so weit oben wie möglich eine Kerbe in die Liane. Durchtrennen Sie anschließend die Liane dicht am Boden. Aus dem offenen unteren Ende wird jetzt frisches Trinkwasser tropfen.

Kannenpflanzen

Wie der Name schon sagt, sind Kannenpflanzen gute Sammelbecken für Trinkwasser in tropischen Regionen.

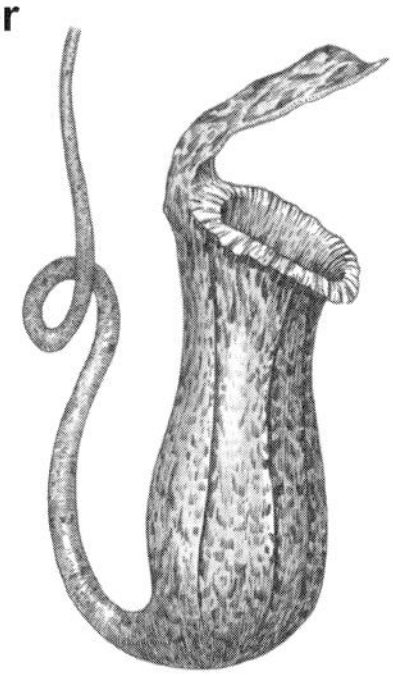

Verdunstung

Die uns umgebende Luft enthält zu einem bestimmten Anteil Feuchtigkeit. Wie groß dieser Anteil ist, hängt vom Klima ab. Bestimmte Verfahren ermöglichen es Ihnen, aus dieser Feuchtigkeit Trinkwasser zu gewinnen. Beachten Sie aber, dass die Menge an Wasser, die Sie mit diesen Techniken gewinnen können, nicht ausreichen wird, um Sie am Leben zu halten. Zusammen mit weiteren Trinkwasserfunden könnte dieses Wasser für Sie allerdings trotzdem den Unterschied zwischen Leben und Tod bedeuten.

Bei der Wassergewinnung mit einem Verdunstungsbeutel binden Sie einen durchsichtigen Plastikbeutel über eine große grüne Pflanze. Auch das Ende ei-

Verdunstungsbeutel

Ein Verdunstungsbeutel wird normalerweise nur kleine Mengen Wasser produzieren, kann aber trotzdem für Sie den Unterschied zwischen Leben und Tod ausmachen. Stellen Sie sicher, dass der Beutel oben am Hals dicht verknotet ist und keine Löcher hat, da sonst Wasserdampf entweichen kann, statt im Inneren zu kondensieren. Verwenden Sie niemals giftige Pflanzen, weil sie natürlich nur giftiges Wasser produzieren.

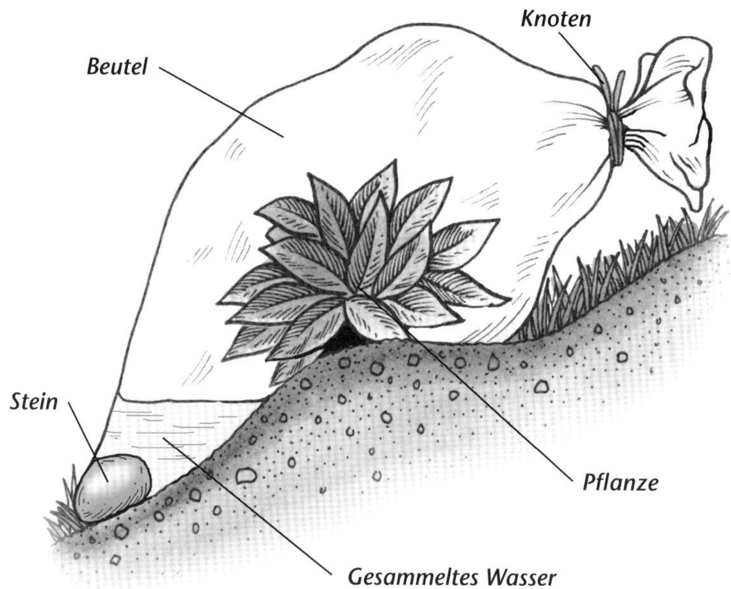

nes grünen Astes ist für diese Methode der Wassergewinnung geeignet. Bei toten Pflanzen funktioniert dieses Verfahren nicht. Die Feuchtigkeit, die von der Pflanze während der Photosynthese produziert wird, kondensiert am Plastikbeutel und sammelt sich am niedrigsten Punkt, wo das Wasser trinkbereit auf Sie wartet. Achten Sie darauf, dass die Öffnung des Beutels fest verschlossen ist, so dass kein Kondensat entweichen kann. Außerdem sollten sich in der niedrigsten Ecke des Sacks keine Blätter oder Äste befinden, da sonst ein Teil des gesammelten Wassers direkt zurück in die Pflanze sickern würde.

Die Solardestillieranlage arbeitet weitaus wirkungsvoller als ein Plastikbeutel, mit dessen Hilfe Sie Kondensat auffangen. Für die Solardestillieranlage benötigen Sie als erstes eine Plastikplane mit etwa einem Meter Seitenlänge. Graben Sie nun ein Loch, das im Durchmesser ein paar Zentimeter kleiner ist als Ihre Plastikplane, und stellen Sie eine Dose hinein. Diese wird

Solardestillieranlage

Die Solardestillieranlage arbeitet am effektivsten, wenn sie in feuchtem Untergrund gebaut wird. Das Loch sollte etwa einen Meter Durchmesser und 60 cm Tiefe haben, um optimal zu funktionieren.

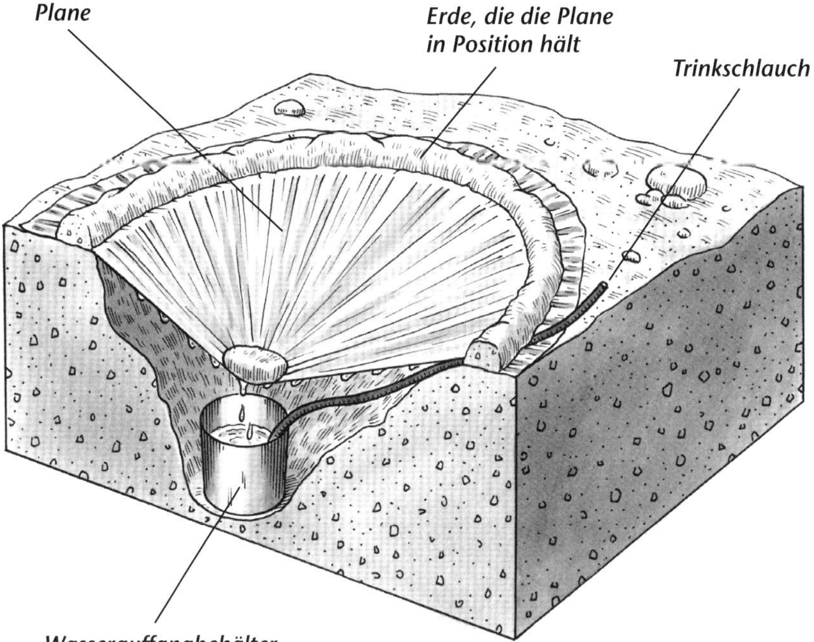

das Wasser auffangen. Legen Sie nun Ihre Plastikplane über das Loch und befestigen Sie die Ränder mit schweren Steinen und Sand, bis keine Lücken mehr vorhanden sind. Zuletzt legen Sie einen Stein in die Mitte der Plane, so dass sie genau über der Dose durchhängt. Jetzt warten Sie 24 Stunden lang. Tagsüber erwärmt die Sonne die Erde. Diese gibt Wasserdampf frei, der in das Loch strömt und an der kälteren Unterseite der Plastikplane kondensiert. Das Kondensat läuft dann hinunter bis zum tiefsten Punkt der Plane, wo es in die Dose fließt. Die Solardestillieranlage funktioniert auch nachts: Die Plastikplane wird kalt, während die Luft im Loch warm bleibt. Falls Sie einen Schlauch haben, können Sie diesen so legen, dass er bis in die Dose reicht. So können Sie das gesammelte Wasser trinken, ohne die Konstruktion auseinanderzubauen. Achten Sie jedoch darauf, dass trotz des Schlauches das Loch dicht abgedeckt ist, da sonst der Wasserdampf entweicht.

Wasseraufbereitung

Wenn Sie Wasser gesammelt haben, muss dieses gefiltert und aufbereitet werden. Durch das Filtern werden pflanzliche und tierische Überreste aus dem Wasser entfernt, während bei der Aufbereitung Bakterien abgetötet werden. Wasser zu filtern kann sehr einfach sein. Manchmal reicht es, das gesammelte Wasser mehrfach durch ein dicht gewebtes Stück Stoff, zum Beispiel Baumwolle, in einen Behälter fließen zu lassen. Hierdurch werden die meisten pflanzlichen und tierischen Reste herausgefiltert, und das Wasser kann jetzt aufbereitet werden. Eine etwas wirkungsvollere Methode ist die Kombination von verschiedenen Filtermaterialien, wie zum Beispiel Steinen und Sand, um unterschiedlich große Teile von Rückständen nacheinander zu entfernen. Sehen Sie sich hierfür die Skizze unten auf der Seite an.

Wasserfilter

Bei diesem einfachen Modell verwenden Sie verschiedene natürliche Materialien, um unerwünschte Partikel aus natürlichem Wasser zu entfernen. Gießen Sie das Wasser in die oberste Stufe des Filters. Warten Sie, bis es alle Stufen durchlaufen hat und sich in dem Wasserauffangbehälter am Boden sammelt.

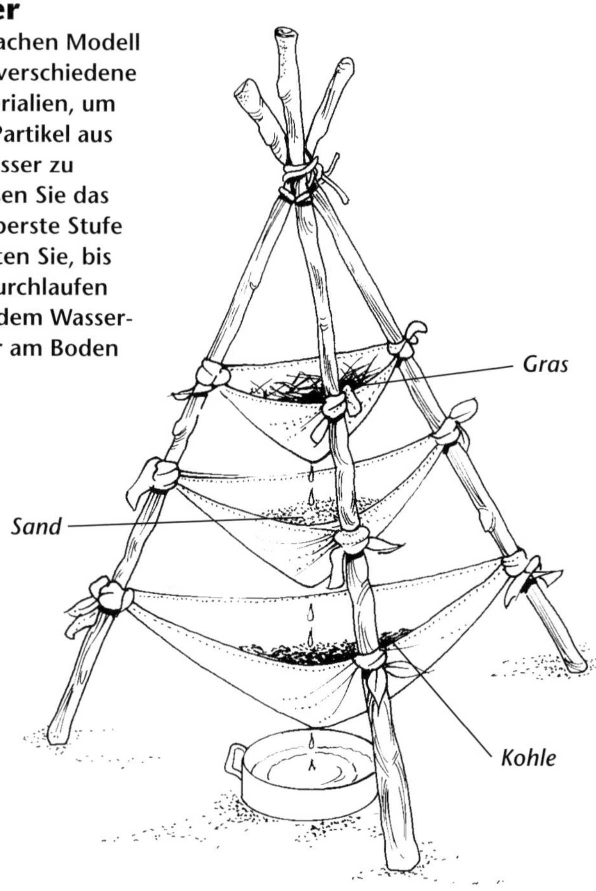

Zur Wasseraufbereitung ist das Kochen immer noch die wirkungsvollste Methode. Durch zehnminütiges Kochen von Wasser werden alle Bakterien und Viren abgetötet, ohne es chemisch zu belasten. Eine andere Möglichkeit sind chemische Wasseraufbereitungsmittel. Die drei bekanntesten Wasseraufbereitungsmittel sind Iod, Kaliumpermanganat und Chlor. Iod und Kaliumpermanganat sind als Granulat und auch in flüssiger Form erhältlich. Wenn Sie diese Chemikalien zu Wasser hinzugeben, wird dieses leicht pink und hat einen starken chemischen Nachgeschmack. Es ist dann aber trinkbar. Chlor ist hauptsächlich in Tablettenform erhältlich. Eine Tablette reicht meistens, um einen halben Liter Wasser trinkbar zu machen. Auch hier entsteht ein chemischer Geschmack. Wenn Sie Kohletabletten in das aufbereitete Wasser mischen, wird ein Teil des chemischen Nachgeschmacks gebunden. Mischen Sie die Kohle jedoch erst in das Wasser, nachdem das Aufbereitungsmittel aufgelöst ist.

PFLANZLICHE NAHRUNG

In einem Notfall sollten Sie immer daran denken, dass eine ausgeglichene Ernährung in der Wildnis genauso wichtig ist wie im alltäglichen Leben. Wenn Sie einseitig nur eine Art von Nahrung zu sich nehmen, werden Sie anfällig für Krankheiten, selbst wenn das Nahrungsmittel an sich gesund ist. In der Vergangenheit sind zum Beispiel Jäger verhungert, weil sie sich auf ihren Jagden ausschließlich von Kaninchenfleisch ernährt haben. Dieses entzog dem Körper während der Verdauung mehr Nährstoffe, als es zur Versorgung zur Verfügung stellte.

Pflanzen sind als Überlebensnahrung bestens geeignet, da sie leicht zu finden sind. Außerdem müssen Sie, um daran zu gelangen, deutlich weniger Kalorien verbrennen als beim Jagen und Töten von Tieren. Zu beachten ist allerdings, dass nicht alle Pflanzen essbar sind. Einige Pflanzen können Sie krank machen, während andere schon nach wenigen Stunden zum Tod führen können. Bedenken Sie, dass nicht jede Pflanze, die von Tieren gefressen wird, auch für Sie essbar ist. Viele Tiere haben einen Verdauungstrakt, der gegen manche Gifte resistent ist, die einen Menschen schwer krank machen würden. Daher ist es, wie schon erwähnt, wichtig, dass Sie sich mit essbaren und giftigen Pflanzen vertraut gemacht haben, bevor Sie die Reise beginnen. Da Sie wahrscheinlich nicht jede der Millionen von Pflanzen, die es auf unserer Erde gibt, identifizieren können, sollten Sie sich an folgende Regeln halten:

Als Faustregel kann gelten, dass schwarze und blaue Beeren ungiftig sind, obwohl es auch hier einige Ausnahmen gibt, wie beispielsweise die hochgiftigen schwarzen Früchte der schwarzen Tollkirsche. Außerdem ist es überwiegend ungefährlich, einzeln von einem Ast hängende Früchte zu essen, ebenso alle Sammelfrüchte. Falls Sie eine Frucht nicht sicher als essbar identifizieren können, so sollten Sie den folgenden Test durchführen. Verwerfen Sie die Pflanze sofort als Nahrungsquelle, falls Ihr Körper während des Tests ungewöhnliche Reaktionen zeigt:

Der Genießbarkeitstest/ Universal Edibility Test:

- Am besten sollten Sie einige Stunden, bevor Sie den Test durchführen, nichts essen, um die Ergebnisse nicht zu verfälschen. Außerdem sollten Sie während des Tests ausschließlich Wasser trinken und nur die Pflanzenprobe zu sich nehmen.

- Zerlegen Sie die Pflanze in ihre einzelnen Bestandteile – Blätter, Wurzeln, Stamm und so weiter – und testen Sie die einzelnen Teile separat.
- Zerquetschen Sie Teile der Pflanze. Falls Ihnen ein beißender oder mandelartiger Geruch auffällt, sollten Sie die Pflanze sofort verwerfen.
- Reiben Sie eine Probe der Pflanze an der Innenseite Ihres Handgelenks oder Ihres Ellenbogens. Warten Sie nun 15 Minuten, ob Ihre Haut eine ungewöhnliche Reaktion wie beispielsweise Blasen oder Rötungen aufweist.
- Falls keine Hautreaktion erfolgt, können Sie einen kleinen Teil der Pflanze für drei Minuten auf den äußeren Rand Ihrer Lippe legen. Achten Sie auf ein Brennen oder Jucken.
- Falls auch hier nichts Ungewöhnliches passiert, können Sie einen Teil der Pflanze auf Ihre Zunge legen und ihn dort für 15 Minuten belassen, ohne zu kauen.
- Jetzt können Sie den Teil zerkauen, ohne ihn herunterzuschlucken. Behalten Sie ihn wieder für 15 Minuten im Mund – solange keine ungewöhnliche Reaktion auftritt.

Pilze

Das Survivalhandbuch der amerikanischen Streitkräfte warnt: »Essen Sie in einer Survivalsituation niemals Pilze! Die einzige Möglichkeit, einen Pilz als essbar einzustufen, ist durch eine eindeutige positive Identifizierung.« Dies ist ein guter Ratschlag. Essbare Pilze haben einen hohen Vitamin-, Mineralien-, Protein- und Fettgehalt und sind daher optimale Überlebensnahrung. Es gibt allerdings viele nicht essbare Pilze, die tödliche Gifte enthalten können. Das Gift der Pilze wird beim Kochen nicht abgetötet, und auch der im Text beschriebene Genießbarkeitstest kann nicht angewandt werden. Die Gefahr ist zu groß, und viele Pilzgifte wirken noch lange Zeit nach dem Verzehr.
Falls Sie einen Pilz positiv als essbar identifiziert haben, können Sie ihn auf vielerlei Art zubereiten. Pilze können roh gegessen oder in Suppen und Eintöpfen gekocht werden. Weichen Sie zähe Pilze in Wasser ein, damit sie zart genug zum Kochen sind. Pilze können lange Zeit aufbewahrt werden, wenn man sie an der Luft trocknen lässt. Legen Sie die Hüte und Stiele der Pilze getrennt in die Sonne und warten Sie, bis diese ausgetrocknet sind. Bewahren Sie sie jetzt in einem luftdichten Behälter auf. Weichen Sie die Pilze in Wasser ein, um sie zu rehydrieren, bevor Sie sie essen.

Wiesenchampignon

- Schlucken Sie den Teil der Pflanze nun herunter und warten Sie acht Stunden lang ab. Falls Sie sich krank fühlen, sollten Sie sich sofort übergeben und viel Wasser trinken. Falls es zu keiner ungewöhnlichen Reaktion kommt, können Sie eine Handvoll von der Pflanze essen und noch einmal acht Stunden warten. Falls es weiterhin zu keinen beunruhigenden körperlichen Reaktionen kommt, so ist die Pflanze essbar.

Neben diesem Test gibt es noch andere Regeln, mit deren Hilfe man essbare von ungenießbaren Pflanzen unterscheiden kann. Diese sind allerdings nicht ganz so sicher wie der gerade beschriebene Test.

Ungenießbare Pflanzen

- Alle Zwiebelarten
- Weiße und gelbe Beeren. Bei roten Beeren ist Vorsicht geboten. Etwa die Hälfte ist essbar, während die andere Hälfte giftig ist.
- Rote Pflanzen
- Verfaulte Früchte
- Von Schimmel oder Pilzen befallene Früchte
- Alle Pflanzen mit einem mandelartigen Geruch (zerquetschen Sie Teile der Pflanze, um alle Gerüche freizusetzen). Dieser Mandelgeruch deutet auf eine Zyanidverbindung hin.
- Pflanzen mit weißen, milchigen Säften. Diese sollten Sie nur essen, wenn Sie die Pflanzenart positiv als essbar identifizieren können.
- Fünfteilige Früchte
- Pflanzen mit dreiblättriger Struktur
- Ungekochte Hülsenfrüchte (Bohnen und Erbsen). Sie absorbieren Mineralien aus der Erde und verursachen Verdauungsprobleme.
- Pflanzen mit kleinen, stacheligen Haaren am Stamm oder an den Blättern; diese können reizende Chemikalien enthalten.
- Jede Pflanze, die bei Kontakt mit der Haut Rötungen hervorruft
- Jede tote oder kranke Pflanze
- Pflanzen mit schirmförmigen Blüten, obwohl Karotten, Sellerie und Petersilie (alle essbar) auch zu dieser Pflanzenfamilie gehören
- Getreide mit pinken, schwarzen oder lila Sporen

TIPP

Giftige Pflanzenarten

Die Liste der amerikanischen Streitkräfte zählt die am häufigsten vorkommenden giftigen Pflanzen in milden Klimaregionen auf. Nehmen Sie sich die Zeit, die folgenden Pflanzen mit Hilfe eines botanischen Bestimmungsbuchs zu identifizieren. Ihr Leben könnte davon abhängen, dass Sie diese Pflanzen erkennen:

- **Christophskraut**
- **Butterblume oder Hahnenfuß**
- **Tollkirsche**
- **Kamaswurzel**
- **Fingerhut**
- **Schierling**
- **Rittersporn**
- **Lupine**
- **Eisenhut**
- **Oleander**
- **Giftefeu**
- **Giftsumach**
- **Wicke oder Narrenkraut**
- **Wasserschierling**

Giftige Pflanzen

Der Wasserschierling und der Fingerhut sind nur zwei von Tausenden extrem giftigen Pflanzen in der Wildnis. Egal wo Ihre Reise hingeht, informieren Sie sich immer gründlich über die in dieser Region vorkommenden essbaren und giftigen Pflanzen. Identifizieren Sie eine Pflanze immer anhand mehrerer Charakteristika – Blattform, Blütenfarbe, Höhe etc. – bevor Sie sie essen.

Wasserschierling

Fingerhut

Strychninbaum

Der Strychninbaum (Gewöhnliche Brechnuss) kommt unter anderem in den tropischen Gebieten Asiens vor. Rinde, Blätter und Samen enthalten ein tödliches Gift, das das Nerven-, Muskel- und Atmungssystem angreift. Die Wirkung kumuliert und verschärft sich mit der Zeit.

Essbare Pflanzen

Von den Tausenden von essbaren Pflanzen auf unserem Planeten können wir hier nur einige benennen. Sie sollten darauf achten, dass von vielen Pflanzen nur gewisse Teile essbar sind, während andere Teile ungenießbar oder gar giftig sein können. Essbare Pflanzenteile können zum Beispiel Nüsse, Beeren, Früchte, Blätter oder auch Rinde sein. Brombeeren und Himbeeren beispielsweise sind roh genießbar, und ihre Blätter können zu einem Tee gekocht werden. Die Knospen der Buche können Sie entweder essen oder zerdrücken, um ein nützliches Öl herzustellen. Die Wurzeln des Wiesenknöterichs können gegessen werden, wenn man sie einweicht und kocht. Löwenzahn ist komplett essbar und sogar nahrhaft. Kochen oder braten Sie die Wurzeln oder essen Sie die jungen Blätter roh (ältere Blätter müssen gekocht werden). Brennnesseln müssen 15 Minuten lang gekocht werden, um die brennenden Nesselzellen abzutöten, dann sind auch diese essbar. Brennnesseltee und Kiefernadeltee sind gesund.

Die oben genannten Pflanzen sind typisch für gemäßigte Klimazonen, in denen das Vorkommen von pflanzlicher

Essbare Pflanzen

Wenn Sie nach essbaren Pflanzen suchen, sollten Sie versuchen, so viele unterschiedliche Arten wie möglich zu finden, um eine möglichst ausgeglichene Ernährung zu erzielen. Pflanzliche Nahrung kann aus Blättern, Wurzeln, Blüten, Rinde, Früchten, Beeren und Nüssen bestehen. Das Vorkommen aller dieser Pflanzenkomponenten ist von der Region, der Jahreszeit und dem Klima abhängig.

Himbeeren und Brombeeren

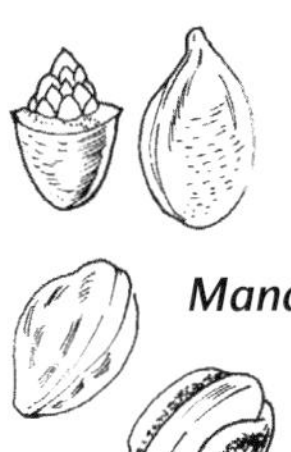

Mandeln

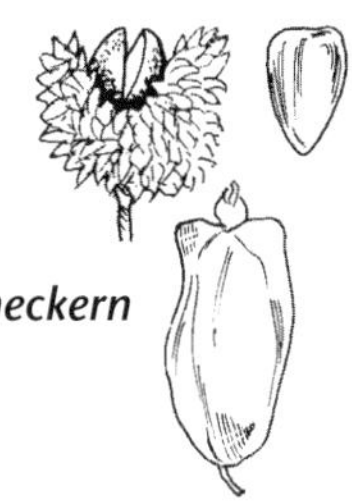

Bucheckern

Esskastanie

Walnuss

Nahrung sehr stark von der Jahreszeit abhängt. Im Herbst und Winter zum Beispiel ist Fleisch hier das wichtigste Nahrungsmittel, da nicht genügend essbare Pflanzen zur Verfügung stehen. Im tropischen Dschungel hingegen findet man das ganze Jahr über eine Vielzahl von essbaren Pflanzen. Hier bieten sich viele verschiedene Obstbäume an wie die Passionsfrucht, Guave, Rambutan, Banane, Brotfrucht, Papaya und Mango. Kokosnüsse findet man entlang der Küstenregionen. Essen Sie das weiße Fleisch und trinken Sie die nahrhafte Milch (Achtung: Zu viel von dieser Milch kann Durchfall verursachen). Der Teil der Palme, aus dem die Blätter sprießen, auch Palmherz genannt, kann gekocht gegessen werden. Bambussprösslinge können Sie roh essen, wobei Sie darauf achten sollten,

Tee aus Pflanzen herstellen

Tannennadeln können für einen simplen, nahrhaften Tee verwendet werden. Zerquetschen Sie frische grüne Nadeln und geben Sie kochendes Wasser dazu. Lassen Sie das Gebräu 20 Minuten ziehen und filtern Sie es dann durch ein Tuch. ***It's Tea Time.***

① *Zerquetschen Sie die Nadeln mit einem Stein, um das Aroma freizusetzen.*

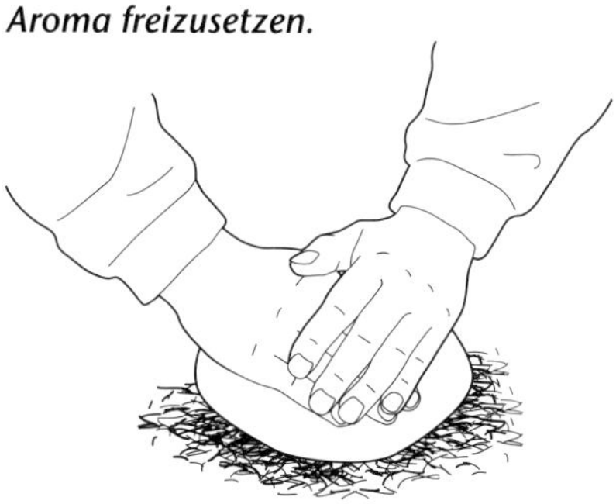

② *Geben Sie kochendes Wasser hinzu.*

③ *Filtern Sie das Gebräu durch ein Tuch in einen Trinkbehälter.*

die kleinen schwarzen Haare entlang der Blätter zu entfernen. Auch die Samen sind essbar, müssen aber vorher gekocht werden. Weitere typische tropische Pflanzen wie der Mangrovenbaum, die Süßkartoffel, die Rattanpalme, die Sagopalme, die Taro-Pflanze und die Wasserlilie haben essbare Teile.

In Wüstenregionen gibt es nur vereinzelt Vegetation, die größtenteils ungenießbar ist. Doch auch hier gibt es Ausnahmen. Feigenbäume und Dattelpalmen beispielsweise produzieren köstliche Früchte, und der Johannisbrotbaum hat essbares Fruchtfleisch. Auch die Samen sind essbar, wenn man sie kocht und zu einem Brei zerstampft. Die Samen einer Akazie können gekocht gegessen werden, und die jungen Triebe, Blätter und Wurzeln enthalten Wasser. Die Früchte und Samen des Affen-

Essbare Pflanzen in den Tropen

Die drei typischsten essbaren Pflanzen der Tropen, die jeder Soldat identifizieren können sollte.

brotbaums sind roh essbar, junge Blätter sind gekocht auch genießbar. Die Wurzeln enthalten außerdem Wasser. Praktischerweise sind die meisten Gräser, die in der Wüste wachsen, essbar. Kochen Sie die weißen Triebe, die unter der Erde liegen. Wilder Flaschenkürbis trägt essbare Früchte, die Sie allerdings kochen müssen, falls sie nicht reif sind. Kochen beziehungsweise braten Sie die jungen Blätter und Samen. Die Stängel und Sprösslinge enthalten Wasser.

Wie Ihnen diese längst nicht vollständige Liste zeigt, können Sie selbst in Wüstenregionen mit ein wenig Mühe vielerlei pflanzliche Nahrung finden. Nur in Polarregionen, wo nur die widerstandsfähigsten Pflanzen überleben, wird es schwer, essba-

Wie Sie essbare Wurzeln ausgraben

Wurzeln aus dem Boden zu graben kann eine sehr anstrengende Angelegenheit sein. Wurzeln, die dicht an der Oberfläche liegen, können Sie mit einem Stock, dessen Spitze Sie in Klingenform bringen, ausgraben. Legen Sie die Wurzel beidseitig frei und hebeln Sie sie dann mit Hilfe des Stockes aus dem Boden.

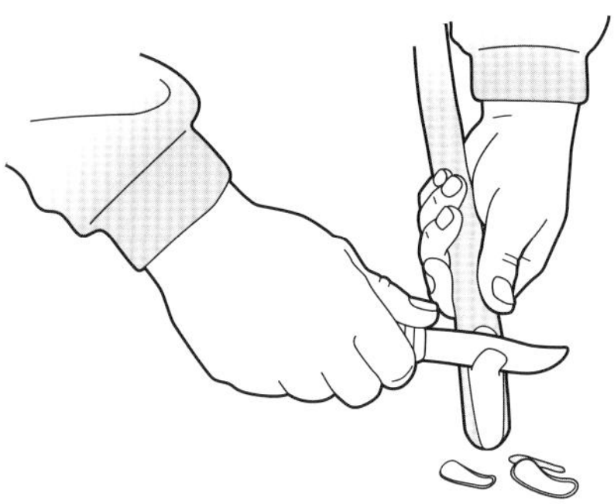

① *Schärfen Sie einen Stock.*

② *Führen Sie den Stock seitlich von der Pflanze in den Boden.*

re Pflanzen zu finden. Doch selbst hier existieren einige Moose und bodendeckende Pflanzen, die essbar sind. Alle Teile des Isländischen Mooses, der Bärentraube, der »Felskutteln« (einer Flechtenart) und des Rentiermoos können gegessen werden, nachdem sie mehrere Stunden lang eingeweicht und dann gekocht wurden. Bäume bieten eine weitere Möglichkeit, sich Nahrung zu verschaffen. Die jungen Triebe, Blätter, innere Rinde und sogar die – geschälten – Wurzeln der arktischen Weide sind essbar. Außerdem bieten sowohl die Rottanne als auch die Schwarzfichte junge essbare Triebe und Nadeln, aus denen Sie einen gesunden Tee kochen können. Die Früchte der Pracht-Himbeere können roh gegessen werden.

So klettern Sie auf eine Palme

Schlingen Sie zuerst Ihre Arme auf Brusthöhe um die Palme und springen dann mit beiden Füßen an den Stamm. Halten Sie Ihre Knie dabei im rechten Winkel zu Ihrem Körper. Arbeiten Sie sich den Stamm mit ähnlichen Sprüngen hinauf.

Dattelpalme

Technik, um auf Palmen zu klettern

Papayabaum

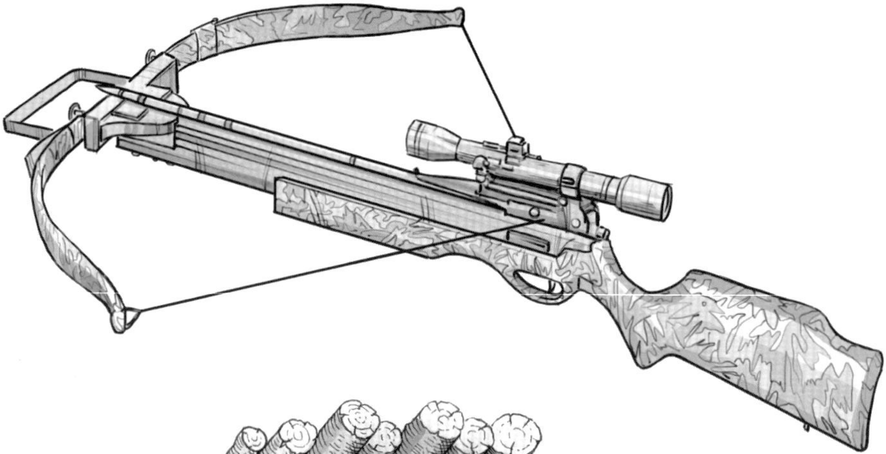

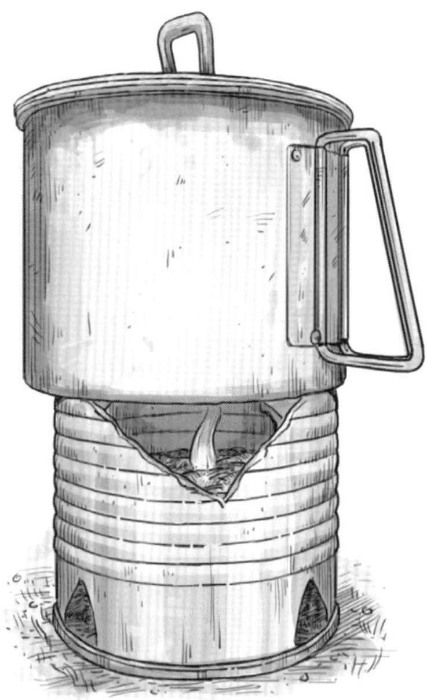

3

Leben von dem, was die Natur uns bietet: Jagen, Fallenstellen und Fischen

Wenn Sie in der Wildnis überleben wollen, sind Tiere eine Ihrer wichtigsten Nahrungsquellen, aber auch die am schwersten zu erschließende.

Die meisten Soldaten lernen während ihrer Grundausbildung, Tiere zu töten. Sie wissen, dass alle Tiere von Ameisen bis zu Zebras hervorragende potentielle Nahrungsquellen sind, wenn die Vorräte knapp werden. Lohn für die Mühe der Jagd sind neben der gewonnenen proteinreichen Nahrung auch die nützlichen Reste wie Knochen, Haut und Fell. Sie können für die Herstellung von überlebenswichtigen Dingen – wie Kleidung und Werkzeugen – verwendet werden. Es gibt jedoch zwei Risiken. Zum einen geht eine Bedrohung von den Tieren selbst aus, die zum Teil sehr gefährlich sein können. Außerdem ist das Jagen körperlich sehr anstrengend. Es könnte sein, dass Sie am Ende des Tages durch die Jagd mehr Kalorien verbrannt haben, als Sie durch das erlegte Tier wieder zu sich nehmen.

Die Sinnesorgane der Tiere sind denen des Menschen weit überlegen und erlauben es ihnen, Bedrohungen zu erkennen und zu überleben. Um Tiere zu jagen und zu erlegen, benötigen Sie daher taktische Fähigkeiten, Kenntnisse über die Tiere, die Sie erlegen wollen, sowie Intelligenz und List. Außerdem brauchen Sie Waffen.

WAFFEN

Beim Jagen haben Soldaten den Vorteil, dass sie mit qualitativ hochwertigen Waffen ausgestattet sind. Falls sie ihre Waffe verlieren, nicht mehr viel Munition haben oder aber keine Geräusche machen dürfen, müssen sie einen anderen Weg

Wenn Sie in der Wildnis Tiere als Nahrungsquelle verwenden wollen, benötigen Sie nicht nur Kenntnisse über Waffen und die Jagd, sondern auch über die sichere Zubereitung und Verarbeitung des Fleisches.

Körperhaltung beim Schießen

Wenn Sie mit einem Gewehr jagen, sollten Sie darauf achten, dass Sie eine stabile und standfeste Haltung einnehmen, bevor Sie abdrücken. Sie können eine Stütze aus einem Ast mit Astgabel verwenden, um das Gewicht des vorderen Teils der Waffe zu tragen.

Speerschleuder

Die Konstruktion dieser hier gezeigten Waffe hat sich seit Jahrhunderten nicht verändert. Die Speerschleuder ist aus einem einzigen Stück Holz gefertigt und erhöht die Beschleunigung und Geschwindigkeit des Speers und somit auch seine Reichweite. Legen Sie sich mit Ihrem gesamten Körpergewicht in die Bewegung und schleudern Sie das Gerät im letzten Moment aus dem Handgelenk.

finden, um an Nahrung zu gelangen. Zu wissen, wie man Jagdwaffen herstellt, ist daher für Soldaten genauso notwendig wie für Sie, wenn Sie in der Wildnis überleben wollen.

Die einfachste Waffe ist ein hölzerner Knüppel, den Sie bei passender Länge und passendem Gewicht sogar verwenden können, um größere Tiere wie Schafe oder Ziegen zu erlegen. Für einen derartigen Knüppel suchen Sie sich einen Ast, der etwa fünf bis sechs Zentimeter im Durchmesser misst und zum Ende hin dicker wird. Mit dieser Seite werden Sie zuschlagen. Die optimale Länge der Waffe liegt bei etwa 0,75 Meter. Knüppel sind gut dafür geeignet, bereits verwundete Tiere zu töten, während ein Speer verwendet werden kann, um kleinere Tiere aus der Distanz zu erlegen.

Ein Speer sollte leicht gebogen sein, seine Länge etwa 90 Zentimeter betragen. Er muss leicht genug sein, damit man ihn schnell werfen kann, aber gleichzeitig schwer genug, um das Tier beim Aufprall möglichst zu töten. Werfen Sie den Speer horizontal, um Ihre Trefferchancen zu erhöhen. Speere können jedoch auch als Stoß- oder Stichwaffen verwendet werden. Hierzu müssen Sie lediglich einen Ast an einem Ende zuspitzen und dieses Ende über dem Feuer aushärten. Eine gute Stichwaffe kann bis zu 1,8 Meter lang sein, damit Sie eine sichere Distanz zu Ihrer Beute halten können. Sie können die Spitze außerdem verstärken, indem Sie das Ende des Astes zum Teil aufspalten und einen scharfen Gegenstand, etwa ein Metallstück oder einen Knochen, hineindrücken. Diesen müssen Sie nun fixieren, indem Sie ein Seil um den Spalt im Ast wickeln. Wickeln Sie das Seil auch unterhalb des Spalts um den Ast, damit dieser nicht weiter einreißt. Wenn Sie einen Speer werfen, legen Sie Ihr gesamtes Gewicht in den Wurf, ohne das Ziel aus den Augen zu lassen. Bei der Verwendung des Speers als Stichwaffe sollten Sie sich mit Ihrem ganzen Körper in den Stoß hineinlegen, um Ihre gesamte Kraft und Ihr Gewicht zu nutzen. Achten Sie jedoch darauf, sich nicht so weit hineinzulehnen, dass Sie hinfallen, falls der Speer bricht.

Kranke Tiere

Soldaten müssen bei Einsätzen unter allen Umständen gesund bleiben und achten daher darauf, keine kranken Tiere zu essen. Wichtige Anzeichen für die Erkrankung von Tieren sind unter anderem Probleme bei der Bewegung, gestörtes Verhalten, ein schlechter Zustand des Fells oder der Haut, ein verformter oder verfärbter Kopf, Isolation von der Gruppe oder Herde sowie geschwollene Lymphknoten im Halsbereich (dies gilt ausschließlich für größere Tiere, wie zum Beispiel Rehe). Sollten Sie gezwungen sein, ein krankes Tier zu essen, so kochen Sie das Fleisch, bis es gar ist, und verbinden Sie eigene kleine Schnittwunden oder andere offene Wunden, bevor Sie das Fleisch zubereiten.

Verschiedene Arten von Speerspitzen

Speere mit mehreren Spitzen sind optimal für kleine Beutetiere wie Fische oder Hasen geeignet, während Sie für größere Tiere einen Speer mit einer einfachen, robusten Spitze benötigen, um eine tiefe Penetration zu erreichen.

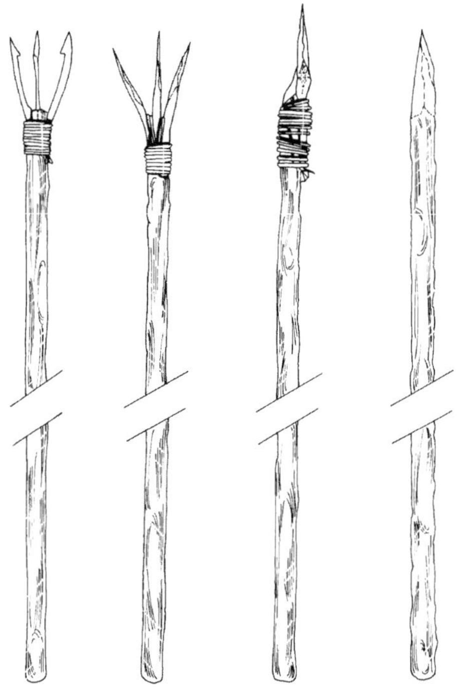

Die Jagdarmbrust

Moderne Armbrüste sind optimale Jagdwaffen, da sie so gut wie lautlos sind und eine Reichweite von über 100 m haben. Beachten Sie jedoch, dass das Jagen mit einer Armbrust in vielen Ländern verboten ist.

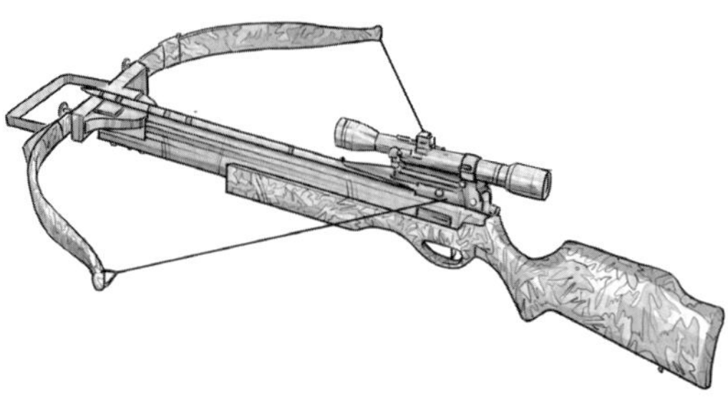

Zu den weiteren Wurfgeschossen zählen Projektilwaffen. Bei den unterschiedlichen Schusswaffen dieser Art machen wir uns die Physik zunutze und können so zum Beispiel mit Hilfe der Hebelwirkung aus großer Distanz töten. Eine klassische Waffe dieser Kategorie ist die Steinschleuder, die die meisten von uns aus ihrer Kindheit kennen. Für den Rahmen, der wie ein Y geformt sein muss, müssen Sie nach einem geeigneten Ast suchen. Er sollte etwas biegsam, aber trotzdem stabil sein, etwa ein Ast aus einem Haselstrauch. Für den elastischen Teil der Schleuder genügen zur Not Gummizüge aus der Kleidung. Qualitativ hochwertige Gummis wie medizinische Schläuche oder Teile vom inneren Gummi eines Autoreifens sind allerdings eher zu empfehlen. In die Mitte sollten Sie ein Leder- oder Stoffstück legen, das das Projektil aufnimmt. Bei entsprechender Erfahrung ist eine Schleuder höchst zielgenau. Mit ihr kann man leicht kleinere Tiere und Vögel erlegen.

Harpune

Diese Harpune besteht aus einem langen, mit Stacheln gespickten Ast und ist optimal für den Fischfang geeignet. Ist die Harpune nicht in Gebrauch, so können Sie die Stacheln mit einem Bündel aus aufgesteckten Blättern abdecken.

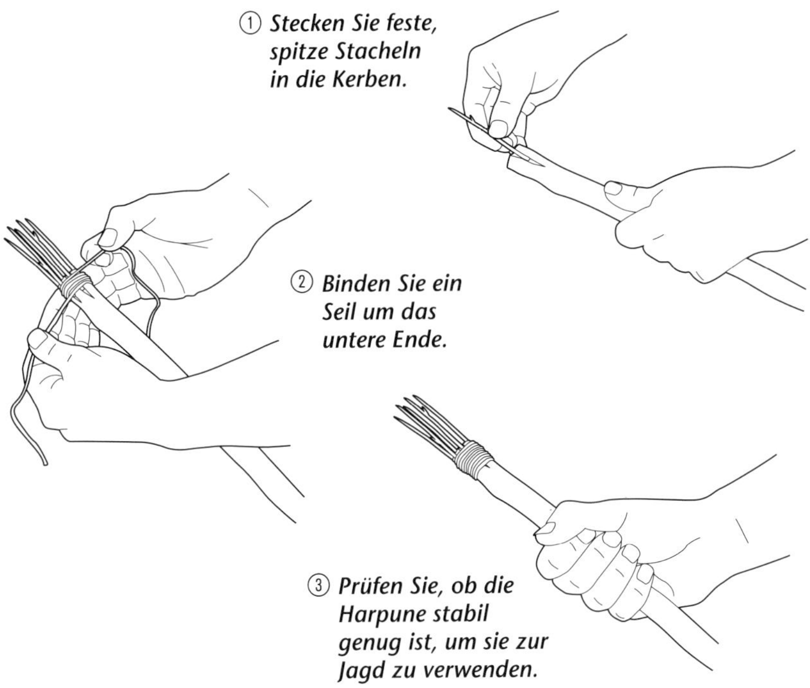

Um traditionelle Steinschleudern (wie man sie aus der biblischen Geschichte von David und Goliath kennt) zu nutzen, braucht es ein wenig Erfahrung. Nehmen Sie ein etwa 1,2 Meter langes Seil und befestigen Sie ein Stück Leder in der Mitte. Um zu schießen, legen Sie einen Stein in die Ledertasche, halten beide Enden der Schleuder in der Hand und lassen diese über dem Kopf oder seitlich neben dem Körper kreisen, damit sie genügend Schwung entwickeln kann. Nach ein paar Umdrehungen in Richtung der Beute lassen Sie ein Ende der Schleuder los, um den Stein fliegen zu lassen.

Ein Bogen gehört zu den etwas anspruchsvolleren Survivalwaffen. Mit einem solchen werden Sie in der Lage sein, größere Tiere wie Ziegen oder Rehe aus einer Distanz von bis zu 100 Metern zu erlegen. Wenn Sie einen Bogen aus unbehandeltem Holz improvisieren, müssen Sie sich darüber im Klaren sein, dass dieser niemals eine so starke Durchschlagkraft haben wird wie ein professionell hergestellter Bogen. Wenn Sie allerdings das richtige Holz, wie zum Beispiel das der Eibe, des Hickorybaumes, der Eiche oder der Zeder, verwenden, dann ist sowohl die Durchschlagkraft als auch die Bedienbarkeit akzeptabel. Der Bogen sollte etwa 1,2 Meter lang sein und aus einem stabilen Ast bestehen. Beide Enden des Astes sollten ausbalanciert sein, und er sollte ein dickeres Mittelstück besitzen, das als Griffstück dient. Schneiden Sie Kerben in die Bogenspitzen (etwa 1,25 Zentimeter tief), um die Sehne aufzunehmen. Diese

Moderne Schleudern

Die modernen Steinschleudern sind äußerst durchschlagkräftig und besitzen oft eine Visiervorrichtung. Mit ihnen kann man Tiere bis zur Größe eines Hasen erlegen.

kann aus Rohleder oder einem anderen starken, aber trotzdem dünnen Material bestehen. Spannen Sie den Bogen, achten Sie jedoch darauf, ihn nicht zu überspannen, da sonst sowohl die Reichweite als auch die Durchschlagkraft vermindert werden. Reiben Sie die Waffe mit Tierfett oder Öl ein, um eine Austrocknung des Holzes zu verhindern.

Stellen Sie Pfeile aus hartem Holz her und schneiden Sie es dafür auf eine Länge von etwa 60 Zentimetern und eine Breite von etwa 6 Millimetern zu. Entfernen Sie alle Unebenheiten auf der Oberfläche mit Ihrem Messer oder einem Stein. Die Spitze des Holzpfeils kann einfach geschärft werden, hat aber eine bessere Durchschlagkraft, wenn Sie kleine Steine, Metall- oder Knochensplitter dar-

Improvisierte Steinschleuder

Um diese antike Waffe richtig zu verwenden, müssen Sie lange trainieren. Mit ihr können Sie Vögel und kleine Säugetiere erlegen.

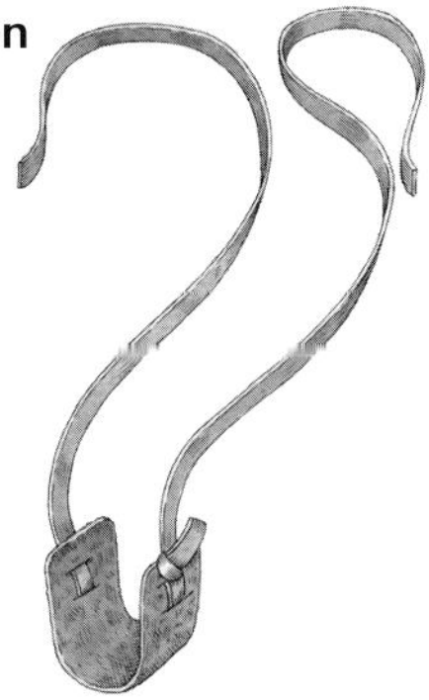

Die Bola

Beim Überlebenstraining der SAS-Einheiten wird den Soldaten auch beigebracht, wie sie die traditionelle Bola-Wurfwaffe herstellen und damit fliegende Vögel oder rennende Tiere erlegen. Nehmen Sie drei bis sechs Steine mit einem Durchmesser von etwa fünf Zentimetern und wickeln Sie jeden einzeln in ein Stofftuch. Binden Sie jetzt jedes Paket an ein etwa ein Meter langes Seil und knüpfen Sie die Seilenden fest zusammen – an diesem Verknüpfungspunkt müssen Sie die Wurfwaffe halten, um sie zu werfen. Beim Einsatz lassen Sie die Bola mehrere Male über Ihrem Kopf kreisen und werfen sie dann auf die Beute. Behalten Sie das Ziel immer im Auge, das wird Ihre Genauigkeit verbessern. Eine gute Bola wird sich um das Beutetier wickeln, während die Steine es außer Gefecht setzen oder sogar töten.

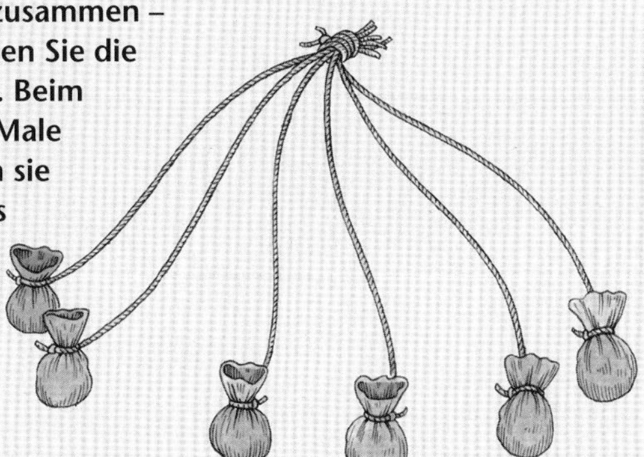

an befestigen. Bringen Sie am hinteren Ende des Pfeils Papier, Stoff oder im optimalen Fall Federn an. Bei drei gleichmäßig verteilten Federn ist die Fluglage am stabilsten. Kerben Sie das Pfeilende so, dass die Sehne hineinpasst.

Einen Bogen zu schießen erfordert Konzentration und akkurates Zielen. Achten Sie darauf, dass Sie dicht genug am Ziel sind, so dass der Pfeil noch genügend Geschwindigkeit hat, um tief in das Tier einzudringen. Üben Sie, bevor Sie jagen gehen, damit Sie ein gutes Gefühl für die Reichweite und die Kraft des Bogens bekommen. Bei großen Tieren sollten Sie auf den Rumpf zielen. Im Idealfall sollte der Pfeil direkt hinter den Schultern eindringen, da dort das Herz und andere lebenswichtige Organe liegen. Fixieren Sie das Ziel mit den Augen und ziehen Sie die Sehne in einer gleichmäßigen Bewegung zurück. Lassen Sie die Sehne in einer geschmeidigen Bewegung los. Sie müssen sich im Klaren darüber sein, dass das Tier wahrscheinlich nicht sofort tot zu Boden geht. Anstatt dem Tier sofort zu folgen, merken Sie sich, in welche Richtung es rennt. Warten Sie ein paar Minuten, bis Sie der Blutspur folgen. Dann finden Sie hoffentlich an deren Ende ein totes Tier vor.

Jagdbogen

Jagdbogen sind in vielen unterschiedlichen Ausführungen erhältlich, die sich in Material und Technik unterscheiden. Selbstgebaute Bogen (links) sind die einfachsten, doch Compoundbogen (rechts) haben deutlich mehr Durchschlagkraft.

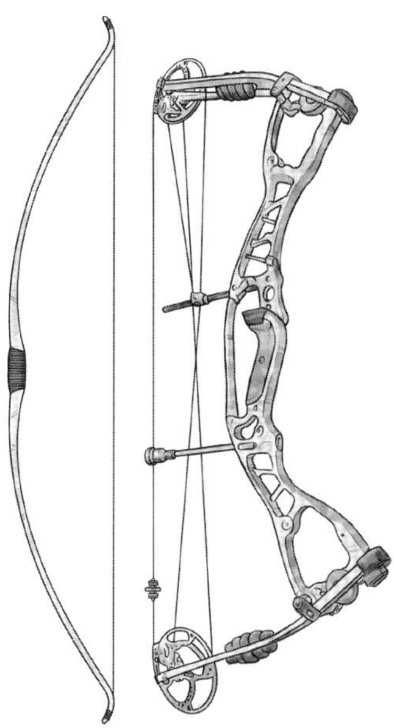

SPURENLESEN UND JAGEN

Elitesoldaten können die Techniken, die sie gelernt haben, um Menschen aufzuspüren und zu töten, auch auf Tiere anwenden. Sie spüren diese auf, indem sie die Zeichen lesen, die sie auf ihrem Weg hinterlassen. Im Falle von Tieren handelt es sich um Fußspuren, Kot, Anzeichen von Nahrungsaufnahme (Knochen, aufgebrochene Nüsse etc.), Fell oder Federn, Baue und Nester, zerbrochene oder gebogene Vegetation, abgekaute Rinde oder Wurzeln sowie Kratzspuren an Bäumen. Die Kombination aus verschiedenen Zeichen kann Ihnen verraten, in welche Richtung das Tier wandert, sein Jagdrevier, seine bevorzugte Nahrung und sogar – wenn der Fußabdruck deutlich ist –, um welches Tier es sich handelt. Beim Spurenlesen können Sie Lücken im Zugprofil des Tieres durch Kotspuren

Improvisierter Bogen

Ein improvisierter Bogen aus jungem Holz hat nur eine begrenzte Reichweite und Lebensdauer, ermöglicht es Ihnen aber, auch größere Säugetiere zu erlegen.

Wählen Sie einen Ast, der keine Risse oder Kerben aufweist.

Binden Sie die Bogensehne mit mehreren Schlaufen fest.

oder niedergedrücktes Gestrüpp ergänzen. Die Kombination von drei Zeichen sagt Ihnen, in welche Richtung das Tier wandert und welche Route es vermutlich häufig benutzt. Achten Sie jedoch darauf, ob die Spuren schon einen älteren Eindruck machen, und halten Sie sich an frisch aussehende Spuren.

Sobald Sie Ihre potenzielle Beute ausgemacht haben, müssen Sie sich ihr nähern, um zuschlagen zu können. Wenn Sie die Beute verfolgen, sollten Sie sich in der Richtung befinden, in die der Wind weht, und sich leise und langsam bewegen und dabei in Deckung bleiben. Passen Sie auf, dass sich Ihre Silhouette nicht

Spuren lesen

Spurenleser der Elitespezialeinheiten verbinden verschiedene Zeichen, die ein Tier hinterlässt – etwa Fußspuren und Kot – miteinander, um die Wanderrichtung und üblichen Pfade eines Tieres zu bestimmen.

Wie Sie ein erlegtes Tier finden

Rehe legen oft noch eine große Distanz zurück, nachdem sie getroffen wurden. Folgen Sie der Blutspur. Falls diese nicht beim toten Tier endet, suchen Sie im Zick-Zack-Kurs, bis Sie das Tier entdecken.

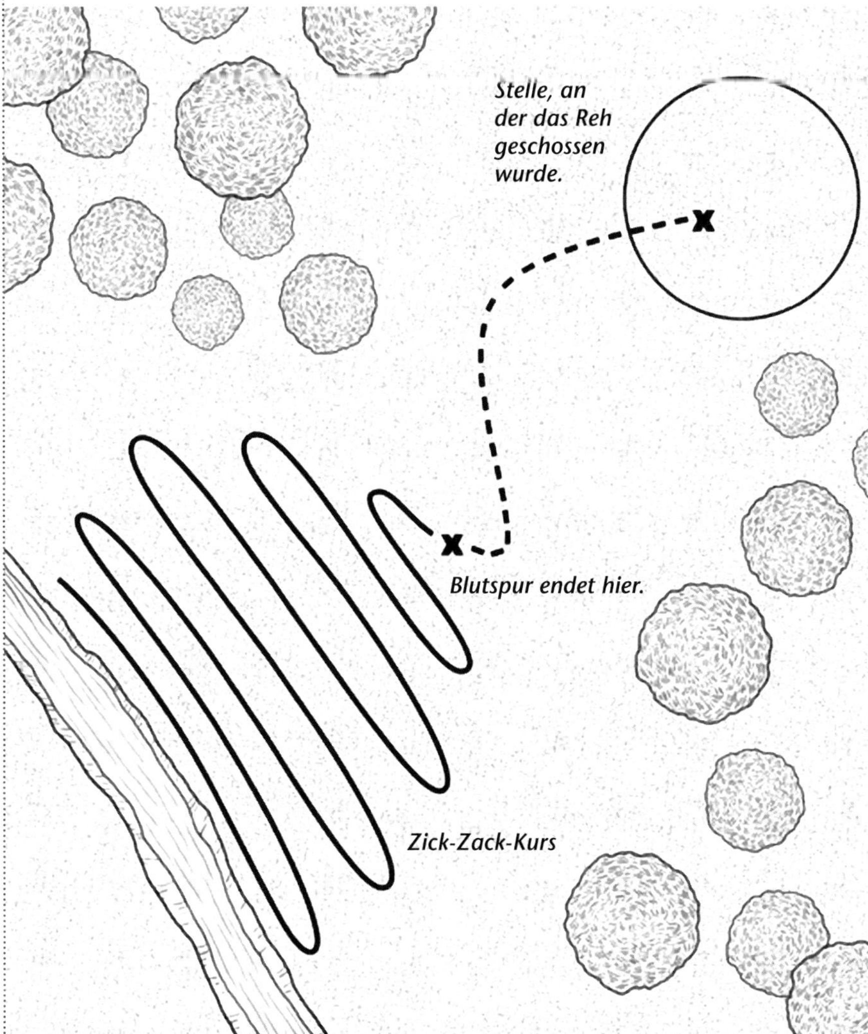

Wie Sie einen Hasen töten

Die Royal Marines erlernen diese Technik, um einen Hasen schnell und schmerzlos zu töten, schon in der Grundausbildung. Halten Sie das verletzte Tier an den Hinterbeinen fest und lassen Sie es kopfüber nach unten hängen. Schlagen Sie jetzt mit der Kante Ihrer freien Hand auf den Nacken des Tieres. Wenn dieser Schlag richtig durchgeführt wird, ist das Tier sofort tot.

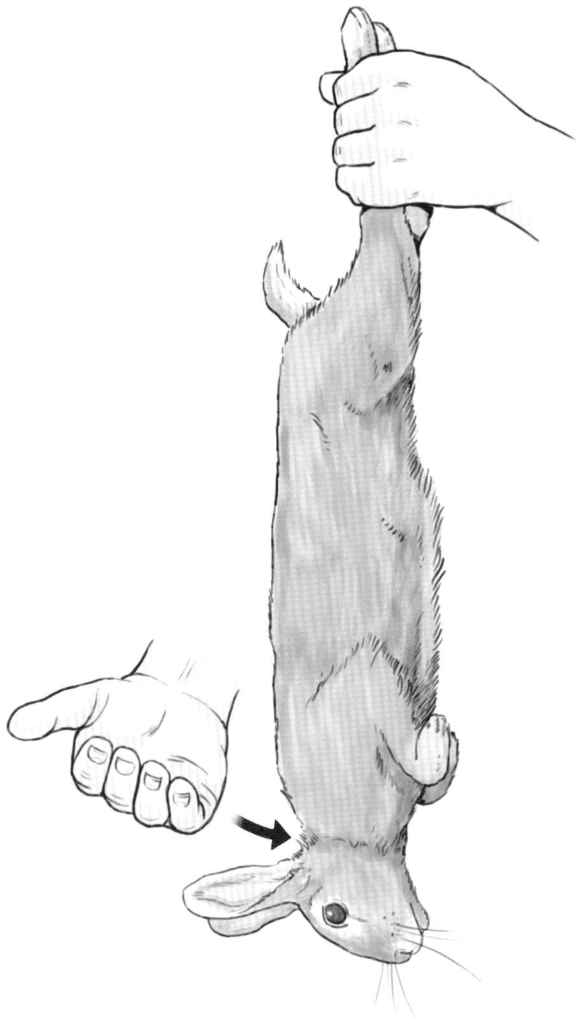

vor dem Horizont abzeichnet. Falls das Tier in Bewegung ist, könnte es die beste Entscheidung sein, ruhig in Deckung zu bleiben und das Tier auf sich zukommen zu lassen. Tragen Sie bei der Verfolgung auf keinen Fall leuchtende Farben und entfernen Sie alle knisternden oder klirrenden Gegenstände aus Ihren Taschen. Wenn Sie es nicht gewohnt sind zu töten, so sollten Sie sich bewusst machen, dass der eigentliche Tötungsakt mit Entschlossenheit ausgeführt werden muss. Denken Sie daran, dass Sie das Tier töten und nicht verwunden wollen. Falls Sie das Tier verwundet haben, müssen Sie es sofort töten. Vögel und kleine Säugetiere können durch einen starken Faust- oder Keulenschlag in den Nacken oder an den Kopf getötet werden. Bei größeren Tieren sollten Sie, vor allem wenn sie noch in Bewegung sind, die Waffe noch einmal aus der Distanz verwenden, um sie endgültig zu töten.

DAS FALLENSTELLEN

Beim Fallenstellen baut man eine selbstauslösende Vorrichtung, die ein Tier fängt oder es direkt tötet. Die wirksamsten Fallen sind Drahtschlingenfallen, Totschlagfallen und Speerfallen. Diese übernehmen die Jagd für Sie, während Sie andere Dinge erledigen können. Einige der einfacheren Fallen können in wenigen Minuten gebaut werden und erzielen trotzdem gute Ergebnisse. Beachten Sie jedoch immer, dass Fallen für Menschen genauso gefährlich sein können wie für Tiere. Elitesoldaten bauen ihre Fallen immer ab, bevor sie in ein anderes Gebiet weiterziehen, um nicht Kinder oder Tiere aus naheliegenden Dörfern zu gefährden. Wenn Sie eine Speer- oder Totschlagfalle bauen, sollten Sie immer darauf achten, sich nicht selbst in die Gefahrenzone zu begeben. Überprüfen Sie Ihre Fallen regelmäßig auf Beute. Es ist nämlich nicht nur grausam, ein Tier länger als nötig leiden zu lassen, sondern es könnte auch sein, dass ein anderes Raubtier Ihnen Ihre Beute wegnimmt, bevor Sie diese erreichen.

Drahtschlingenfalle

Eine Drahtschlingenfalle fängt ein Tier mit Hilfe einer sich automatisch zuziehenden Schlinge. Entweder wird das Tier erwürgt, oder es wird festgehalten, bis Sie es töten können. Professionelle Fallenbausets sind zwar nützlich, aber eine Drahtschlingenfalle können Sie auch aus dem Draht in Ihrem Notfallset, aus einem dünnen Seil, der Sehne eines Tieres oder sogar aus festem Pflanzenmaterial herstellen. Achten Sie darauf, ein Material zu verwenden, welches das Tier nicht durchbeißen kann. Dies wird es nämlich verzweifelt versuchen, falls es nicht sofort getötet wird. In diesem Kapitel finden Sie einige nützliche Zeichnungen, aus denen sie die Bauarten verschiedener Fallen entnehmen können.

Achten Sie beim Auslegen der Drahtschlingenfalle darauf, dass diese sich ein paar Zentimeter über Bodenhöhe befindet, damit das umliegende Gestrüpp sie nicht daran hindert, sich vollständig zuzuziehen. Sie können auch die umliegende Vegetation nutzen, um eine Art Tunnel zu bauen, der ein wenig breiter ist als der Körper des Tieres. Er wird das Tier zwangsläufig zur Schlaufe hinführen und es mit dem Kopf voran hineinlocken. Eine weitere Möglichkeit, die Beute am Nacken zu erwischen, ist das Anlocken mit einem Köder, worauf das Tier während des Fressens gefangen wird. Versuchen Sie nicht, eine Falle direkt vor dem Bau eines Tieres zu platzieren, da dieses die Veränderung und

Fußspuren verschiedener Tiere

Kennen Sie die Fußspuren vieler unterschiedlicher Tiere, werden Sie auf der Spurensuche mehr Erfolg haben.

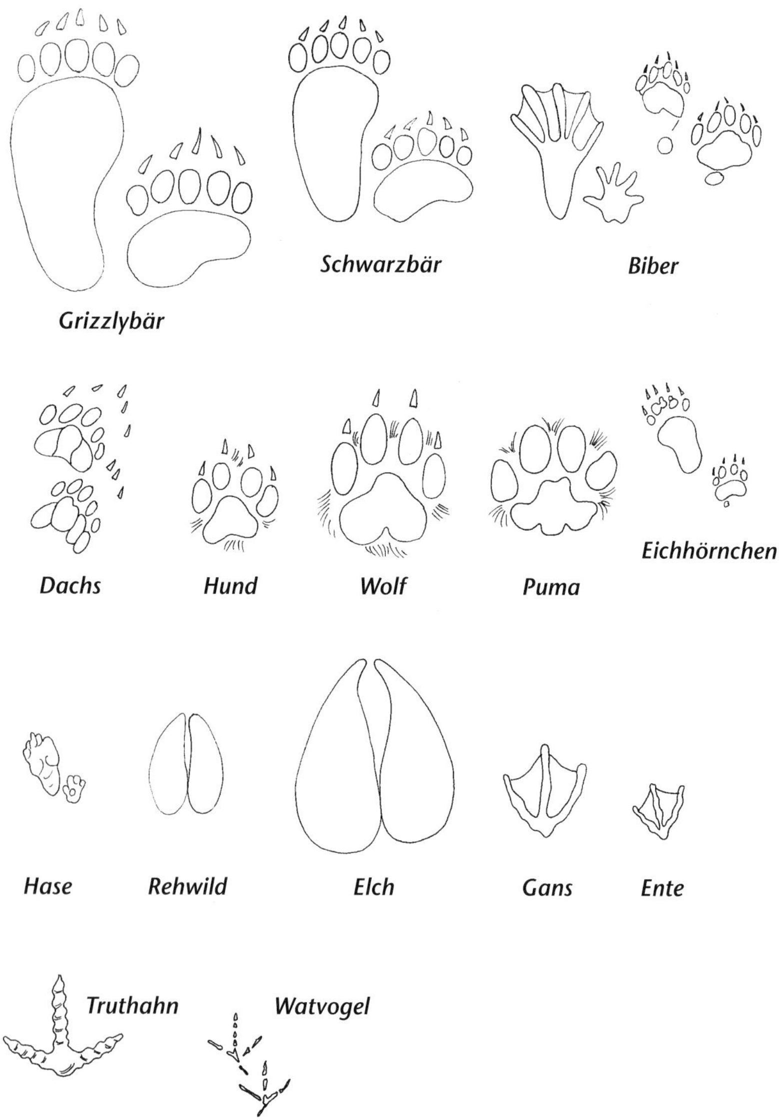

Drahtschlingen

Professionelle Drahtschlingen haben meist einen Verschlussmechanismus, durch den sich der Draht immer enger um das Tier zieht, je mehr dieses versucht, sich zu befreien. Drahtschlingen sind in jedem Army-Shop für wenig Geld erhältlich.

Drahtschlingenfalle mit Feder

Hier erzeugt der obere Ast Spannung auf den eingehakten Auslöser, der betätigt wird, sobald sich ein Tier in der Schlaufe verfängt. Der Ast reißt das Tier dann in die Luft und hält es dort, bis Sie zurückkehren.

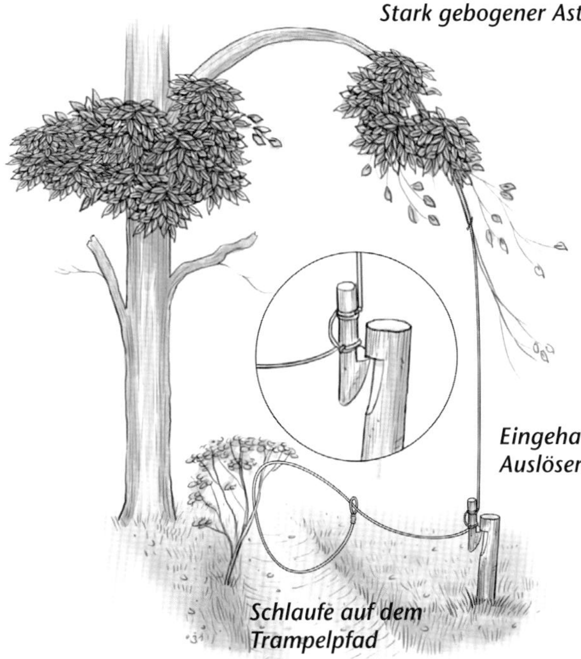

Tipps der SAS-Einheiten zum Fallenbau

- Berühren Sie die Falle so wenig wie möglich, da Sie sonst Ihren Geruch daran hinterlassen. Bauen Sie die Falle aus dem gleichen Grund in einiger Entfernung zu Ihrem Lager und zu Ihren Nahrungsmitteln. Reiben Sie Ihre Hände vor dem Bau der Falle mit Schlamm ein, um Ihren Geruch zu verringern.
- Markieren Sie die Richtung, in der die Falle liegt, mit Hilfe von großen Ästen oder Markierungen an Bäumen, um sie leichter wiederzufinden. Dies ist unter winterlichen Bedingungen besonders wichtig.
- Stehen und arbeiten Sie nicht auf dem Wildwechsel, auf dem Sie die Falle errichten. Stattdessen sollten Sie auf einer Seite des Pfades bleiben, um möglichst wenig Unruhe zu erzeugen.
- Falls Sie Äste abbrechen müssen, sollten Sie die entstandenen weißen Stellen mit Schlamm beschmieren, um Ihre Spuren zu verdecken.
- Legen Sie einige Köder in der unmittelbaren Umgebung der geplanten Falle aus; falls diese verschwinden, verspricht der Fallenbau an dieser Stelle großen Erfolg.

Die Totschlagfalle

Bei dieser ausgeklügelten Totschlagfalle dient ein gebogener Ast, der durch zwei im Boden steckende Pflöcke unter Spannung gehalten wird, als Kraftquelle für den schnellauslösenden Mechanismus. Sobald ein Tier den Köder nimmt, zieht es automatisch den Stift aus der Schlaufe, wodurch der Ast gelöst wird. Der zurückschnellende Ast zieht dann die Stütze unter dem Steingewicht weg.

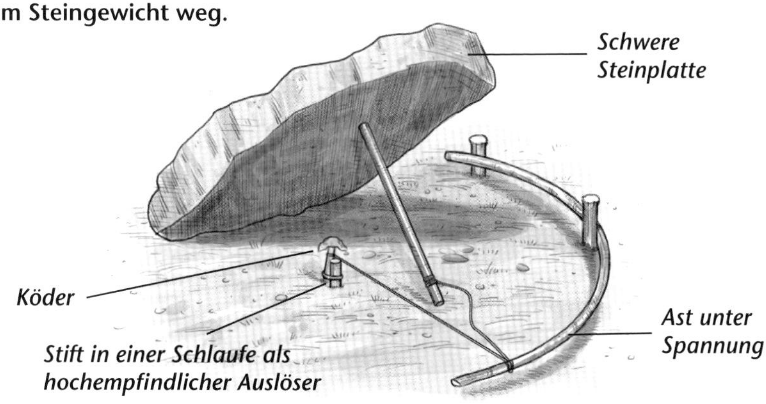

Totschlagfallen

Totschlagfallen müssen stabil genug sein, um Wind und Regen standzuhalten, aber trotzdem empfindlich genug, damit sie bei einer leichten Berührung durch ein Tier ausgelöst werden. Die obere Falle verwendet mehrere Baumstämme, um die Aufschlagfläche zu vergrößern.

Vogelfallen

Im Folgenden einige nützliche Methoden der Eliteeinheiten, um Vögel zu fangen.

- Vogelleim: Kochen Sie die Blätter einer Stechpalme und Korn in Wasser, um eine klebrige Substanz herzustellen. Verteilen Sie diese auf Ästen, die häufig von Vögeln angeflogen werden. Wenn ein Vogel hier landet, wird er am Ast klebenbleiben.
- Bestücken Sie einige Angelhaken mit Vogelfutter – sichern Sie die Angelschnur an Ästen oder Ähnlichem.
- Binden Sie Angelschnur in einer geraden Linie in die Flugbahn von Vögeln – fliegende Vögel können mit dieser Leine kollidieren und fallen verletzt zu Boden, wo Sie sie dann einsammeln können.

Die Speerfalle

Solche Speerfallen wurden im Vietnamkrieg von den Vietkong gegen Menschen eingesetzt. Bei der Jagd sind diese Fallen optimal geeignet für größere Säugetiere wie Wildschweine oder Rehe.

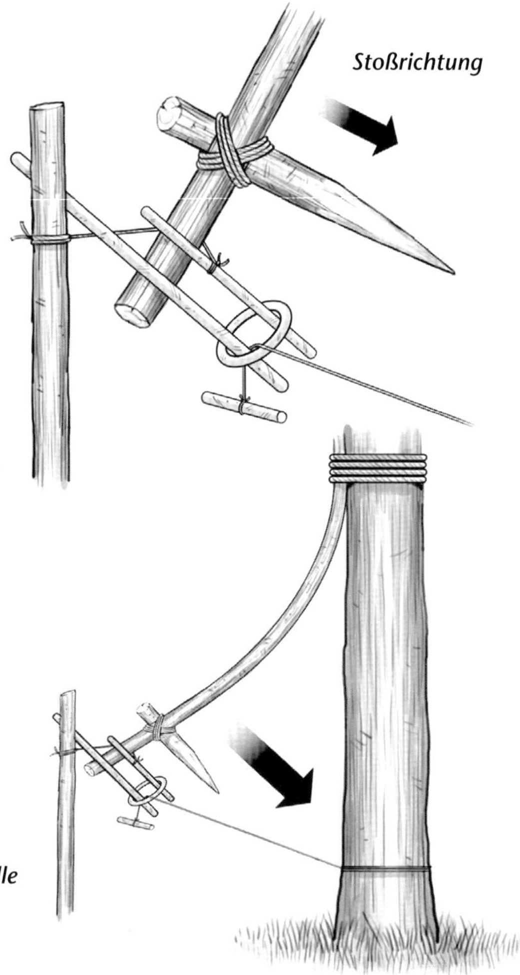

neue Gerüche hier sofort wahrnehmen würde. Es gibt viele verschiedene Formen der Drahtschlingenfalle. Die wohl beste Art ist die Federdrahtschlingenfalle. Hier bindet man die Schlaufe an einen Auslöser, der mit einem unter Spannung gehaltenen Ast verbunden ist. Sobald das Tier die Schlaufe bewegt, wird der Auslöser betätigt. Der Ast schwingt hoch, wodurch die Schlaufe samt Tier in die Luft gerissen wird. Die Federdrahtschlingenfallen machen es dem Tier nicht nur unmöglich, sich selbst zu befreien, sondern heben es auch außer Reichweite von Raubtieren.

Speerfallen

Im Gegensatz zu Drahtschlingenfallen sind Speerfallen darauf ausgerichtet, das Tier schnell und schmerzlos zu töten. Im Prinzip bestehen sie aus einem unter Spannung stehenden Schlagarm, an dessen Ende ein angespitzter Pflock angebracht ist. Der Ast ist mittels eines Drahts mit einem im Boden verankerten Pflock verbunden, der diesen hält. Sobald das Tier den Köder berührt, löst sich der Ast, und das Tier wird sofort vom Spieß getötet. Speerfallen sollten verwendet werden, um mittelgroße bis große Säugetiere zu töten. Passen Sie die Länge des Spießes an die Größe des Tieres an, das Sie töten wollen. Um beispielsweise eine Ziege zu erlegen, sollte der Pflock mindestens 15 Zentimeter lang sein. Der Spieß sollte genau über den Köder hinweg schwingen, um sicherzugehen, dass das Tier getroffen wird. Wenn Sie mehrere Spieße anbringen, erhöhen Sie Ihre Chance auf einen Treffer. Entscheiden Sie je nach Umgebungsbedingungen, ob die Falle vertikal oder horizontal schwingen soll. Beachten Sie, dass Speerfallen von Guerillakämpfern gegen feindliche Soldaten verwendet werden und schwere Verletzungen hervorrufen können. Aus diesem Grund bauen Elitesoldaten ihre Fallen sofort wieder ab, wenn sie nicht mehr in Gebrauch sind, damit keine Bewohner der Region gefährdet werden.

Totschlagfallen

Totschlagfallen töten das Tier durch ein herunterfallendes Gewicht, beispielsweise einen schweren Ast oder Stein. Ausgelöst werden sie entweder durch einen Stolperdraht oder durch einen Auslöser mit Köder. Diese Art der Falle ist am besten für mittelgroße Tiere wie Füchse, Dachse, kleine Rehe, Enten und Gänse geeignet. Da schwere Totschlagfallen die Knochen und das Fleisch kleinerer Tiere zerquetschen und es somit ungenießbar machen, sollten Sie die Falle für diese Tiere nicht verwenden. Wenn Sie Köder in der Falle anbringen, so achten Sie darauf, diese möglichst weit an der hinteren Kante anzubringen, da die Tiere versuchen werden zu entkommen, sobald die Falle ausgelöst wird. Wenn der Köder und der Auslöser an der hinteren Kante liegen, ist die Chance höher, dass sich das Tier noch in der Aufschlagzone der Falle befindet, wenn das Gewicht auf dem Boden auftrifft. Beachten Sie, dass Sie für eine große Totschlagfalle immer die Hilfe einer zweiten Person benötigen. Begeben Sie sich niemals unter die Falle, wenn Sie einen Köder oder Auslöser anbringen.

DAS SCHLACHTEN

Wenn Sie ein Tier erlegt haben, lassen Sie es möglichst bald ausbluten, nehmen es aus, häuten es und kochen es dann sobald wie möglich, damit das Fleisch nicht verdirbt.

Um ein Tier ausbluten zu lassen, schneidet man dessen Hals auf und hängt es auf, so dass das Blut herausläuft. Fangen Sie das Blut in einer Schale auf. Es ist ein nahrhafter Zusatz für einen Eintopf oder eine Suppe. Beim Aufbrechen und Häuten sind je nach Tier etwas unterschiedliche Techniken zu verwenden. Generell können Sie sich aber an folgende Vorgehensweise halten. Zuerst schneiden Sie um den After und bei männlichen Tieren um den Penis herum. Führen Sie jetzt zwei Finger in den Zwischenraum von Haut und dem Gewebe ein, das die Innereien umschließt, und zertrennen Sie vorsichtig die Haut des Tieres bis zum

Vogelfallen

Vogelfallen können einfache Schlingen aus Draht oder Angelschnur sein. Hängen Sie sie in die Flugbahnen von Vögeln oder an deren Brutstellen auf.

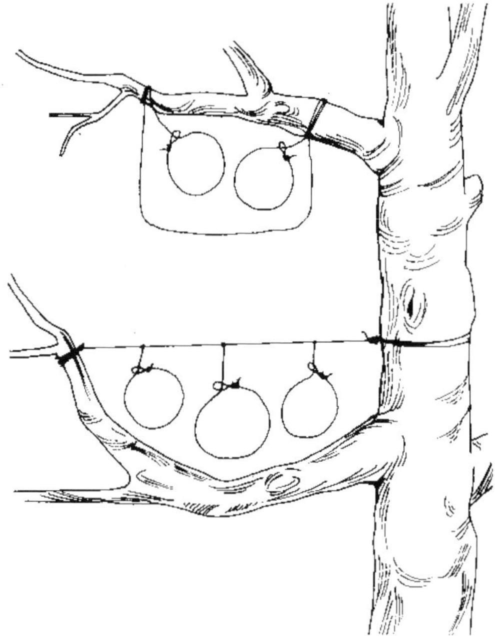

Hals. Achten Sie darauf, das Gewebe nicht zu beschädigen. Rollen Sie das Tier jetzt auf die Seite und entfernen Sie die Innereien.

Um das Tier nun zu häuten, legen Sie als Erstes auf der Innenseite der Beine einen Schnitt vom Knie bis zum Schritt. Trennen Sie dann die Beine auf Kniehöhe ab. Als nächstes arbeiten Sie sich mit Ihren Händen zwischen das Fleisch und die Haut des Tieres, um die Haut zu lösen. Dann können Sie diese über den Kopf des Tieres abziehen. Anschließend können Sie das Tier zerlegen.

Schneiden Sie Fleischstücke aus jedem verwertbaren Teil des Tieres heraus und bedenken Sie dabei, dass Überlebensnahrung mit Ihrem täglichen Essen in keiner Weise zu vergleichen ist. Verschwenden Sie kein Fleisch und heben Sie auch die Innereien des Tieres auf. Nieren, Leber und Herz sind essbar und sehr nahrhaft. Behalten Sie auch den Schwanz, die Füße und die Knochen, um Brühe zu kochen. Säubern Sie alles gründlich vor dem Kochen. Das Fett können Sie zum Kochen verwenden oder anderen Mahlzeiten hinzufügen, um diese nahrhafter zu machen.

Wenn Sie einen Vogel fangen und töten, lassen Sie ihn zuerst ausbluten, nachdem Sie den Hals unterhalb des Schnabels aufgeschnitten haben. Dann rupfen Sie die Federn mit schnellen Bewegungen heraus. Fangen Sie mit der Brust des Vogels an. Falls Sie nur an dem Brustfleisch interessiert sind, so müssen Sie nur hier die Federn ziehen und können dann die beiden Bruststücke herausschneiden. Wenn Sie den Vogel zunächst in heißes Wasser tauchen, ist das Rupfen einfacher.

Wie Sie einen Hasen häuten

Diese Technik kann auf viele kleine, vierbeinige Tiere übertragen werden.

① *Nachdem Sie das Tier ausgenommen haben, schneiden Sie die Haut um die Hinterbeine herum ein.*

② *Ziehen Sie die Haut über den unteren Teil des Tieres ab.*

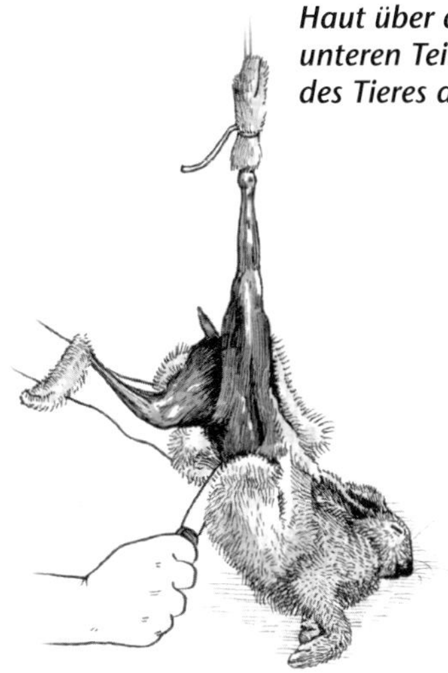

③ *Arbeiten Sie sich in Richtung des Kopf vor: Schneiden Sie die Vorderbeine ab.*

④ *Ziehen Sie die Haut in einem Stück über den Kopf des Tieres.*

Die Ausnahme bilden hier Wasservögel. Jetzt können Sie den Vogel ausnehmen. Schneiden Sie ihn hierfür vom Nacken bis zum Schwanz auf.

FISCHEN

Das Fischen ist für Soldaten in Überlebenssituationen wohl die beste Möglichkeit, an eine proteinreiche Mahlzeit zu kommen. Es erfordert nur wenig Energie und Kraft und erzielt dabei ein ausgezeichnetes Ergebnis. Mit Hilfe eines Angelhakens, von ein paar Gewichten und einer Angelschnur kann eine ordentliche Menge Fisch gefangen werden. Bestücken Sie den Haken mit Würmern, Insekten, kleinen Fischen, Beeren, Maden oder Essensresten als Köder. Sie können sich aber auch Ihren eigenen Köder aus Alufolie, Metall, Federn oder farbigen Insekten basteln. Falls Sie mit einer Angelschnur fischen, sollten Sie sich möglichst weit vom Ufer entfernt aufhalten und geduckt bleiben. Bewegung am Ufer wird Fische verscheuchen. Außerdem erlaubt die Lichtbrechung im Wasser den Fischen, die Uferseite in einem flachen Winkel einzusehen. Passen Sie auf, dass Ihr Schatten niemals auf das Wasser fällt.

Wenn Sie nachts eine Setzangel aufstellen, können Sie sogar nachts weiter fischen. Nehmen Sie ein langes Stück Angelschnur und befestigen Sie an dieser in regelmäßigen Abständen weitere mit Angelhaken versehene kürzere Leinen. Suchen Sie sich eine relativ schmale Stelle eines Flusses und legen Sie die Leine von einem Ufer zum anderen. Sie können sie an Bäume binden oder Pflöcke in den Boden rammen. Passen Sie die Höhe der Leine so an, dass die davon abgehenden Angelschnüre mit den Haken im Wasser hängen. Dann lassen Sie diese über Nacht hängen und prüfen im Morgengrauen, ob Sie etwas gefangen haben. Denken Sie daran, den Köder regelmäßig zu wechseln, und lassen Sie die Angel tagsüber niemals unbeaufsichtigt, weil Ihnen sonst Raubtiere zuvorkommen werden.

Wenn Sie keine professionelle Angelausrüstung haben, können Sie einen Ersatz improvisieren. Gräser oder Tiersehnen können als Angelschnur verwendet und Angelhaken aus Dornen, gebogenen Nägeln, Stecknadeln oder scharfkantigem Holz hergestellt werden. Beachten Sie, dass ein hölzerner Haken nach einigen Stunden gewechselt werden muss, da das Holz im Wasser aufweicht. Eine einfache Angelrute kann aus einem Ast bestehen. Wählen Sie einen jungen Ast,

Wie Sie Fische finden

Kenntnisse über das Verhalten von Fischen helfen Ihnen, eine geeignete Stelle zum Fischen zu finden. Halten Sie Ausschau nach Blasen und kleinen Wellen an der Wasseroberfläche, die Anzeichen dafür sein können, dass ein Fisch am Boden nach Nahrung sucht. In Flüssen halten sich Fische oft an schattigen Plätzen auf, während sie bei kaltem Wetter und Wasser die sonnigen und flachen Plätze aufsuchen. Fische bevorzugen die stilleren Stellen im Fluss, beispielsweise stromabwärts von Felsen oder Kiesansammlungen. Auch die Innenseite einer Biegung im Fluss ist für sie attraktiv, da dort die Strömung langsamer ist als auf der Außenseite. Dieses Verhalten kann bei Wanderfischen wie Lachsen abweichen.

Wie Sie Angelhaken herstellen

Einfache Angelhaken können Sie auf die dargestellte Weise leicht selbst machen. Beachten Sie, dass die Größe des Fisches, den Sie fangen können, von der Größe des Hakens abhängt.

① *Schneiden Sie das Ende eines Astes ab und lassen am Ende einen Dorn stehen.*

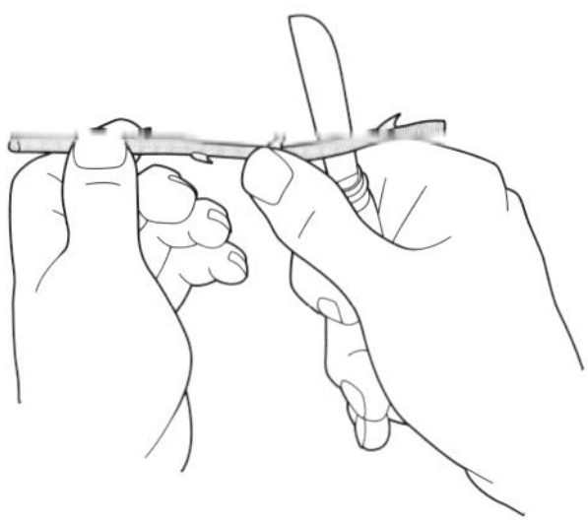

② *Schneiden Sie eine Kerbe um das andere Ende herum.*

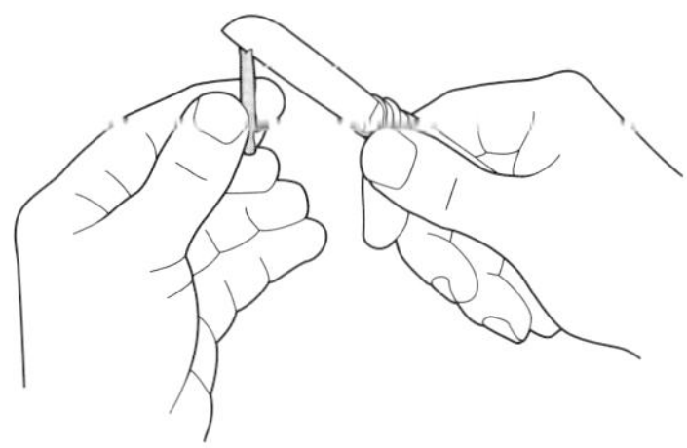

③ *Binden Sie die Angelschnur um diese Kerbe.*

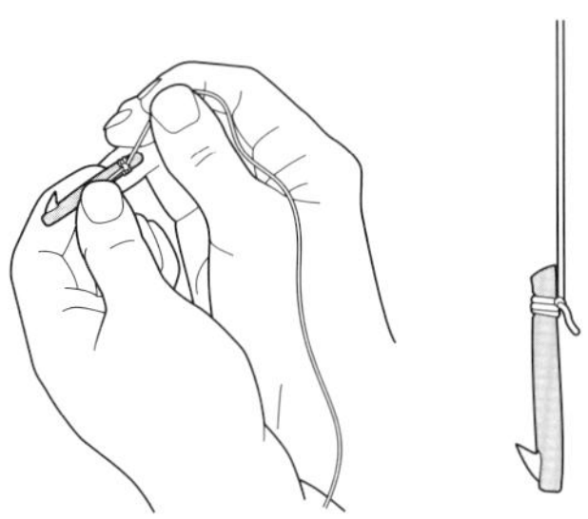

④ *Biegen Sie ein dünnes Stück Metall in Hakenform.*

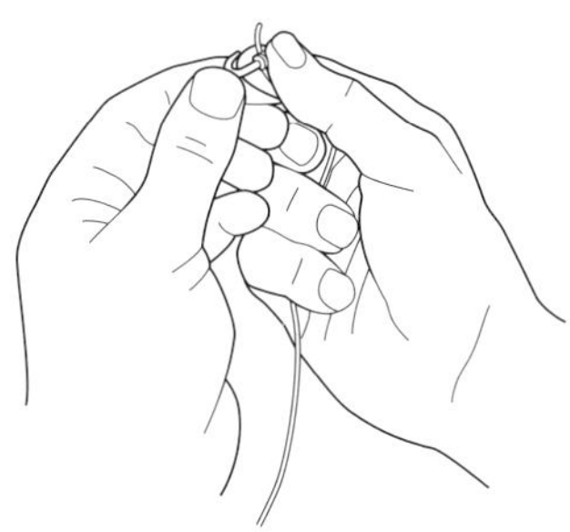

⑤ *Binden Sie eine Angelschnur und eine Feder daran.*

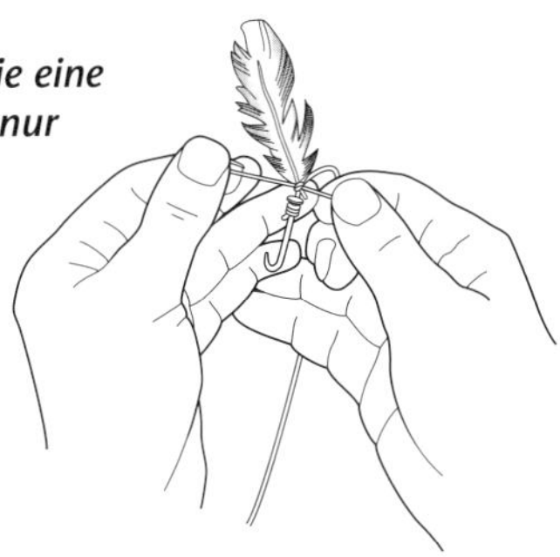

⑥ *Die Feder dient als Lockmittel.*

der Stärke und Flexibilität vereint. Basteln Sie Schwimmer aus schwimmenden Materialien wie Kork, Holzstücken oder Hagebutten. Befestigen Sie die Schwimmer an der Leine und passen Sie diese der Wassertiefe an. Als Gewicht sind selbstverständlich professionelle Bleigewichte aus dem Angelladen die beste Wahl. Aber auch Knöpfe, kleine Steine, Metallteile oder andere Gegenstände, die schwerer sind als Wasser, sind geeignet. Werfen Sie die Angel an einer fischreichen Stelle aus und beobachten Sie ständig den Schwimmer. Sobald der Schwimmer plötzlich untertaucht, holen Sie die Angelrute gleichmäßig, aber mit stetigem Zug ein.

Wie Sie sich aus dem Sichtfeld des Fisches fernhalten

Die Lichtbrechung im Wasser führt dazu, dass Fische Objekte sehen können, die außerhalb ihres direkten Sichtfeldes liegen. Deshalb sollten Sie sich beim Angeln am Ufer möglichst klein machen. Vermeiden Sie außerdem, dass Ihr Schatten aufs Wasser fällt. Dies ist ein weiteres Warnsignal für die Fische.

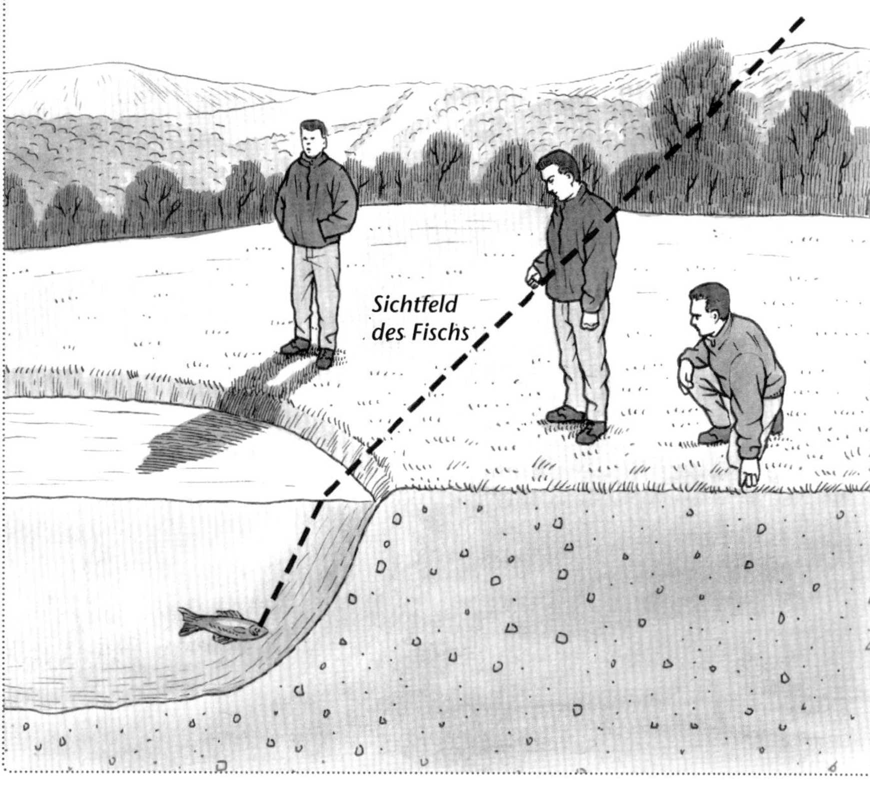

Eine Alternative zum normalen Angeln ist das Fliegenfischen. Basteln Sie einen farbigen Köder aus Federn oder Stoff oder befestigen Sie einfach einen lebenden Käfer oder Grashüpfer an einem Haken und verzichten Sie auf die Gewichte. Werfen Sie diese »Fliege« auf die Wasseroberfläche und lassen sie flussabwärts treiben. Im Sommer werden Fische versuchen, den Köder zu schlucken, da sie diesen für ein Insekt halten.

Eine weitere traditionelle Art des Fischens ist das Speerfischen: An der Spitze des weiter oben beschriebenen normalen Speers befestigen Sie mehrere lange, scharfe Spitzen – Knochen oder gesplittertes Holz –, um eine Art Dreizack herzustellen. Um effektiv mit dem Speer zu fischen, sollten Sie im Wasser oder am Ufer stehen und Ihren Schatten immer hinter sich ha-

Schalentiere

Schalentiere können in Küstenregionen – selbst in Polarregionen – in großer Zahl gefunden werden, müssen aber mit Vorsicht genossen werden. Essen Sie auf keinen Fall:

- **Tote Schalentiere – lebende Muscheln sollten sich schließen, wenn sie berührt werden.**
- **Schalentiere, die selbst nach 5–15 Minuten Kochen immer noch fest verschlossen sind.**
- **Schalentiere, die auch bei Hochwasser nicht mit Wasser bedeckt sind.**

Setzangeln

Mit einer Angelschnur über einen Fluss können Sie Fische fangen, während Sie sich mit etwas anderem beschäftigen. Lassen Sie die Angelhaken in unterschiedlicher Tiefe hängen, um Ihre Erfolgsaussichten zu maximieren.

Flaschenfalle

Die Flaschenfalle ist wohl die einfachste Form einer Fischfalle, die die Soldaten der US Army im Überlebenstraining kennenlernen. Man benötigt dafür bloß eine Plastikflasche und einen Köder. Der Fisch wird durch den umgedrehten Flaschenhals in die Flasche hineinschwimmen, um an den Köder zu gelangen, und ist dann drinnen gefangen.

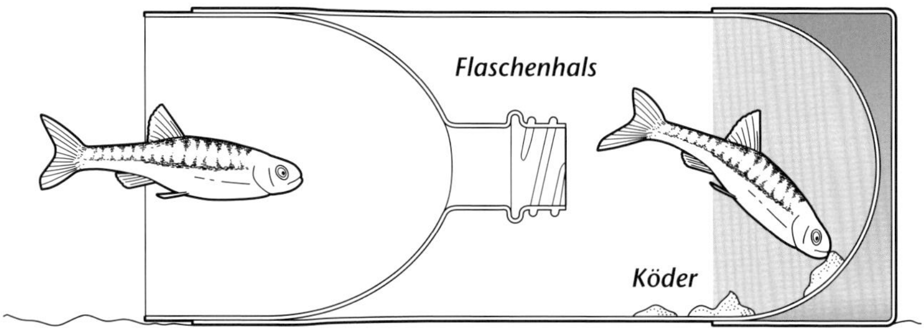

Wie Sie Fische zusammentreiben

Sie können Fische in einem begrenzten Bereich einfangen, wenn Sie an strategischen Punkten des Flusses oder Bachs Stöcke in den Boden rammen. Der »Eingang« dieser Falle besteht aus zwei nach innen verlaufenden Reihen von Stöcken, die trichterförmig zusammenführen. Beachten Sie, dass die offene Seite dieses Trichters in Richtung der Strömung zeigen muss.

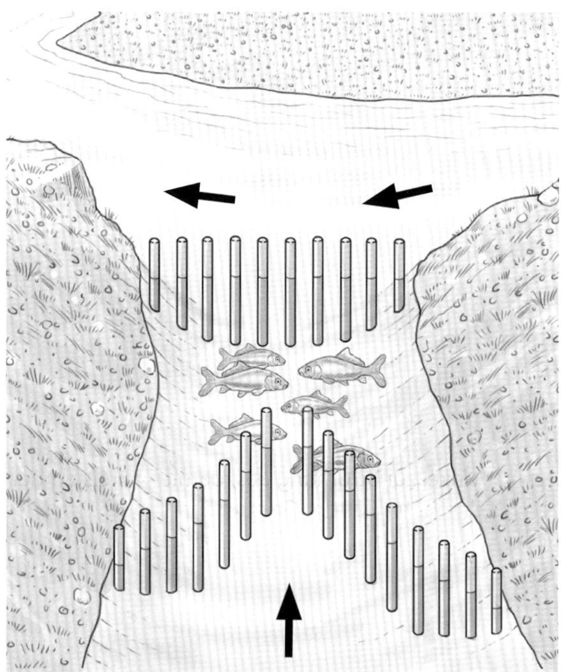

ben. (Betreten Sie das Wasser, vor allem in Tropen- oder Küstenregionen, niemals barfuß!) Halten Sie die Spitze des Speers ins Wasser, denn wenn Sie von oberhalb der Wasseroberfläche zustoßen, verscheucht das Spritzen die Fische. Wenn Sie einen Fisch entdecken, so bewegen Sie den Speer vorsichtig über den Fisch und stoßen dann kräftig zu, um ihn aufzuspießen.

Reusen und Netze

Mit Reusen und Netzen lassen sich innerhalb kurzer Zeit viele Fische fangen. Tatsächlich können gut trainierte Soldaten mit dieser Methode sogar ein Stück eines Flusses überfischen. Das ist jedoch nicht zu empfehlen, und zwar nicht nur, weil Sie sich damit bei den Bewohnern der Region unbeliebt machen. Sie hätten auch mehr Fisch, als Sie essen können, bevor dieser ungenießbar wird. Damit riskieren Sie eine Lebensmittelvergiftung.

Das Vorbereiten von Reusen und Netzen ist mit einiger Arbeit verbunden. Um beispielsweise mit einem Netz zu fischen, müssen Sie zuerst ein großes Treibnetz herstellen. Binden Sie hierfür mehrere horizontale Schnüre zwischen zwei Bäume und weben Sie dann die vertikalen Schnüre ein, bis ein Gittermuster entsteht. Die Maschengröße sollte etwa vier Zentimeter betragen. Ein solches Netz können Sie quer durch einen Fluss legen. Befestigen Sie es mit Steinen auf dem Grund des Flusses, so dass es vertikal im Wasser hängt. Bringen Sie es in einem 45-Grad-Winkel zur Strömung aus, damit es nicht durch treibende Gegenstände beschädigt wird. Lassen Sie das Netz für etwa eine Stunde im Wasser, um einen großen Fang zu erzielen, den Sie aber noch bewältigen können.

Die klassische Falle ist die Reuse. Stellen Sie einen rhombenförmigen Korb aus jungen Pflanzen her, der an einer Seite offen und an der anderen verschlossen ist. An die offene Seite setzen Sie nun einen kegelartigen Tunnel, der mit der spitzen Seite in den Korb zeigt. Sobald der Fisch in der Falle ist, legen Sie ein Netz über die Falle, so dass er nicht mehr entwischen kann. Platzieren Sie einige Köder im hinteren Ende der Reuse und legen Sie die ganze Konstruktion nun ins Wasser. Das Prinzip der Reuse besteht darin, dass der Fisch leicht durch den kegelartigen Tunnel hineinschwimmen, sie aber durch das dünne Ende des Tunnels nicht wieder verlassen kann. Eine ähnliche, aber leichter herzustellende Falle besteht aus einer Plastikflasche, deren oberes Ende man abschneidet, umdreht und dann in den unteren Teil hineinschiebt. Stellen Sie sicher, dass der Deckel nicht mehr auf der Flasche sitzt, da die Falle sonst unbrauchbar ist.

Trichterförmige Tunnel oder Absperrungen werden Ihr Fangergebnis beim Netzfischen auf jeden Fall verbessern. Die Technik kann ebenfalls von Nutzen sein, um Fische fürs Setzangeln oder Speerfischen zusammenzutreiben. Eine einfache Trichterkonstruktion können Sie aus Steinen bauen. Das breite Ende liegt in der Strömung des Flusses, während das schmale Ende des Tunnels direkt in einen Korb, ein Netz oder einen stehenden Teil des Gewässers führt. In Flüssen, die vom Tidenhub beeinflusst werden, gibt es eine weitere einfache Methode, Fische zu fangen. Bauen Sie einen Halbkreis an der Flusswand, der während des Hochwassers niedriger ist als der Wasserspiegel, bei Ebbe aber über der Wasseroberfläche liegt. Sobald der Wasserspiegel sinkt, werden die Fische in diesem Halbkreis gefangen sein, und Sie können sie mit dem Netz, mit dem Speer oder mit der Angel fangen.

Ausnehmen und Filetieren eines Fisches

Bis auf die allerkleinsten müssen alle Fische vor dem Kochen ausgenommen werden. Schneiden Sie einfach den Bauch vom After bis zu den Kiemen auf und ziehen die Innereien heraus.

① Machen Sie einen Schnitt vom After bis zu den Kiemen.

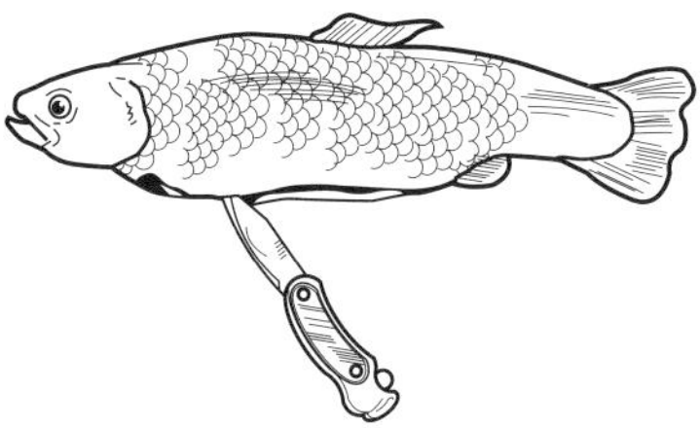

② Entfernen Sie die Innereien.

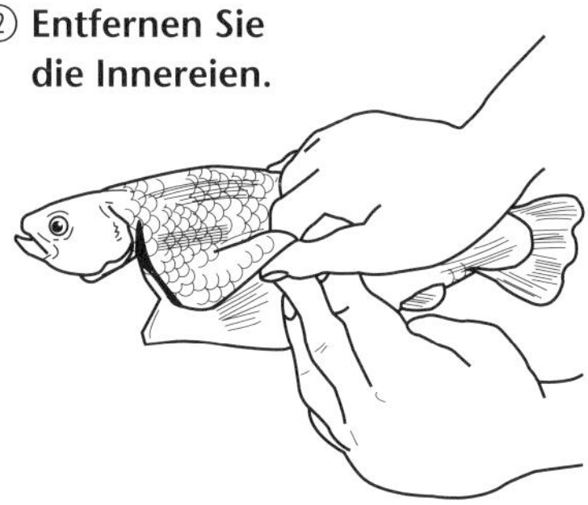

③ Schneiden Sie Flossen und Schwanz ab.

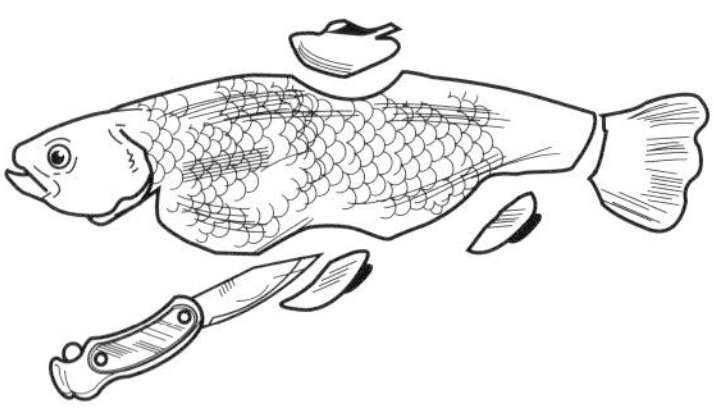

④ Schneiden Sie den Rücken bis aufs Rückgrat auf und führen das Messer bis auf Kiemenhöhe drumrum.

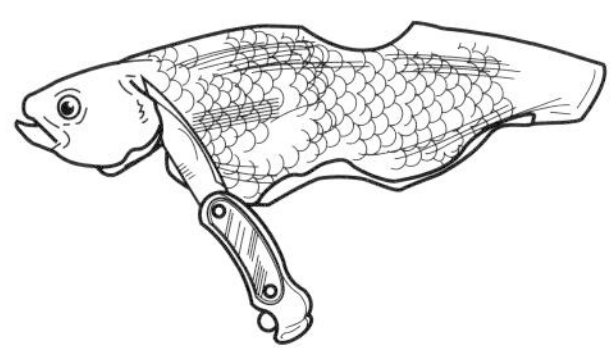

⑤ Lösen Sie das Fleisch mit dem Daumen vom Rückgrat ab.

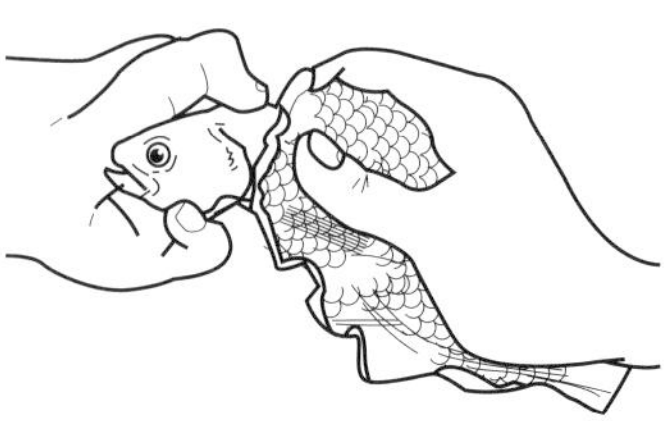

⑥ Ziehen Sie die Gräten mit dem Rückgrat ab.

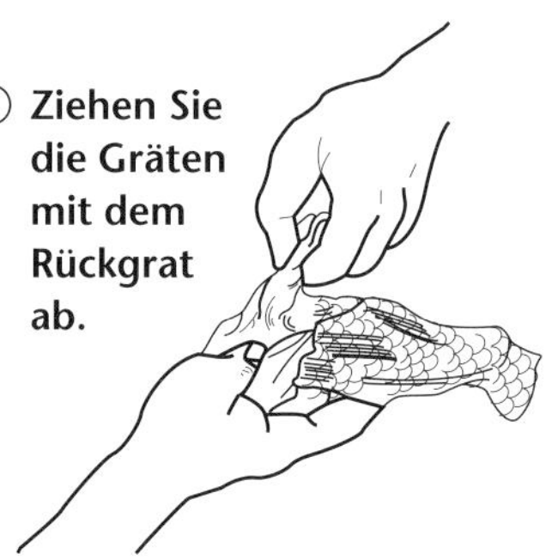

Eisfischen

Für Einsätze in der Arktis lernen Soldaten, wie sie in einem zugefrorenen See angeln können. Schneiden Sie als erstes ein Loch in das Eis und versichern Sie sich, dass das Eis Ihr Gewicht halten wird. Fertigen Sie einen Bissanzeiger an, indem Sie ein Stück Stoff an das Ende eines kleinen Astes binden, der kürzer sein muss als der Durchmesser des Lochs. Verbinden Sie dieses Stöckchen im rechten Winkel mit einem kräftigen Stock, der länger als der Durchmesser des Lochs ist. Knüpfen Sie die Angelschnur an die freie Seite des Astes. Legen Sie nun den längeren Ast über das Loch. Wenn ein Fisch anbeißt, wird der Anzeiger nach oben schnellen.

INSEKTEN UND WEICHTIERE ALS NAHRUNG

Auch wenn Weichtiere und Insekten nicht sehr appetitanregend wirken, so bieten sie doch viele Proteine und gehören daher zu den wichtigsten Nahrungsmitteln, die das Überleben sichern können. Außerdem ist es von Vorteil, dass sie vor allem in tropischen Klimazonen und im Sommer in großer Zahl vorkommen. Ameisen, Grillen und Heuschrecken sind beispielsweise essbar. Es ist allerdings eine große Anzahl Ameisen erforderlich, um eine Mahlzeit zu bereiten, und Sie sollten sie mindestens sechs Minuten lang kochen, um alle Gifte abzutöten.

Grillen und Heuschrecken sind deutlich besser als Mahlzeit geeignet. Töten Sie diese, indem Sie mit einem Ast voller Blätter auf sie einschlagen. Ziehen Sie dann die Flügel, die Antennen und die Beine ab. Jetzt können Sie sie kochen oder braten. Auch Bienen und Wespen sowie deren Larven und der Bienenhonig sind essbar. Dies ist allerdings mit Risiken verbunden. Selbstverständlich können Sie sich nicht direkt dem Bienen- oder Wespennest nähern. Entzünden Sie ein rauchiges Feuer direkt unter dem Nest. Verwenden Sie hierfür feuchtes Gras – der Rauch wird die Tiere töten. Entzünden Sie das Feuer erst nachts, wenn alle Bienen oder Wespen in ihrem Nest sind. Sobald möglich, entnehmen Sie den Honig aus dem Nest und bereiten die Bienen oder Wespen zum Kochen vor, indem Sie den giftigen Stachel, den Giftsack, die Beine und die Flügel entfernen. Sie können sie entweder kochen oder braten. Vergreifen Sie sich niemals an einem Hornissennest, da diese sehr viel aggressiver sind als Bienen und Wespen und ihre Stiche deutlich giftiger.

Muscheln und Schnecken sind ausgezeichnete Nahrungsmittel. Sie sollten diese allerdings vor der Zubereitung mindestens 24 Stunden lang hungern lassen um sicherzugehen, dass sie alle inneren Gifte ausscheiden. Um Weichtiere zuzubereiten, werfen Sie diese lebendig ins kochende Wasser und lassen sie zehn Minuten lang kochen. Essen Sie keine Schnecken mit sehr farbigen Schalen, da diese giftig sein können. Halten Sie sich auch von tropischen Seeschnecken fern, da einige von ihnen einen tödlichen Stich haben.

Termitennester

Termiten sind essbar und können mit unterschiedlichen Methoden gefangen werden. Bei der hier gezeigten Methode wird lediglich ein langer Stock in einen Termitenhügel gesteckt. Die Termiten klammern sich am Stock fest und können direkt in eine Pfanne geschabt werden.

Drücken Sie einen langen Stock in das Termitennest.

Ziehen Sie den Stock heraus und kratzen Sie alle sich daran klammernden Insekten in die Pfanne.

KOCHEN IN DER WILDNIS

Im nächsten Kapitel werden wir Sie über verschiedene Techniken aufklären, ein Feuer zu entzünden. Wir werden Ihnen auch zeigen, wie Sie Ihre eigenen Kochutensilien herstellen können. Zunächst müssen wir aber über das Kochen in der Wildnis als solches reden.

Es hat viele Vorteile, die gefangene oder gesammelte Nahrung zu kochen, nicht zuletzt, weil es gut schmeckt und Ihre Stimmung heben wird. Manche Nahrungsmittel werden durch das Kochen erst essbar, da Gifte, Bakterien und Parasiten abgetötet werden. Außerdem wird festes Fleisch durch das Kochen weich und zart. Bedenken Sie jedoch immer auch, dass durch das Kochen einige der Vitamine in der Nahrung verloren gehen. Obwohl es vielleicht schmackhafter ist, ein paar Beeren zu kochen, um daraus eine Soße für Fleisch herzustellen, ist es deutlich nahrhafter, die Beeren roh zu essen (wenn sie genießbar sind).

Fast jedes heiße Feuer kann zum Kochen verwendet werden. Ein Grubenfeuer zum Beispiel kann als Grill benutzt werden, indem man ein Drahtgeflecht oder ein Gitter aus jungen grünen Ästen (trockenes, altes Holz wird Feuer fangen!) über die mit Feuerholz gefüllte Grube legt. Stellen Sie sicher, dass das Feuer die höchstmögliche Temperatur hat, bevor Sie mit dem Kochen anfangen. Die größte Hitze hat das Feuer gewöhnlich erreicht, wenn die großen Flammen herunterge-

Insekten als Nahrungsquelle

Hier sehen wir drei verschiedene Arten von Termiten und einen Grashüpfer. Alle sind essbar und liefern eine ordentliche Menge an Proteinen. Die größeren Termiten haben darüber hinaus einen hohen Fettanteil.

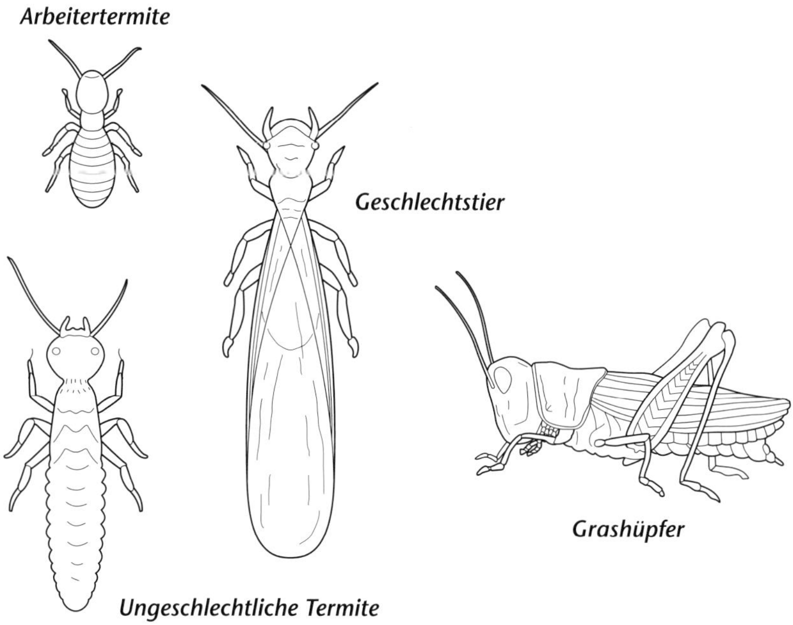

Termiten essen

Termiten können in großer Anzahl gesammelt werden, indem man einen langen, dünnen Stock in ein Termitennest stößt. Aggressive Termiten rammen ihre Kiefer in diesen Stock und bleiben daran haften, wenn Sie ihn herausziehen. Alternativ können Sie einen Teil des Nestes mit einem Stein abschlagen und dieses Stück in Wasser legen. Die Termiten sammeln sich an der Oberfläche, wo Sie sie dann einsammeln können. Termiten sind nahrhaft und lecker und können auf vielfältige Art und Weise zubereitet werden. Bevor Sie die Insekten essen, sollten Sie die Flügel und Beine entfernen.

Der Hobokocher

Der Hobokocher wird von Elitesoldaten oft genutzt, um improvisierte Mahlzeiten herzustellen. Zusätzlich zum Loch in der Seite der Dose, durch das Sie das Feuer entzünden und erhalten, sollten Sie mehrere Belüftungslöcher um den Dosenboden herum machen.

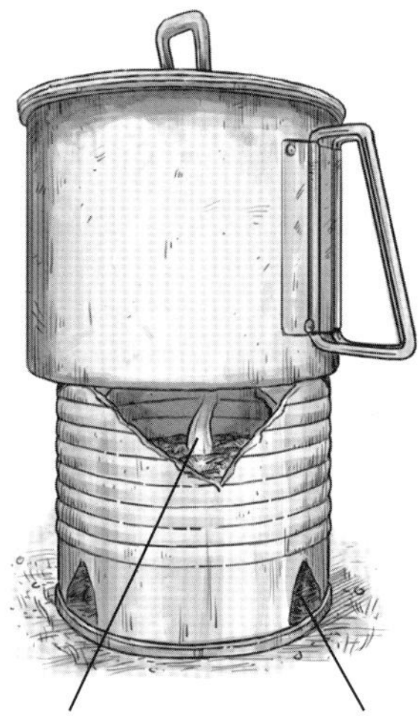

brannt sind und das Holz zu heißer Kohle zerfällt. Legen Sie das zu kochende Essen niemals zu dicht ans Feuer, da hierdurch die Außenseite verbrennt, während das Innere roh bleibt. Sie können prüfen, ob das Fleisch gar ist, indem Sie mit Ihrem Messer oder einem Stock hineinstechen. Wenn die herauslaufenden Säfte rot sind, so ist das Fleisch noch nicht gar. Sind die Säfte klar, können Sie das Fleisch bedenkenlos verzehren. Berühren Sie außerdem vorsichtig die Spitze des Spießes. Wenn diese heiß ist, so wurde das Fleisch auch im Inneren gegart.

Das Kochen von Nahrung ist besonders zu empfehlen, weil selbst zähes Pflanzenmaterial auf diese Art weich wird. Das Rösten oder Braten über einem offenen Feuer ist dagegen wahrscheinlich die einfachste Methode, Nahrung in der freien Natur zuzubereiten. Sie sollten das Fleisch jedoch regelmäßig wenden, um sicherzustellen, dass es überall durchgebraten ist. Das Fleisch sollte direkt neben dem Feuer, über einer Schale, die das Fett auffängt, platziert werden. Das Fett können Sie später zum Braten benutzen oder essen. Eine Bratpfanne kann einfach aus einem Stück Metall oder einem flachen, trockenen Stein bestehen.

Falls Sie für längere Zeit an einem Ort bleiben, ist es ratsam, sich eine komplexere Kochstelle zu bauen. Für die Herstellung eines Hobokochers brauchen Sie zum Beispiel nur eine große Blechdose, die gründlich gesäubert wurde, um eventuelle giftige Rückstände zu entfernen. Schneiden Sie ein rechteckiges Loch in die Seite der Dose, so dass Sie das Feuer schüren können. In den unteren Rand der Dose schneiden Sie nun ein paar Löcher, die für Belüftung sorgen. Bei der Verwendung des Hobokochers stellen Sie ihn sicher auf den Boden. Entzünden Sie nun ein Feuer in der Dose. Über die obere Öffnung legen Sie eine Abdeckung, die als »Herdplatte« fungiert.

Eine Alternative zum Hobokocher bietet der sogenannte Yukonherd. Graben Sie ein Loch von etwa 24 Zentimeter Durchmesser und 30 Zentimeter Tiefe in den Boden. Als nächstes graben Sie einen Tunnel, der in das Loch hineinführt. Durch diesen werden Sie das Feuer anzünden und es am Brennen erhalten. Das Feuer selbst befindet sich am Boden des Lochs. Um den »Körper« des Herds zu bauen, stapeln Sie Steine trichterförmig um das Loch, ohne es zu verschließen. Sie sollten versuchen, den

Trichter in der Mitte möglichst schmal zu halten und nach oben hin breiter zu bauen. Zum Schluss verputzen Sie den Trichter mit Hilfe von Lehm. Das verschließt kleine Löcher und verleiht ihm Stabilität. Yukonherde erzeugen beachtlich hohe Temperaturen. Die Temperatur können Sie beeinflussen, indem Sie die Sauerstoffzufuhr mit Hilfe von Ästen oder Laub, die Sie auf die obere Öffnung legen, regulieren. Um mit dem Yukonherd zu kochen, müssen Sie lediglich ein Grillgitter oder einen Fleischspieß auf die obere Öffnung legen. Sie können Ihr Essen auch in ein Paket aus Blättern wickeln und dieses in den Feuerkanal legen.

Der Yukonherd

Es ist nicht ganz einfach und beansprucht etwas Zeit, einen Yukonherd zu bauen. Doch ist er hervorragend zum Kochen, Braten und sogar zum Räuchern geeignet.

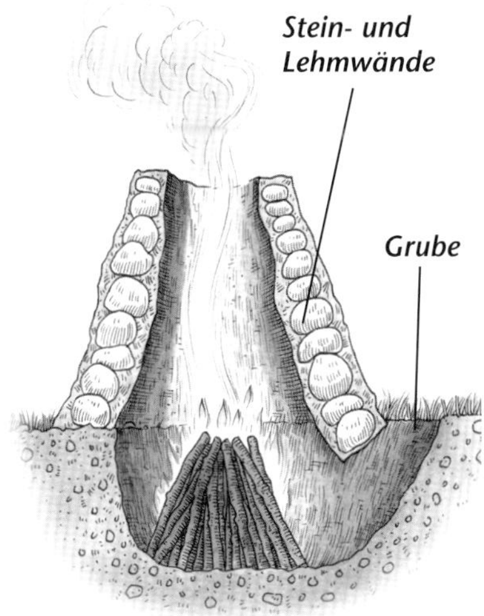

ZUBEREITUNGS-METHODEN

Obwohl Kochen, Braten und Rösten die üblichen Garmethoden sind, gibt es auch eine Reihe anderer Zubereitungsweisen, mit denen Sie köstliche Ergebnisse erzielen können. Tiere mit Schuppen, Stacheln oder Federn können eingerollt in Schlamm

Der Steinofen

Steinöfen werden hauptsächlich zum Braten verwendet. Ihre Temperatur kann mit Hilfe der Öffnung auf der Vorderseite reguliert werden. Vergessen Sie nicht, oben ein Loch als Rauchabzug offfenzulassen.

oder Lehm gebacken werden. Hierfür wickeln Sie das Stück Fleisch oder den Fisch in Blätter und Gras ein und verpacken dieses »Paket« dann in Lehm. Legen Sie das Paket direkt in die Flammen und bedecken Sie es mit glühenden Kohlen. Die Verpackung schützt das Fleisch vor der direkten Hitze und damit vor dem Verbrennen, und das Essen wird bei einer gleichmäßigen Temperatur gegart. Nach etwa einer Stunde können Sie das Paket aus dem Feuer entnehmen und es öffnen. Hierbei sollte sich die äußere ungenießbare Hülle lösen, und Sie haben eine fertige Mahlzeit.

Für eine weitere Kochmethode nutzen Sie ein Bett aus heißen Steinen. Entzünden Sie Ihr Lagerfeuer auf einer Unterlage aus Steinen. Sobald das Feuer gänzlich heruntergebrannt ist, wischen Sie die Asche und Kohle mit einem belaubten Zweig von den Steinen. Jetzt können Sie Ihr Essen direkt auf die Steine legen, um es zu braten. Ein Anbrennen verhindern Sie durch häufiges Wenden. Legen Sie nur kleine Stücke Fleisch oder Fisch auf die Steine, so dass diese gänzlich durch die in den Steinen gespeicherte Wärme durchgebraten werden.

Eine hochentwickelte und schonende Methode der Elitesoldaten ist die sogenannte Dampfgrube. Legen Sie einen Graben an und kleiden diesen mit Steinen aus. Als nächstes entzünden Sie ein Feuer auf der Steinplattform. Sobald es herunterge-

Garen im Lehm

Das Garen im Lehm ist eine äußerst schonende Form der Zubereitung und eignet sich vor allem, um Fisch zuzubereiten, ohne ihn zu verkohlen.

① *Legen Sie den vorbereiteten Fisch auf Blätter.*

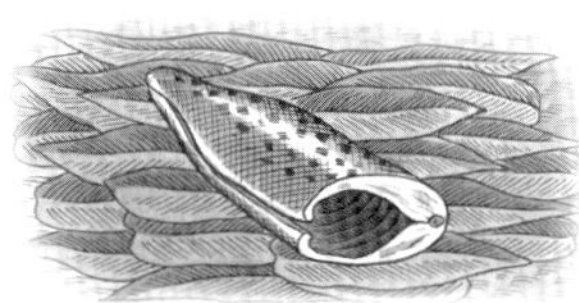

② *Wickeln Sie den Fisch in das Pflanzenmaterial ein und binden Sie das Ganze mit einer Schnur zusammen.*

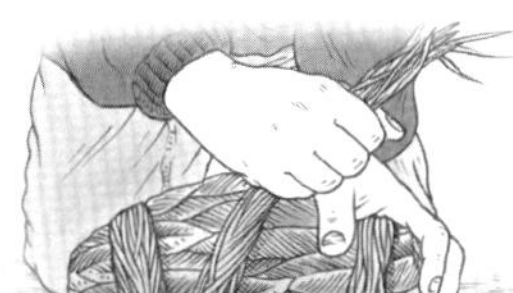

③ *Bedecken Sie das Knäuel mit Lehm.*

④ *Garen Sie es über einem Feuer.*

brannt ist, fegen Sie wieder die restlichen Kohlen von den Steinen und rammen einen langen Stock in die Mitte der Grube. Bedecken Sie die Steine mit einer dicken Schicht aus grünen Blättern und Gras. Legen Sie nun in Blätter eingewickeltes Fleisch in die Mitte der Grube. Bedecken Sie das Fleischpaket mit einer weiteren Lage Gras und schütten Sie dann die gesamte Grube mit Erde zu. Ziehen Sie den Stock heraus und füllen Sie ein wenig Wasser in das entstandene Loch. Verschließen Sie jetzt auch dieses zurückgebliebene Loch. Das Wasser wird unter der Erde verdampfen und das Essen innerhalb von etwa einer Stunde gar kochen, ohne dass der Nahrung Nährstoffe entzogen werden.

HALTBARMACHUNG VON NAHRUNG

In einer Survivalsituation müssen Sie versuchen, Ihre Nahrung haltbar zu machen, da Sie nie wissen, wann Sie das nächste Mal etwas zu essen finden. Bewahren Sie die Nahrung möglichst trocken, kühl und luftdicht auf, da bei Feuchtigkeit Bakterien und Schimmel gedeihen. Außerdem sollten Sie die Nahrung vor direkter Sonneneinstrahlung, vor Insekten und vor anderen hungrigen Tieren schützen.

Um Nahrung für mehrere Tage zu konservieren, muss diese getrocknet werden. Durch das Trocknen wird der prozentuale Wassergehalt des Essens auf we-

Garen auf heißen Steinen

Alternativ zum Garen in Lehm lässt sich Fleisch auch auf heißen Steinen sehr gut garen. Erhitzen Sie jedoch niemals sehr nasse Steine, da diese explodieren können, wenn die Flüssigkeit auf Grund der Hitzeentwicklung expandiert.

① *Sammeln Sie große Steine.*

② *Verbrennen Sie Holz auf diesen Steinen.*

③ *Wischen Sie Asche und Kohle weg.*

④ *Verwenden Sie die heißen Steine, um Fisch oder Fleisch zu garen.*

niger als fünf Prozent der Masse reduziert, wodurch Schimmel und Bakterien keinen Nährboden finden und nicht gedeihen. Dadurch bleibt das Essen länger haltbar. Diese Technik funktioniert am besten bei mageren Nahrungsmitteln wie Fisch, Geflügel, Gemüse und Pilzen, nicht jedoch bei fetthaltigen Fleischsorten. Die grundlegendste, aber schwierigste Methode, Essen zu trocknen, ist es, die Nahrungsmittel der warmen und trockenen Luft auszusetzen. Warme Winde unterstützen den Prozess und halten gleichzeitig Insekten fern. Legen Sie Gemüse auf warme Steine in die Sonne und hängen Sie dünne Fleischstreifen über ein Holzgerüst oder Äste. Passen Sie auf, dass keine Käfer oder andere Insekten drangehen. Das Ziel ist es, trockenes und festes Essen zu erhalten. Dieser Vorgang kann mehrere Tage lang dauern.

Beachten Sie, dass Beeren nicht auf diese Art und Weise getrocknet werden können, da sie eine wasserundurchlässige Membran besitzen. Schneiden Sie nichtsegmentierte Beeren auf und lassen Sie das Fruchtfleisch an der Luft trocknen. Segmentierte Beeren müssen Sie zerquetschen und dann auf einem warmen Stein ausbreiten, bis sie trocken sind. Das Essen ist fertig getrocknet, sobald es beim Anfassen zerbröselt. Um die Nahrung zu rehydrieren, weichen Sie sie für mehrere Stunden in Wasser ein oder kochen Sie sie 30–60 Minuten lang.

Essen an der Luft zu trocknen ist schwierig und langwierig. Darüber hinaus besteht die Gefahr, dass es entweder von Tieren gestohlen oder verschmutzt wird oder einfach verfault. Eine schnellere und einfachere Alternative ist daher das Räuchern. Der Rauch entzieht der Nahrung alle Flüssigkeit und hinterlässt eine wachsartige, wasserundurchlässige Schicht. Eine einfache Räuchermethode ist es, Fleisch aufzuspießen und über einem rauchintensiven Feuer zu platzieren. Achten Sie darauf, dass das Feuer zwar viel Rauch entwickelt, aber nicht zu heiß ist. Ansonsten würden Sie das Fleisch kochen, anstatt es zu räuchern.

Alternativ können Sie ein Räuchertipi bauen: Nehmen Sie drei lange, gerade Äste und binden Sie sie an einem Ende zusammen, so dass sie ein Tipi bilden. Bauen Sie auf halber Höhe des Tipis eine Plattform aus grünen jungen Ästen und entzünden Sie darunter ein Feuer. Sobald das Feuer anfängt zu glühen, werfen Sie grüne Blätter drauf. Hierdurch wird starker Rauch entstehen. Legen Sie die zu räuchernden Nahrungsmittel auf die Plattform und decken Sie das gesamte Tipi mit einem Tuch, mit Ästen oder Gras ab. Lassen Sie eine kleine Luftöffnung, durch die das Feuer mit Sauerstoff versorgt wird. Das Essen sollte nach etwa 18 Stunden im Tipi getrocknet sein.

In Polarregionen haben Sie natürlich die Möglichkeit, Nahrung durch Gefrieren zu konservieren. Lassen Sie diese jedoch nicht einfach an der Luft gefrieren, da Bären den Geruch über eine große Distanz hinweg wahrnehmen können. Bei einer weiteren Konservierungsmethode in arktischen Regionen wird Fleisch in eine Salzlösung eingelegt und dann getrocknet. Die Salzlösung können Sie herstellen, indem Sie einen Behälter mit Seewasser füllen und dieses kochen. Füllen Sie während des Kochvorgangs immer wieder Wasser nach, um die Salzkonzentration zu steigern. Nachdem Sie einige Male nachgefüllt haben, können Sie die Salzlösung abkühlen lassen. Legen Sie die Fleischstreifen in der Lösung ein und lassen Sie diese anschließend an der Luft trocknen.

Trocken-/Räuchergestell

Ein solches einfaches Gestell kann verwendet werden, um dünne Fleischstreifen an der Luft trocknen zu lassen oder über einem rauchintensiven Feuer zu räuchern.

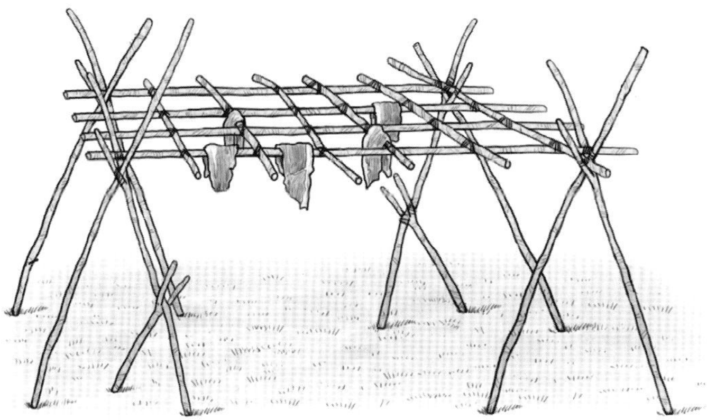

Wie Sie eine Tierhaut trocknen

Tierhäute können Sie trocknen, indem Sie sie – wie hier zu sehen – in einem rechteckigen Rahmen aufspannen. Besonders große Hautstücke müssen allerdings zusätzlich zum Trocknungsprozess mit Salz behandelt werden, um sicherzustellen, dass ihnen die gesamte Flüssigkeit entzogen wird.

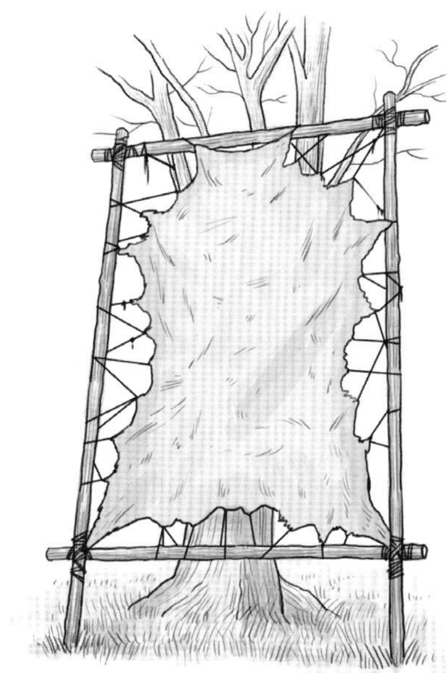

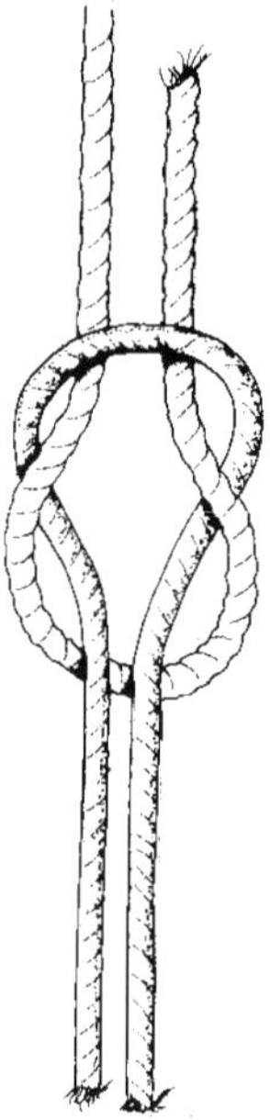

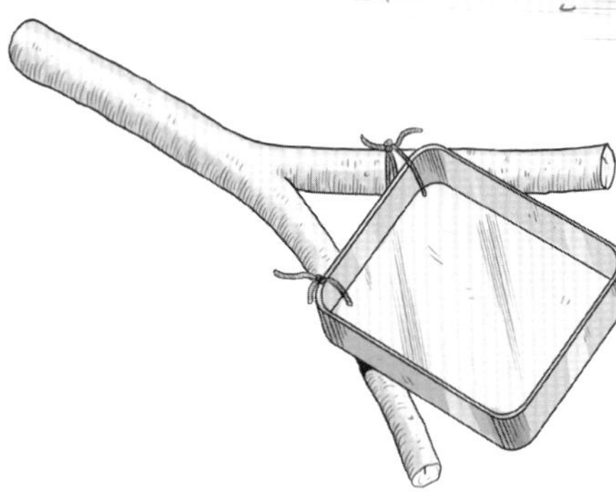
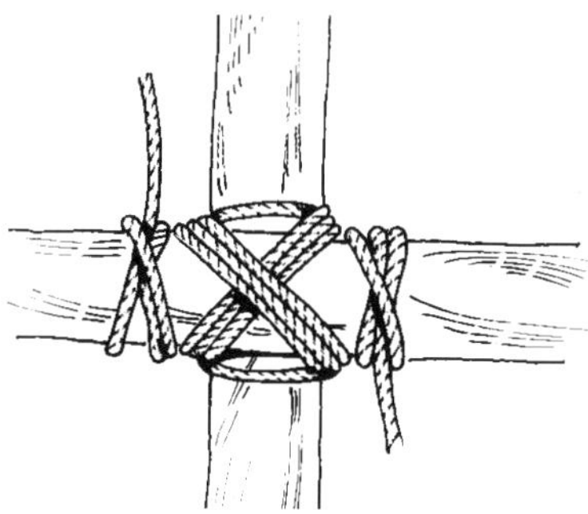
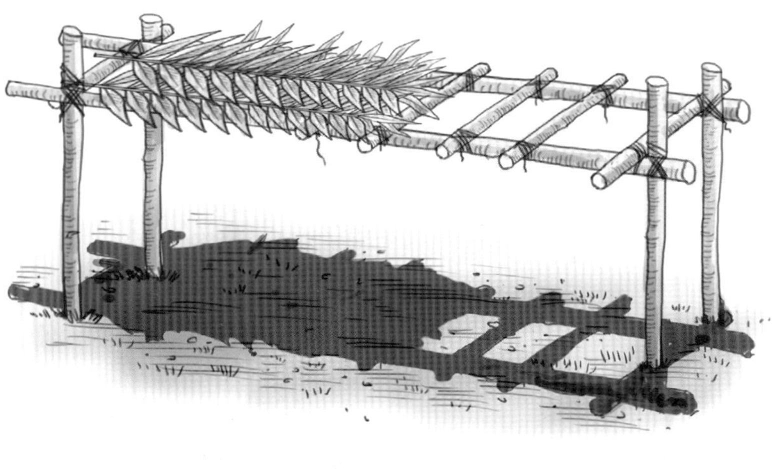

4

Feuer, Unterschlupf und Lager

Ein Feuer und ein komfortables Camp werden zum guten Gelingen Ihres Aufenthalts in der Wildnis entscheidend beitragen.

Auf langandauernden Einsätzen müssen Elitesoldaten manchmal über längere Zeit entweder bei Ureinwohnern oder in Verstecken oder Camps in der Wildnis leben. Aus diesem Grund erhalten sie ein intensives Überlebenstraining, das es ihnen ermöglicht, nicht bloß am Leben zu bleiben, sondern ihren Aufenthalt in der Wildnis möglichst erträglich zu gestalten. Daher befasst sich dieses Kapitel mit einigen der Techniken, die Soldaten erlernen, um ihrem Aufenthalt in der Wildnis dauerhaft einen gewissen Komfort zu verleihen – darunter die ultimative Outdoorfähigkeit: das Entzünden und Erhalten eines Feuers.

EIN FEUER MACHEN

Die Bedeutung eines Feuers geht weit über die Wärme, das Licht oder die Kochmöglichkeit hinaus. Ein gutes Feuer hebt auch die Moral und die Laune und erzeugt ein gewisses Gefühl des Wohlbefindens. Diese psychischen Nebeneffekte können in einer Survivalsituation einen entscheidenden Unterschied machen und Ihren Willen zum Überleben enorm stärken.

Für jedes Feuer brauchen Sie drei Komponenten: Zunder, Anmachholz und Brennmaterial. Das Feuer wird immer mit

Das Survivaltraining der Spezialeinheiten beinhaltet ausgereifte Techniken, beispielsweise um einen Unterschlupf zu bauen oder ein Feuer zu entzünden und zu erhalten. Auch verschiedene nützliche Knotenarten, die sich seit langer Zeit bewährt haben, sind Teil der Ausbildung. Wenn Sie einige dieser Überlebenstechniken erlernen, werden sich Ihre Chancen, Ihr Survivalabenteuer gesund zu überstehen, deutlich erhöhen.

Das Auffächern von kleinen Stöcken

Hierzu verwenden Sie ein scharfes Messer, mit dem Sie kleine Holzstreifen von einem Stock lösen, den Sie dann als Anmachholz benutzen können. Durch das Auffächern bietet der Stock eine größere Zündoberfläche als ein gewöhnlicher Stock.

Zunder entfacht, der überwiegend aus leichten und kleinen Partikeln besteht. In der Wildnis benutzt man meist Fasermaterial. Typische Zundermaterialien sind:

- Zerkleinerte Rinde von Bäumen und Büschen (Birken und Zedern sind auf Grund ihrer brennbaren Harze besonders gut geeignet).
- Baumwollknäuel oder -fusseln
- Getrocknete Moose und Pilze
- Zerkleinerte Blätter und andere tote Pflanzenteile
- Feine Holzsplitter oder harzgetränkte Sägespäne
- Trockenes Stroh und Gras
- Ausgetrocknete Vogel- oder Nagetiernester
- Getrocknetes Harz von Nadelbäumen
- Kleingerissenes Papier
- Kommerziell hergestellter Zunder wie zum Beispiel in Petroleum getränkte Baumwolle, Zündwolle (mit schnell entflammbaren Chemikalien imprägnierte Holzstücke) oder Paraffinblöcke (sog. Trockenbrennstoff).

Die Aufgabe des Zunders ist es, die ersten Flammen des Feuers zu erzeugen. Er soll ohne Probleme schnell Feuer fangen und muss dafür knochentrocken sein. Schützen Sie Zunder vor Nässe, indem

TIPP

Sicherheit beim Umgang mit Feuer

- Entzünden Sie niemals ein Feuer unter einem Baum oder in der Nähe trockener Blätter.
- In Waldregionen sollten Sie Blätter und trockenes Geäst in einem Umkreis von mindestens zwei Metern entfernen, bis Sie einen Kreis nackter Erde haben. In dessen Mitte setzen Sie das Feuer.
- Stellen Sie sicher, dass die Campingausrüstung, vor allem Batterien, Gaskocher oder entzündliche Flüssigkeiten, nicht von den Flammen erreicht werden kann.
- An windigen Tagen sollten Sie das Feuer durch einen Steinring eingrenzen. Dies schützt nicht nur die Flammen vor dem Wind, sondern hält sie auch davon ab, sich unkontrolliert auszubreiten.
- Legen Sie niemals nasse oder durchlöcherte Steine ins oder in die Nähe des Feuers, da diese explodieren können, wenn sie sich erhitzen.
- Entzünden Sie Feuer nicht in geschlossenen Räumen, ohne für die nötige Belüftung gesorgt zu haben. Sie riskieren sonst den Tod durch Kohlenstoffmonoxid-Vergiftung.

Sie ihn in einem wasserdichten Behälter aufbewahren, und lassen Sie feuchten Zunder in der Sonne oder in der Tasche trocknen.

Anmachholz besteht aus größeren Holzstücken, welche zum Zunder hinzugegeben werden, um die Temperatur zu erhöhen, damit schließlich das Brennmaterial aufgelegt werden kann. Typisches Anmachholz besteht aus trockenen Zweigen etwa in der Dicke eines Bleistifts (harziges Nadelholz ist gut, sollte aber nicht zu grün sein), Tannenzapfen sowie Nadeln und Rindenstücken. Wenn Sie Zweige benutzen, schneiden Sie kleine, federartige Klappen in die Oberfläche, so dass die brennbare Oberfläche vergrößert wird – mit dieser Technik wird das Holz quasi aufgefächert. Denken Sie daran, das Anmachholz nach und nach auf das Feuer zu legen, da zu viele Zweige auf einmal das Feuer sofort ersticken könnten. Als Brennmaterial sind große, trockene Holzstücke am besten geeignet. Versuchen Sie, möglichst Laubholz anstelle von Nadelholz zu verwenden, da es eine beständigere Flamme erzeugt und Sie nicht so viel Zeit für das Sammeln des Brennmaterials aufwenden müssen. (Nadelholz erzeugt sehr viel Rauch und ist daher bestens für ein Signalfeuer geeignet.) Alternativen zu Holz sind Gras, das zu größeren Bündeln zusammengebunden wird, »Scheite« aus getrocknetem Torf oder auch getrockneter Tierdung. Vermischen Sie den Dung mit getrocknetem Gras und Holzsplittern, damit er länger brennt.

Ein Feuer entzünden

Wenn Sie weder Streichhölzer noch ein Feuerzeug (welches im Übrigen auch ein gutes Utensil in Ihrem Notfallset wäre) zur Hand haben, müssen Sie einen anderen Weg finden, das Feuer zu entzünden. Denken Sie daran, dass Sie nur genug Wärme erzeugen müssen, um den Zunder zum Brennen zu bringen, und nicht größere Stücke von Anmachholz oder Brennmaterial. Um auf die klassische Art in der Wildnis ein Feuer zu entzünden, benötigen Sie einen Feuerstein und ein Stück Stahl. Mit natürlichem Feuerstein lässt sich zuverlässig ein Feuer entzünden, aber natürlich finden Sie auch industriell hergestellte Komplettsets, die als »Feuerstarter« in Outdoor-Läden erhältlich sind. Diese enthalten einen »Feuerstein« aus einer Metalllegierung (meist Magnesium) und einen Stahlbolzen. Diese Kombination erzeugt viele sehr heiße Funken. Um damit ein Feuer zu erzeugen, halten Sie das Magnesium direkt über den Zunder. Dann erzeugen Sie mit dem Stahl durch Reibung Funken aus dem Magnesiumblock, die auf dem Zunder landen. Sobald der Zunder anfängt zu glimmen, fächeln oder pusten Sie vorsichtig darauf, bis eine Flamme entsteht. Beachten Sie, dass das Feuer in jeder Phase Sauerstoff benötigt, um zu brennen. Besonders am Anfang sollten Sie daher die Struktur des Feuers lose und luftdurchlässig halten, damit die Flammen genügend Hitze erzeugen können.

Der Feuerpflug

Der Feuerpflug benutzt Reibung, um Wärme und letztendlich Feuer zu erzeugen. Reiben Sie einen Stock immer wieder entlang der Holzkerbe. Bei diesem Vorgang werden kleine glühende Holzspäne erzeugt, die Sie in den vorbereiteten Zunder schieben können, um diesen zu entzünden.

Falls kein Feuersteinset verfügbar ist, müssen Sie auf die uralte Methode der Entzündung durch Reibung zurückgreifen. Der Feuerpflug, wie er von Tom Hanks in dem Film »Verschollen« verwendet wurde, ist die klassische Art, durch Reibung ein Feuer zu entzünden. Um einen Feuerpflug herzustellen, neh-

Feuermachen mit Bogen und Bohrer

Der Feuerbohrer funktioniert am besten mit dem Holz der Weide, Lärche, Zeder, Pappel, des Ahorns und des Maulbeerbaums. Meiden Sie sowohl zu hartes als auch besonders weiches Holz.

① *Vier Komponenten: hölzerner Halteklotz, Bogen, Spindel, Feuerbrett.*

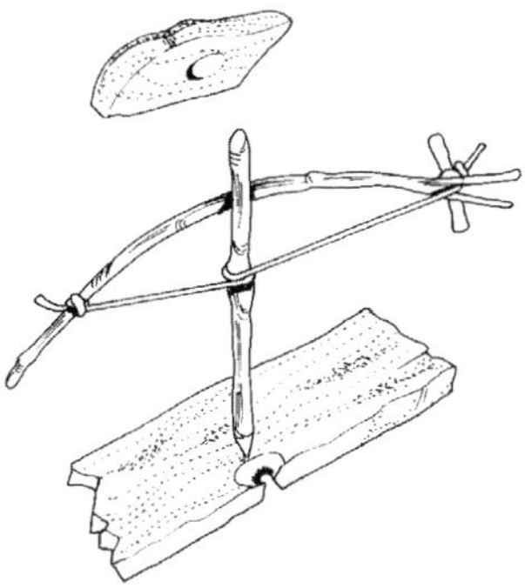

② *Üben Sie gleichmäßigen Druck auf die Spindel aus, wenn Sie den Bogen hin und her bewegen.*

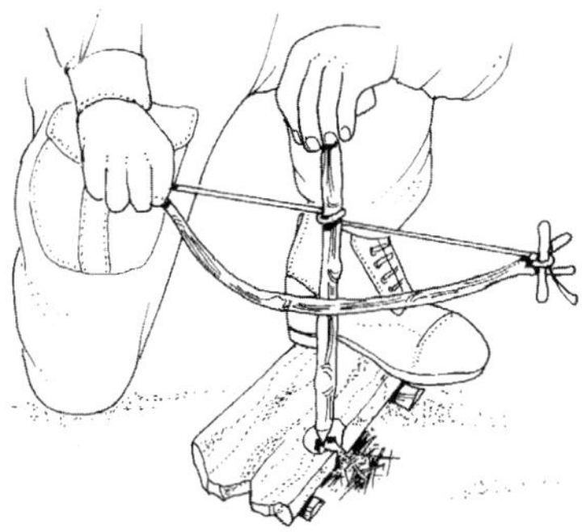

③ *Die Spindel wird schließlich glühende Holzspäne im Feuerbrett erzeugen.*

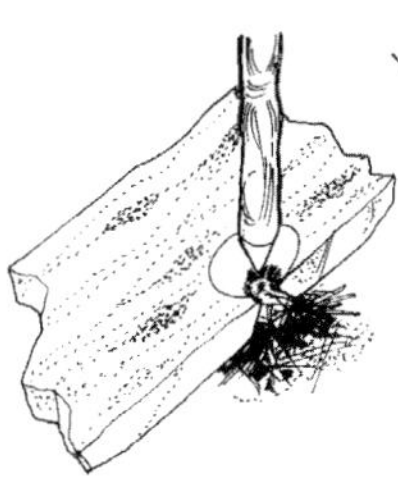

④ *Legen Sie die glühenden Holzspäne in einen Haufen Zunder.*

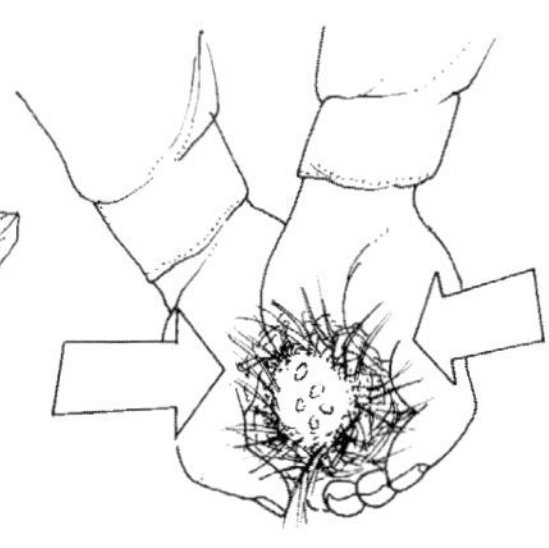

⑤ *Blasen Sie sachte, bis Flammen entstehen.*

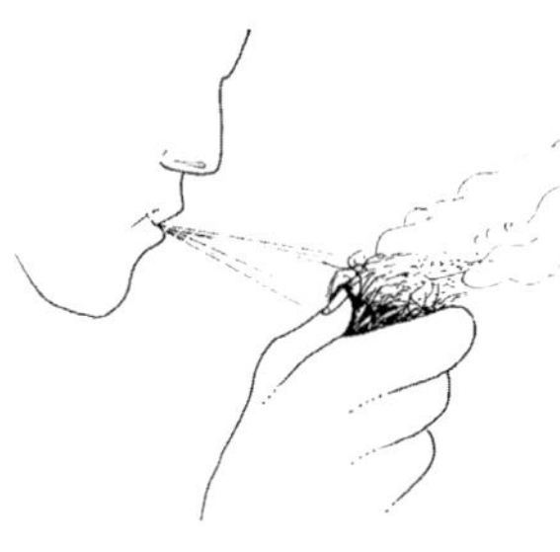

men Sie ein 30–45 Zentimeter langes Stück Laubholz und ritzen eine zwei Zentimeter breite und einen Zentimeter tiefe Rinne in das Holz; sie sollte sich über die gesamte Länge des Holzscheites ziehen. Legen Sie jetzt ein wenig Zunder auf eine Seite der Rinne. Bewegen Sie einen Stock, dessen Spitze Sie wie einen Meißel geformt haben, kraftvoll in der Rinne auf und ab. Hierdurch entsteht Wärme, die die gleichzeitig entstehenden Holzspäne entflammt. Sobald dies geschieht, verwenden Sie den Stock, um die glimmenden Späne auf den eigentlichen Zunder zu schieben.

Der Hand-Feuerbohrer ist eine etwas komplexere Konstruktion. Nehmen Sie ein großes, flaches Holzstück und schneiden Sie eine kleine V-förmige Kerbe in eine Kante. Die offene Seite der Kerbe liegt an der Kante des Holzstücks. An der Spitze der Kerbe bohren Sie eine kleine Einbuchtung in das Holz. Diese Stelle wird als Feuerherd dienen.

Suchen Sie sich jetzt einen starken, etwa 60 Zentimeter langen und 2,5 Zentimeter dicken Ast. Spitzen Sie eine Seite des Astes an. Legen Sie jetzt eine Hand voll Zunder unter die V-förmige Einbuchtung und heben Sie diese Seite des Holzstücks leicht an, damit der Zunder genügend Luft bekommt. Sichern Sie das Holzstück unter Ihrem Knie. Setzen Sie jetzt die angespitzte Seite des Astes in die Vertiefung der Einbuchtung und drehen Sie den Ast mit einer schnellen Bewegung zwischen den Händen. Indem Sie sich jetzt mit den Händen von oben nach unten arbeiten, wird Druck ausgeübt. Sobald Sie am unteren Ende des Astes angelangt sind, fangen Sie wieder von oben an.

Nach einer gewissen Zeit wird der Ast durch die Reibung Hitze und glimmende Asche erzeugen, die dann durch die Einbuchtung auf den Zunder fällt und diesen entzündet. Falls die Asche nicht auf den Zunder fällt, legen Sie etwas Zunder direkt auf den Feuerherd. Sobald der Zunder glüht, müssen Sie vorsichtig darauf blasen, um die Flammen mit Sauerstoff zu versorgen. Nun geben Sie entweder etwas Anmachholz hinzu oder nehmen den Feuerherd und legen ihn vorsichtig in einen vorbereiteten Haufen Anmachholz.

Wenn Sie einen Bogen und eine Sehne verwenden, um die Rotation der Spindel zu bewirken, beschleunigt dies den gesamten Vorgang des Feuerbohrens stark. Schneiden Sie hierfür in das obere Drittel des angespitzten Astes eine

Brennglas

Jede Art von Linse kann verwendet werden, um Licht so auf einen Punkt zu bündeln, dass Feuer entsteht. Für ein optimales Ergebnis sollten Sie eine Lupe oder die Linse einer Kamera oder einer Taschenlampe verwenden. Im Notfall können Sie einfach ein konvexes Glasstück benutzen. Drehen Sie das Glasstück in der Sonne, bis das Licht in einem Punkt gebündelt ist. An einem heißen, sonnigen Tag – nur hier wird die Technik funktionieren – sollte der Zunder schnell anfangen zu glühen. Pusten Sie dann sachte auf den Zunder, bis eine Flamme entsteht.

Kerbe. Runden Sie nun die stumpfe Seite des Astes ab – dieses Ende wird in einen hölzernen Sockel mit entsprechender Vertiefung in der Mitte gelegt. Schmieren Sie diese Vertiefung mit Fett, Öl oder Seife ein, um eine Abnutzung durch Reibung zu verhindern.

Der Bogen wird aus einem knapp einen Meter langen und 2,5 Zentimeter dicken Ast hergestellt. Befestigen Sie unter nicht zu starker Spannung eine Schnur an beiden Enden des Stocks, so dass ein Bogen mit Sehne entsteht. Um den Bogenbohrer zu verwenden, müssen Sie die Schnur einmal um den Ast wickeln (so dass die Schnur in der Kerbe liegt) und das angespitzte Ende des Stocks in die Vertiefung der Einbuchtung legen. Drücken Sie mit dem Sockel auf die runde Seite des Astes. Halten Sie jetzt den Bogen in einem 90°-Winkel zum Ast und ziehen ihn mit einer sägenden Bewegung vor und zurück. Hören Sie nicht auf, bis Rauch entsteht und der Zunder sich entflammt.

Bauweise eines Feuers

Es gibt viele verschiedene Feuerarten, die Sie je nach Verwendungszweck aufbauen können. Ein Grubenfeuer beispielsweise ist ideal für windige Tage geeignet. Graben Sie einen etwa 30 Zentimeter breiten, 90 Zentimeter langen und 45 Zentimeter tiefen Graben und legen Sie diesen von einem zum anderen Ende mit Steinen aus. Entzünden Sie das Feuer auf den Steinen, da diese zum einen die Wärme aus der Grube heraus reflektieren und zum anderen das Feuer vor der feuchten Erde schützen. Das Feuer kann zum Grillen und Braten verwendet werden. Eine weitere Variante des Grubenfeuers ist das sogenannte T-Feuer, bei dem Sie einen T-förmigen Graben buddeln. Das Feuer wird in dem waagerechten T-Stück am Brennen gehalten, während Kohlen in den unteren Teil gezogen werden, um mit diesen zu kochen.
Ein einfaches Feuer, das Tipifeuer, kann sowohl zum Kochen als auch zum Wärmen verwendet werden. Stecken Sie einen Stock in die Erde und lehnen Sie Äste dagegen, bis eine Pyramide entsteht. Platzieren Sie Zunder in der Mitte der Pyramide und lassen Sie eine Öffnung frei, durch die das Feuer mit Sauerstoff versorgt wird. Entzünden Sie das Feuer mit dem Rücken zum Wind und legen Sie Brennmaterial immer auf der windabgewandten Seite auf. Sobald das Anmachholz gut brennt, wird es zerfallen, und das größere Brennmaterial kann aufgelegt werden.

Wird ein Feuer mit extrem hoher Temperatur und als Lichtquelle benötigt, können Sie ein sogenanntes Pyramiden- oder Pagodenfeuer bauen. Dieses ist aus Holzstämmen aufgebaut, die gitterartig übereinander zu einer Pyramiden- bzw. Pagodenform gestapelt werden. Die zahlreichen Lücken in dem Stapel sorgen für eine äußerst gute Sauerstoffzufuhr. Die Kehrseite dieses Feuers ist, dass es in kurzer Zeit sehr viel Brennmaterial aufbraucht. Es sollte daher nicht gebaut werden, wenn Feuerholz knapp ist. Sie können allerdings die Luftlöcher reduzieren und so Brennmaterial sparen.

Ein sparsameres Feuer ist das Sternfeuer, bei dem sich das Feuer in der Mitte eines »Rades« befindet, dessen »Speichen« von großen Holzstämmen gebildet werden. Laubholzstämme sind hierfür am besten geeignet. Die Stämme werden je nach Hitzebedarf nach und nach immer weiter in das Feuer hineingeschoben.

Verschiedene Feuerarten

Es gibt viele unterschiedliche Lagerfeuerarten. Das Sternfeuer beispielsweise liefert eine sehr gut kontrollierbare Hitze, während das T-Feuer und das Schlüssellochfeuer optimal zum Kochen geeignet sind. Langfeuer und Nachtfeuer sind so konstruiert, dass sich das Feuer nicht versehentlich ausbreiten kann.

Tipifeuer

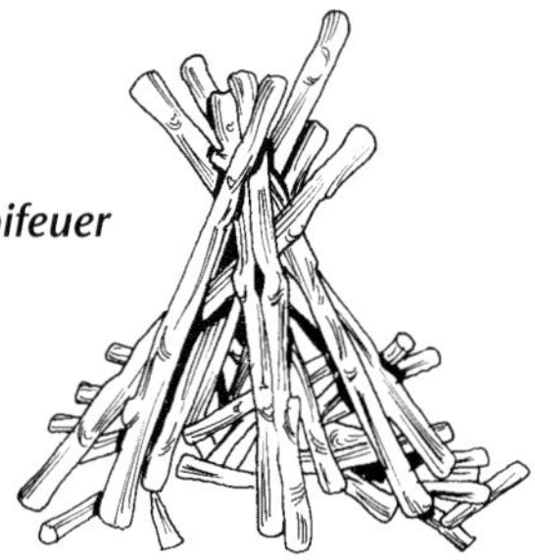

T-Feuer

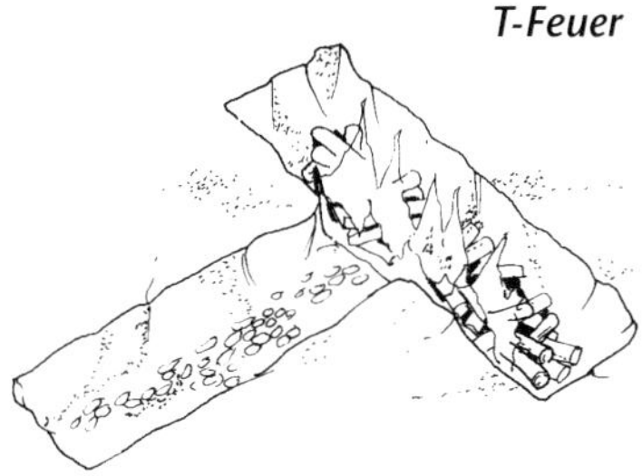

Langfeuer

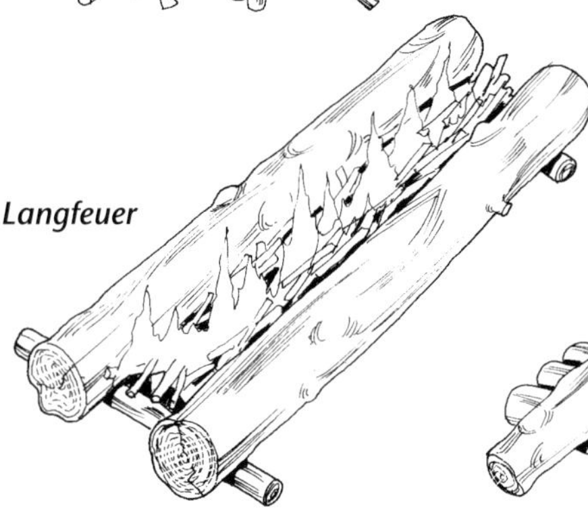

Nachtfeuer

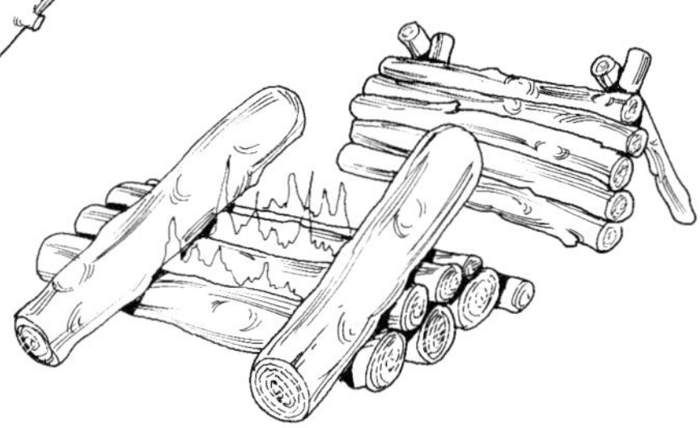

Sternfeuer

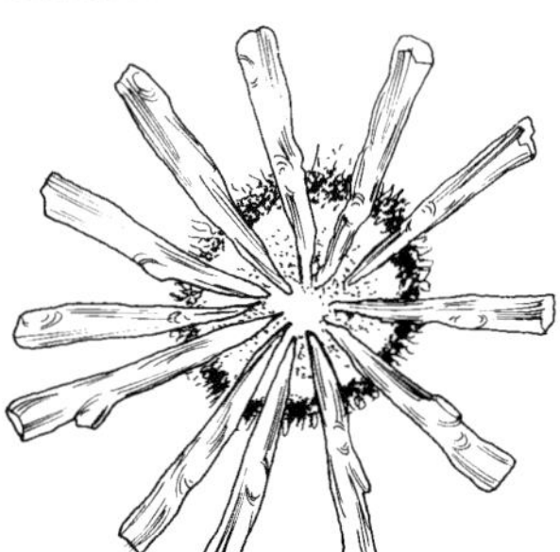

Schlüssellochfeuer

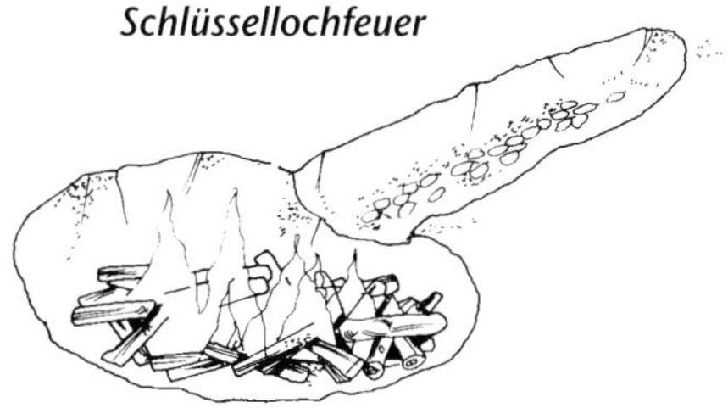

Feuer in einem Steinring

Um die Flammen eines Feuers in trockenen Waldregionen isoliert und unter Kontrolle zu behalten, empfiehlt es sich, es in einem Ring aus Steinen zu entzünden.

Das Grubenfeuer

Das Grubenfeuer ist ein klassisches Soldatenlagerfeuer. Die Sauerstoffzufuhr erfolgt über einen U-förmigen Tunnel. Indem Sie diesen erweitern oder verkleinern, können Sie die Hitze des Feuers erhöhen beziehungsweise reduzieren. In entsprechende Materialien eingewickeltes Essen kann in die Grube gelegt werden, während über dem Feuer gekocht, gegrillt oder geräuchert werden kann.

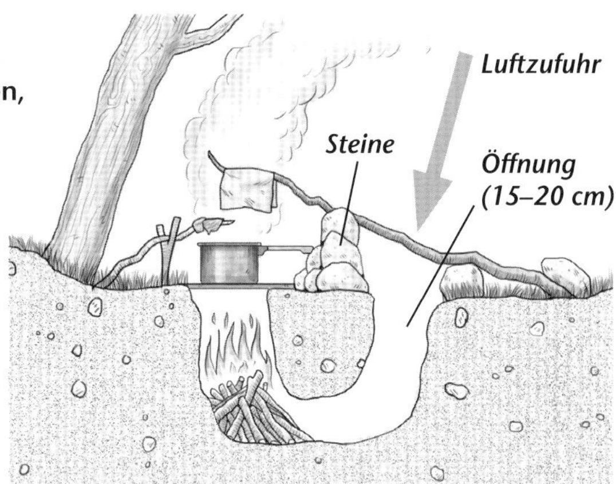

Windschutz

Starke Winde können ein Feuer zerstören oder zumindest dafür sorgen, dass Brennmaterial zu schnell verbraucht wird. Ein Windschutz – hier ein Halbkreis aus Steinen – schützt das Feuer nicht nur, sondern reflektiert auch die Wärme in Ihre Richtung.

Techniken der Spezialeinheiten zum Feuermachen

- Falls der Boden nass oder schneebedeckt ist, sollten Sie eine Plattform aus grünen Holzstämmen oder Steinen errichten – entzünden Sie das Feuer nicht direkt auf dem Boden.
- Suchen Sie sich eine windgeschützte Stelle, da starke Winde das Entzünden des Feuers erschweren bzw. bereits brennendes Feuer zu stark mit Sauerstoff versorgen, wodurch es zu schnell verbrennt.
- Falls Sie das Feuer an einer windigen Stelle entzünden müssen, schützen Sie den Zunder beim Entzünden, indem Sie dem Wind den Rücken zuwenden.
- Bauen Sie ein Feuer nicht zu dicht an einer Felswand auf. Setzen Sie sich stattdessen zwischen das Feuer und die Felswand. Die Wand wird die Wärme des Feuers auf Ihren Rücken reflektieren. Falls kein natürlicher Reflektor in der Nähe ist, können Sie einen aus Steinen und Erde bauen.
- Sammeln Sie genügend Zunder, Kleinholz und Brennholz, bevor Sie versuchen, ein Feuer zu entzünden.
- Nachts sollten Sie zwei dicke grüne Baumstämme neben das Feuer legen, um dieses von sich fern zu halten, während Sie schlafen.

Feuer transportieren

Mit dieser Technik, glühende Kohle zu transportieren, können Sie in Ihrem neuen Lager sofort ein Feuer entzünden.

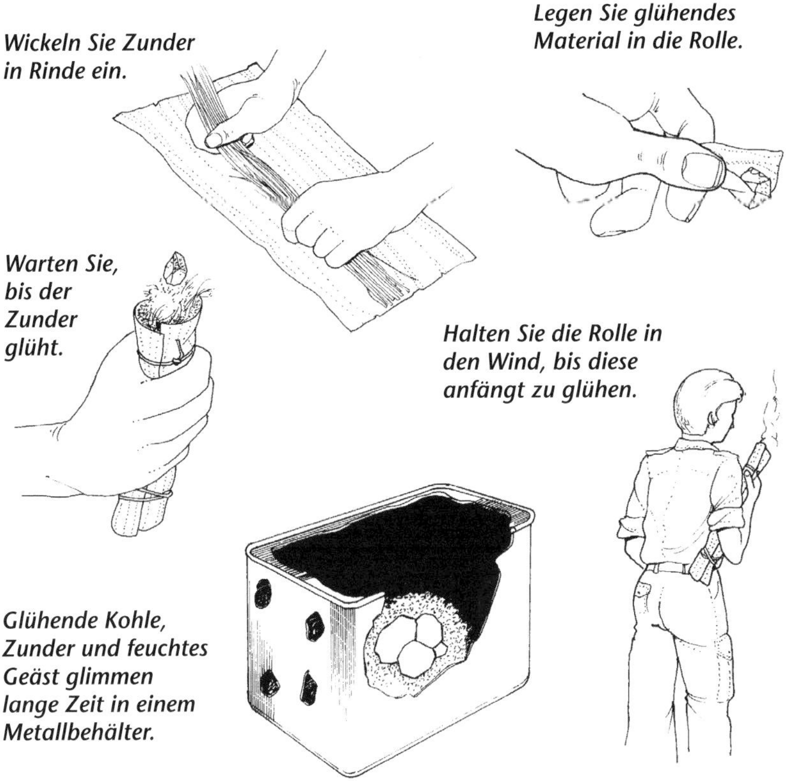

UNTERSCHLUPF

Ein Unterschlupf ist ein lebenswichtiger Baustein für ein erfolgreiches Überleben in der Wildnis. Glauben Sie niemals, dass Sie auf einen Unterschlupf verzichten können, weil Sie sich in einer warmen Region aufhalten. Er schenkt Ihnen nicht nur Wärme, sondern schützt Sie auch vor Sonnenlicht, Regen und anderen Niederschlägen, Wind, Sandstürmen und sogar vor Insekten. Die Natur bietet Ihnen einige Möglichkeiten, mit wenig oder gar keiner Arbeit zu einem Unterschlupf zu kommen. Felsvorsprünge, Geröllhaufen, Erdhügel, umgefallene Bäume und Höhlen können sowohl als Windschutz als auch als dauerhafter Unterschlupf genutzt werden. Sie können sich auch einen Schutzbau errichten, indem Sie die natürlichen Gegebenheiten leicht verändern.

Weidenhaus

Dieser einfache, aber warme Unterschlupf besteht aus Weidenästen, die zu einem Tipi zusammengebunden werden. Dieses wird dann mit verwobenem Geäst bedeckt.

Beispielsweise können Sie eine natürliche Mulde im Boden auf der windabgewandten Seite eines Baumes mit starken Ästen, Stöcken, Pflanzen und Lehm abdecken, um relativ schnell ein robustes und warmes Notlager zu bauen. Wenn Sie die Höhe des Unterschlupfs vergrößern wollen, können Sie Steine und kleine Felsen um den Rand des Lochs stapeln. Schließen Sie nun die Lücken im Steinring mit Lehm und Schlamm. Hierdurch erhält der Ring Stabilität.

Seien Sie kreativ, wenn es an das Bauen eines Obdachs geht, und verwenden Sie alle Ihnen zur Verfügung stehenden Materialien. Falls Sie zum Beispiel eine Unterlegplane oder irgendeine andere wasserdichte Plane haben, können Sie ein Zelt improvisieren, indem Sie eine Leine zwischen zwei Bäumen spannen und die Plane darüber hängen. Nun müssen Sie die Plane nur noch straffziehen und an den Ecken befestigen. Befestigen Sie hierfür an weiteren Leinen improvisierte Holzheringe und stecken diese in die Erde. Falls Sie keine Leinen zur Verfügung haben, legen Sie das Ende eines Baumstamms auf einen Baumstumpf oder in eine Astgabel und werfen die Plane darüber.

Robustere Unterschlupfe können aus Ästen und Blattwerk gebaut werden. Nehmen Sie einen langen, geraden Ast, der etwa 50 Zentimeter länger sein sollte, als Sie groß sind, und legen ihn mit einer Seite in eine etwa auf Brusthöhe gelegene Astgabel eines Baumes. Lehnen Sie jetzt mehre Äste vertikal gegen diesen Ast und befestigen Sie diese mit Hilfe von Schnüren oder kräftigen Baumschösslingen an der Querstrebe. Sobald der Rahmen fertig ist, können Sie biegsame Äste

Einen geeigneten Platz für einen Unterschlupf finden

Bauen Sie Ihren Unterschlupf nie:

- **auf windigen Anhöhen**
- **in tiefen Tälern, da diese anfällig für Frost und Feuchtigkeit sind**
- **zu dicht an Flüssen oder Bächen, da hier Gefahr durch Überflutungen besteht**
- **unter morschen Bäumen oder brüchigen Felsen**
- **unter Insektennestern**
- **in Entwässerungsrinnen einer Anhöhe.**

und dichtes Blattwerk hineinweben, bis eine stabile äußere Wand entsteht. Die äußere Wand können Sie außerdem mit Grasbüscheln verstärken. Hierdurch wird die Wärmeisolierung verbessert. Wie alle anderen Unterschlupfe sollten Sie auch diesen dick mit einem dichten »Teppich« aus weichem Blattwerk auslegen, um darauf zu schlafen. Schlafen Sie niemals direkt auf dem Boden. Das Zusammenweben von Ästen und Blattwerk ermöglicht es Ihnen, aus jedem einfachen Unterstand ein robustes Obdach zu machen, das Sie – egal, ob es sich um einen einfachen Schrägdach-Unterschlupf oder eine wirklich stabile Behausung für die Wildnis handelt – auch für längere Zeit bewohnen können.

Unterschlupf aus einer Plane

Soldaten der britischen wie der australischen Armee bauen regelmäßig Unterschlupfe und Beobachtungsposten nur aus einem Seil und einer Plane. Diese Art des Unterschlupfs ist als »basha« bekannt.

Einen umgestürzten Baum als Unterschlupf verwenden

Manchmal bietet uns die Natur einen fertigen Unterschlupf. Wenn Sie bei diesem umgefallenen Nadelbaum einige der inneren Äste entfernen und sie einfach auf dem Boden verteilen, können Sie ohne großen Aufwand einen komfortablen Unterschlupf bauen.

Einen Verschlag bauen

Hier sehen wir einen einfachen Verschlag mit Schrägdach. Der Rahmen besteht aus Ästen, die an einen liegenden Stock gelehnt sind. Dieser ist in zwei Astgabeln verankert. Bedecken Sie den Rahmen mit einer dicken Schicht aus Blättern und Astwerk und bauen Sie einen Reflektor davor, um die Wärme des Feuers in den Verschlag zurückzuleiten.

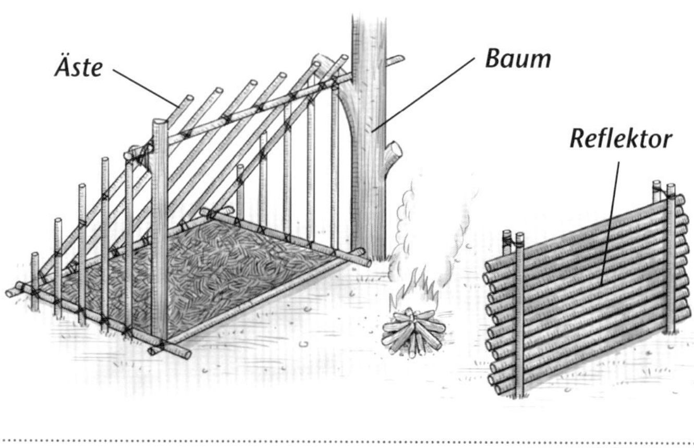

Wand aus Baumstämmen und Erde

Diese Wand besteht aus zwei Reihen von Baumstämmen, deren Zwischenraum mit Erde aufgefüllt ist. Sie ist am besten geeignet für Behausungen, die Sie längere Zeit bewohnen oder verwenden werden, und eignet sich ebenfalls als Pferch für Tiere.

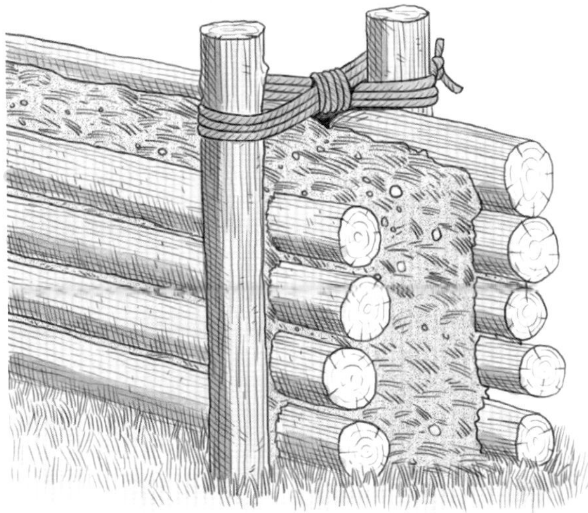

Firsthütte

Dieser Soldat sitzt in einer einfachen Firsthütte. Beachten Sie die sich überlappenden Blätter, die dafür sorgen, dass kein Regenwasser eindringt.

Unterkünfte für extreme Klimabedingungen

Extreme – vor allem tropische und polare – Klimabedingungen bringen besondere Herausforderungen für den Bau eines Unterschlupfs mit sich. In Polarregionen macht ein Obdach den Unterschied zwischen Leben und Tod aus. Es schützt vor den tödlich kalten Temperaturen und vor dem ebenso gefährlichen Wind. In tropischen Regionen schützt der Unterschlupf Sie vor allem vor der Tierwelt – insbesondere vor Insekten – und ermöglicht es Ihnen, sicher zu ruhen.

In den Tropen sollten Sie besonders darauf achten, rechtzeitig mit dem Bau Ihrer Unterkunft zu beginnen. Fangen Sie mindestens eine Stunde vor Sonnenuntergang an, da die Dunkelheit schnell hereinbricht. Glücklicherweise bietet der

Unterirdischer Unterschlupf

Bei diesem Wüstenunterschlupf werden zwei verschiedene Phänomene genutzt, um die Innenluft kühl zu halten. Zum einen liegt der Unterschlupf unter der Erde, wo er durch die herabsinkende kalte Luft gekühlt wird. Zum anderen wird durch die im Zwischenraum zwischen den zwei Planen stehende Luft die Sonnenhitze reflektiert.

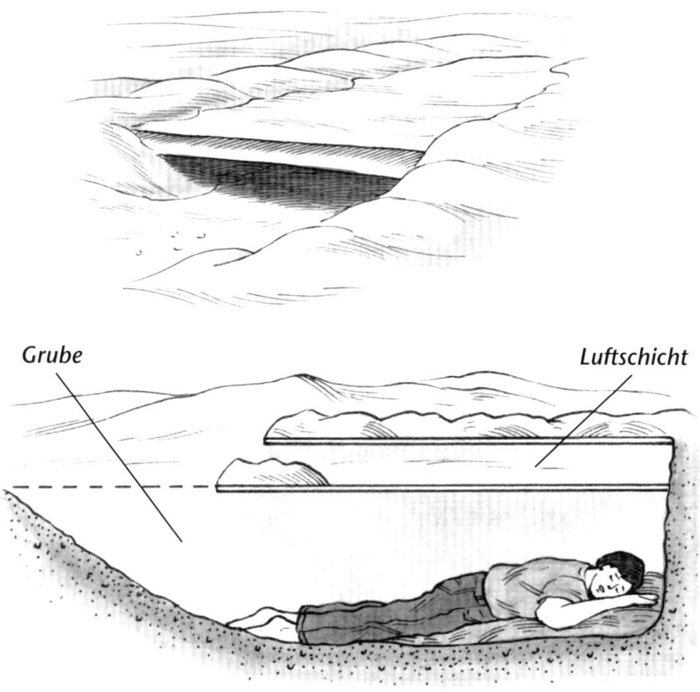

Dschungel Ihnen alles, was Sie brauchen, um Ihren Unterschlupf zu bauen. Sie werden hier sowohl ausreichend Holz als auch eine Fülle von großen Blättern finden, die ideal zum Bauen wasserdichter Außenwände geeignet sind. Der wirklich entscheidende Bestandteil eines Unterschlupfs in der tropischen Wildnis ist eine erhöhte Schlafplattform, die sich deutlich über dem Boden befinden sollte. Das bedeutet, dass in tropischen Regionen ein wenig mehr Geschick beim Bau des Unterschlupfs erforderlich ist als in gemäßigten Klimazonen.

Um eine erhöhte Plattform zu bauen, müssen Sie vier Bäume finden, die in einem Rechteck angeordnet sind und nur wenige Meter auseinander stehen. Schneiden Sie nun zwei starke Stämme oder Bambusrohre und befestigen Sie diese parallel zueinander oberhalb des Bodens zwischen den Bäumen. Falls Sie sich in einem Sumpf aufhalten, achten Sie darauf, dass sich die Plattform deutlich über der Hochwassermarke befindet. Legen Sie nun Querstreben auf die beiden Pfähle. Diese dienen als Schlafplattform, die jetzt mit Blattwerk und kleinen Ästen zu einer weichen Matratze ausgebaut werden kann.

Bauen Sie als nächstes weiter oben eine schräge Ebene, die als Dach dient. Sie können gespaltenen Bambus für das Dach verwenden, oder Sie legen einfach eine Plane über den Unterschlupf. Seien Sie vorsichtig, wenn Sie mit Bambus arbeiten, da sehr scharfe Splitter und Kanten entstehen und die Stöcke heftig zurückschnellen können, wenn sie geschnitten werden. Natürlich ist es unnötig, eine Plattform zu bauen, wenn Sie eine Hängematte bei sich haben. Diese bietet in Kombination mit einer wasserdichten Plane als Dach einen sehr viel schneller und leichter zu errichtenden Unterschlupf.

Einen Unterschlupf in der Wüste zu bauen, birgt andere Schwierigkeiten, da es

Unterschlupf für die Tropen

Soldaten mit einer Ausbildung für die Tropen wissen, dass man dort niemals direkt auf dem Boden schlafen darf. Bei diesem Unterschlupf mit Firstdach schlafen Sie ein gutes Stück oberhalb des Bodens, während die Plane Sie vor Regen schützt.

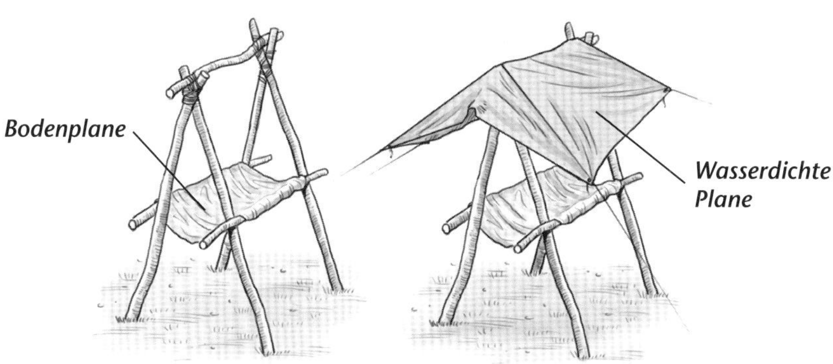

hier nur sehr wenige oder überhaupt keine brauchbaren Materialien gibt. Natürliche Gegebenheiten wie schattige Felsvorsprünge, Höhlen, die windgeschützte Seite von Hügeln, Dünen oder Felsansammlungen bieten hingegen einen sofort verfügbaren und brauchbaren Unterschlupf, in dem Sie die Nacht verbringen können. Machen Sie sich allerdings bewusst, dass die heimische Tierwelt ähnlich denken könnte. Überprüfen Sie alle Höhlen und felsiges Gelände daher gründlich auf Schlangen, Skorpione, Raubkatzen etc., bevor Sie Ihr Lager dort aufschlagen. Falls alle natürlichen Unterschlupfe schon besetzt oder nicht geeignet sind, können Sie aus vorzugsweise weißen oder hellen Tüchern oder Planen ein kühles Obdach bauen. Finden Sie eine Grube oder Senke im Boden, legen Sie das Tuch darüber und befestigen Sie die Kanten mit Steinen, Sand, Ästen und Erde. Unter dieser Konstruktion haben Sie nun einen schattigen Bereich. Das Notlager kann deutlich verbessert werden, indem Sie eine zweite Plane über die erste legen, wobei Sie einen deutlichen Zwischenraum zwischen beiden lassen. Verwenden Sie Steine und Sand, um diesen Spalt zwischen den beiden Planen offenzuhalten. In dem Spalt sammelt sich stehende Luft, die isolierend gegen die Sonnenhitze wirkt.

Falls Sie einen Unterschlupf in der Wüste bauen müssen, tun Sie dies in den kühleren Stunden des Tages und errichten Sie ihn in der Nähe von Feuerholz- und Wasservorkommen, so dass Sie möglichst wenig laufen müssen. Bauen Sie Ihr Lager niemals an einem Abhang, da dort das Risiko von herabstürzenden Steinen zu groß ist. Beachten Sie, dass Sie wäh-

Plattform für sumpfige Gebiete

Diese Plattform wird mit dichter Vegetation ausgelegt, um eine Art Matratze herzustellen. Stellen Sie sicher, dass das Blattwerk weder Dornen noch hautreizende Substanzen aufweist. Falls Sie kein Seil zur Hand haben, können Sie stattdessen Lianen verwenden, um die Pfähle und Querverstrebungen zu verbinden.

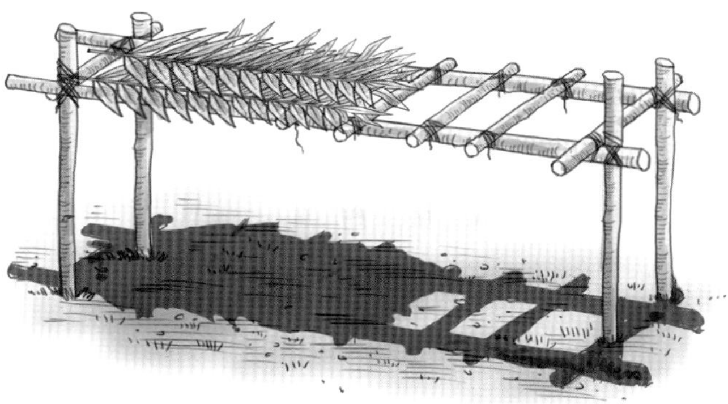

Hängematte mit Dach

Eine Hängematte mit einem Dach aus einer einfachen Plane ist der ideale Schlafplatz für tropische oder gemäßigte sommerliche Wetterbedingungen.

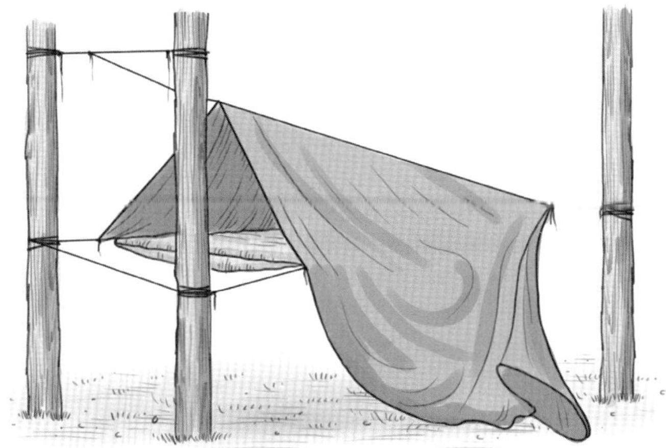

Unterschlupf aus Gestrüpp

Derartige Unterkünfte sind sehr wertvoll, da die einfache Konstruktion innerhalb von Minuten errichtet werden kann. Eine zusätzliche Lage Äste auf dem Dach schützt das Buschwerk davor, bei Wind davongeweht zu werden.

rend der Regensaison in tiefliegenden Bereichen von Flusssturzfluten überrascht werden könnten. Auch ist es eine gute Idee, den Unterschlupf so zu bauen, dass er von einer leichten Brise umweht wird. Diese wird Sie kühlen und Insekten von Ihnen fernhalten.

Anders als bei Unterständen im Dschungel und in der Wüste benötigen Sie für ein Obdach in Polarregionen eine Menge Schnee. Das Innere eines solchen Unterschlupfs wird niemals sehr warm werden. Iglus der Inuit erreichen allerdings Innentemperaturen von bis zu 15,5 Grad Celsius. Setzen Sie sich niemals direkt auf Schnee oder Eis, da dies Ihrem Körper in kürzester Zeit die gesamte Wärme entzieht. Bedecken Sie den Boden

Erdlatrine

Eine Erdlatrine sollte mindestens ein bis zwei Meter tief sein. Die Abdeckung aus miteinander verbundenen Baumstämmen sollte immer über die Grube gezogen werden, wenn diese nicht benutzt wird. Achten Sie darauf, die Fäkalien nach jeder Benutzung der Latrine mit einer dicken Schicht Erde zu bedecken.

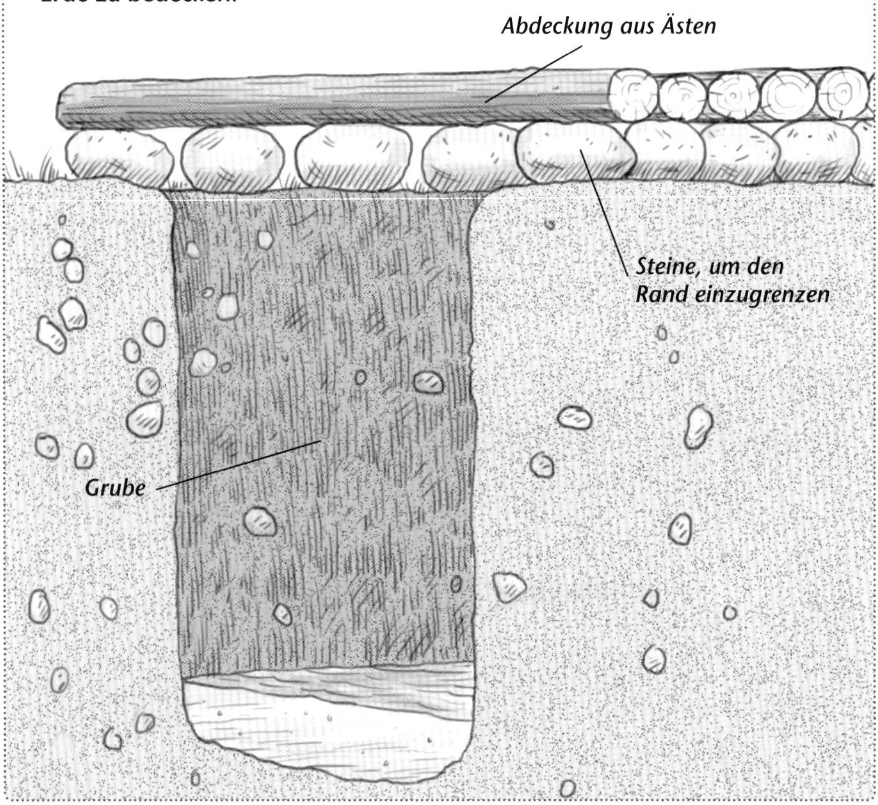

Ihres Schneehauses daher immer mit isolierenden Materialien wie Ästen, trockenen Gräsern und Moosen. Sind solche Materialien nicht verfügbar, können Sie sich auf Ihren Rucksack oder einen anderen Teil Ihrer Ausrüstung setzen.

Der einfachste Unterschlupf in einer Polarregion ist die Schneehöhle, ein in den Schnee gegrabenes Loch. Um eine Schneehöhle zu bauen, graben Sie als Erstes einen kleinen Tunnel von etwa einem Meter Länge in eine große und stabile Schneewehe hinein. Dies ist der Eingang zu Ihrem Unterschlupf. Am Ende des Tunnels graben Sie als nächstes im rechten Winkel zum Tunnel Kammern nach links und rechts. Hierdurch sind Sie vor Wind geschützt. In diesen Kammern werden Sie

Bett aus Ästen

Ein aus dicken Ästen geformtes Rechteck, das mit einer dichten Schicht aus sauberem und weichem Pflanzenmaterial gefüllt ist, ergibt ein relativ bequemes Bett. Seien Sie allerdings darauf vorbereitet, dass Sie während der Nacht Besuch von den verschiedenen kleinen Insekten bekommen, die im Blattwerk wohnen.

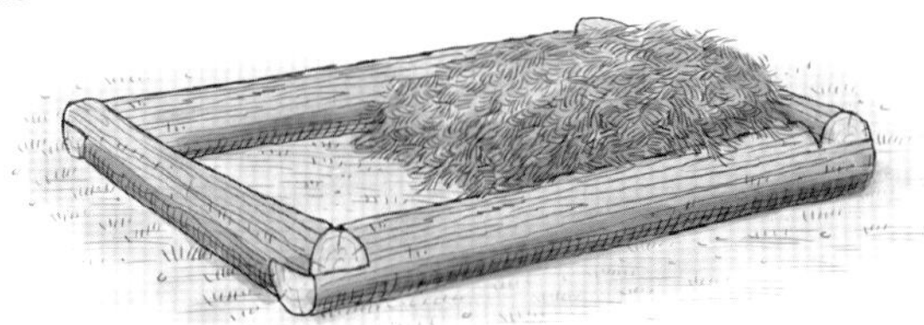

Unterschlupf für die Wüste

Dieser einfache Bunker besteht aus zwei wasserdichten Planen, die mit Hilfe von Sand und Erde über einer Grube fixiert werden.

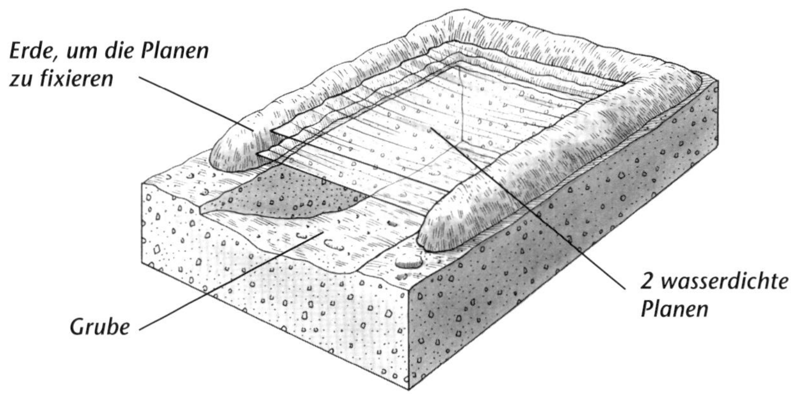

nächtigen. Bauen Sie sie also groß genug, dass Sie genug Platz für sich selbst und für Ihre Ausrüstung haben. Geben Sie der Decke eine runde Form. Hierdurch wird sie stabiler, und das Schmelzwasser fließt an den Seiten herab, anstatt Ihnen auf die Nase zu tropfen. Schlafen Sie an der höchsten und damit wärmsten Stelle des Unterschlupfs. Alle Schneehöhlen sollten erhöhte Schlafgelegenheiten bieten. Kochen Sie im untersten Teil, in dem auch Ihre Ausrüstung gelagert wird. Ein Unterschlupf im Schnee sollte immer ein solches Stufensystem aufweisen. Blockieren Sie den Eingang mit einem Sack voller Äste, einem Rucksack, einem Poncho oder auch mit Schnee, um die Wärme im Iglu zu halten. Achten Sie allerdings auf ausreichende Sauerstoffzufuhr! Bohren Sie hierfür an verschiedenen Stellen mindestens zwei Löcher in die Decke.

Falls Sie keine passende Schneewehe finden können, gibt es andere Möglichkeiten, einen Unterschlupf im Schnee zu bauen, zum Beispiel die Schneekuppel. Hierfür schichten Sie einen großen runden Stapel aus Ästen und Laubwerk auf, der fast so groß ist wie Sie. Dann bedecken Sie diesen Stapel mit einer Plane oder einem anderen Material und häufen Schnee darauf, wobei sie eine Lücke für den Eingang freilassen. Lassen Sie die Schneedecke hartgefrieren und entfernen dann vorsichtig durch den Eingang die Äste und die Plane. Wenn der Schnee hart genug geworden ist, sollten Sie jetzt vor einer einem Iglu ähnelnden Konstruktion mit einem Eingang stehen. Wie bei der Schneehöhle dichten Sie den Eingang wieder mit einem Sack voller Äste oder mit Ihrem Rucksack ab.

Auch aus Schneeblöcken können Sie in Polarregionen einen effizienten Unter-

Wetterschutz für die Arktis

Der normale Unterstand ist hier für arktische Bedingungen angepasst. Zwei Bäume dienen als senkrechte Hauptstützen. Eine dichte Schicht Schnee bietet Schutz gegen den Wind. Ein solcher Unterschlupf reicht allerdings nicht aus, um sich bei Minustemperaturen über längere Zeit warm zu halten.

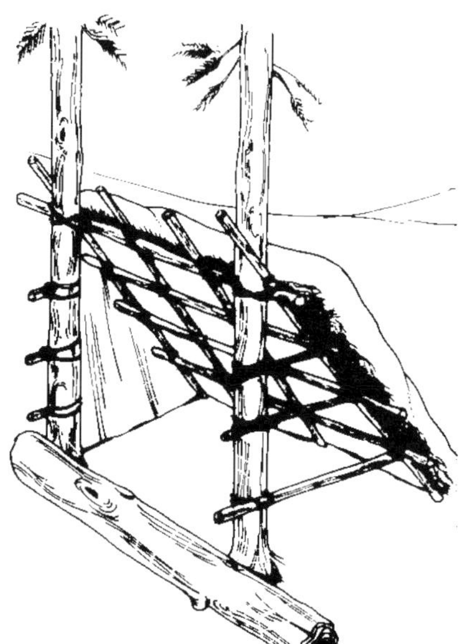

Wie ein Baum zum Unterschlupf wird

Bei diesem Unterschlupf nutzen Sie aus, dass die schneebedeckten Äste eines Nadelbaums ein dichtes, isolierendes Dach bilden. Graben Sie eine Höhle um den Stamm des Baumes herum, wie im Bild gezeigt, und bedecken Sie den Boden mit einer dichten Schicht aus Ästen und Gestrüpp. Die tief hängenden Äste werden Ihnen Schutz vor Wasser und Wind bieten.

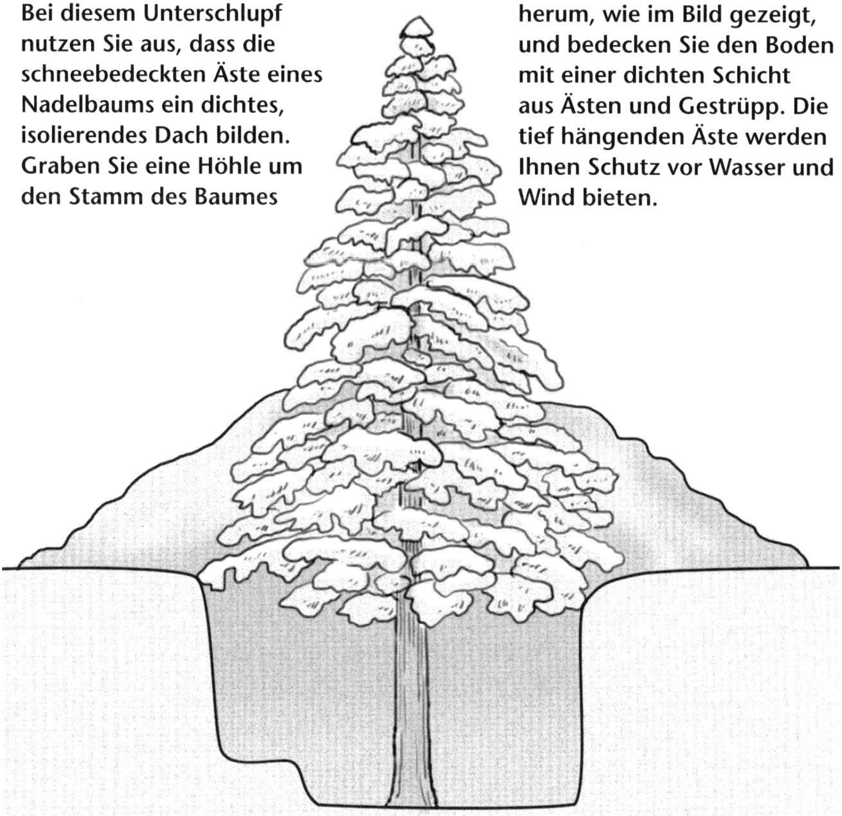

schlupf erbauen. Hierfür schneiden Sie Blöcke aus tiefer liegendem Schnee, der eine gleichmäßig feste Struktur aufweist. Die Blöcke sollten eine Länge von 50 Zentimetern, eine Breite von 45 Zentimetern und eine Dicke von 10–20 Zentimetern haben. Verwenden Sie hierfür eine Schneesäge, ein Schneemesser, eine Schaufel oder eine Machete. Aus den zurechtgeschnittenen Blöcken können Sie unterschiedliche Arten von Unterschlupfen bauen. Sie können die Blöcke beispielsweise rechteckig anordnen, so dass die Konstruktion etwa 1 m hoch ist und genug Platz für Sie und Ihren Schlafsack entsteht. Als Dach legen Sie weitere Blöcke über die Konstruktion. Wie bei der Schneehöhle sollten Sie auch hier eine Rundung einbauen und Löcher zur Belüftung in die Decke bohren. Dieser grabenähnliche Schutzbau ist nur eine kurzfristige Lösung, bis Sie etwas Besseres finden oder bauen können.

Die ultimative Schneehöhle ist selbstverständlich das Iglu. Iglus sind allerdings schwer zu bauen. Sie sollten daher nur mit dem Bau beginnen, wenn Sie sicher sind, dass dies nicht Ihre Kräfte übersteigen wird. Zu Beginn ziehen Sie einen Kreis mit einem Durchmesser von etwa drei Metern in den Schnee, der den Innenraum des Iglus markiert. Schneiden Sie etwa zwölf Schneeblöcke zurecht und legen Sie sie um die gezeichnete Linie herum. Die Blö-

Schneehöhle

Eine Schneehöhle bauen Sie, indem Sie eine Kammer in eine stabile Schneewehe graben. Die Schlafplattform muss – wie im Bild zu sehen – deutlich höher liegen als der Eingang, um den Vorteil auszunutzen, dass warme Luft aufsteigt. Das wird Sie nachts wärmer halten. Bedecken Sie die Plattform außerdem mit einer dicken Schicht Vegetation.

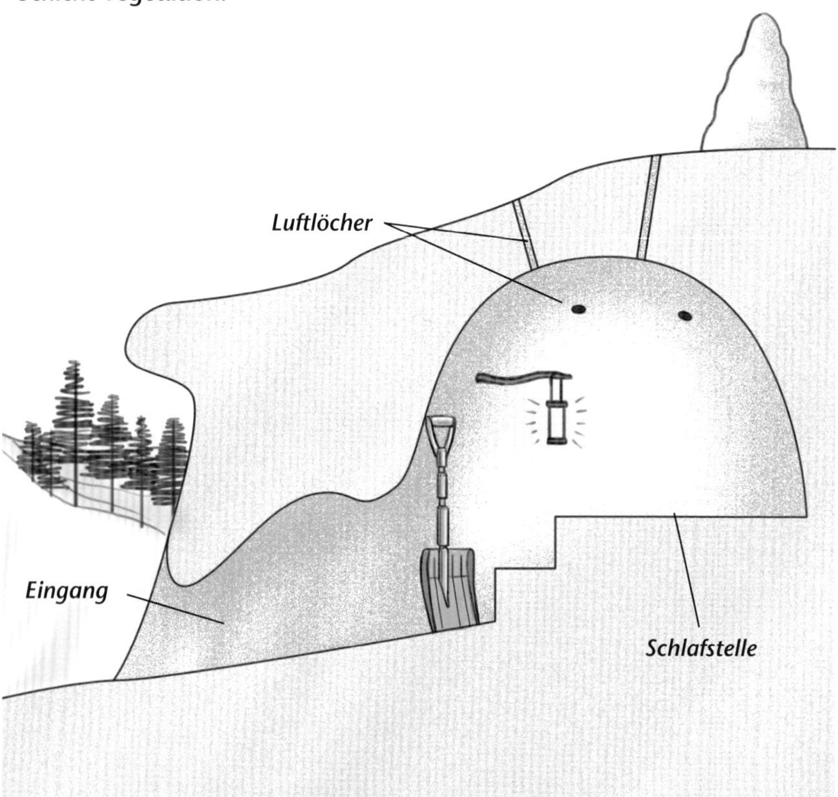

Schneekuppel

Die Schneekuppel ist ein schnell gebauter Unterschlupf, dessen Konstruktion Soldaten für Einsätze in Polarregionen erlernen. Die größte Herausforderung kann hier sein, genügend Pflanzenmaterial für das Formgestell zu finden.

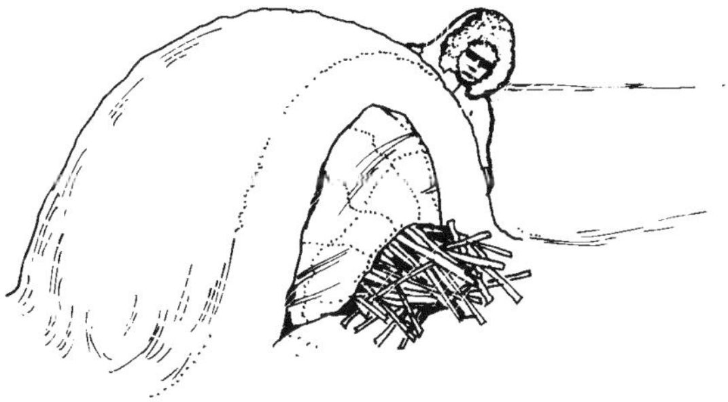

Bedecken Sie einen großen Stapel von Ästen und Laubwerk mit einer dicken Schneeschicht.

Wenn der Schnee fest geworden ist, entfernen Sie das Gestrüpp.

Füllen Sie eine Plane mit Gestrüpp, und verwenden diese als Tür.

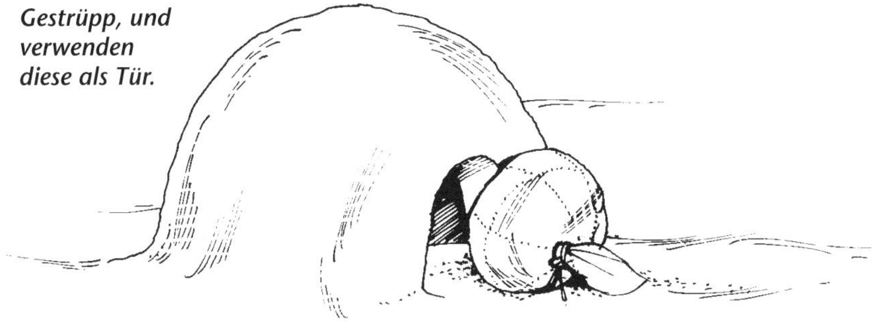

Obdach in Polarregionen

Soldaten, die in Polarregionen im Einsatz sind, befolgen die folgenden Regeln, wenn es um die Suche und den Bau eines Unterschlupfs geht:

- **Bauen Sie Ihren Unterschlupf immer in der Nähe von Feuerholzvorkommen.**
- **Bauen Sie Ihren Unterschlupf nicht auf der windabgewandten Seite von Überhängen – Ihr Unterschlupf könnte durch einen Schneerutsch begraben werden.**
- **Begrenzen Sie die Anzahl der Eingänge; je mehr Eingänge Ihr Unterschlupf hat, um so mehr Wärme geht verloren.**
- **Bewahren Sie Ihre Waffe stets außerhalb des Unterschlupfs auf. Wenn Sie die Waffen mit hineinnehmen, kann sich Kondensat auf der Innenseite des Laufs ansammeln. Hierdurch rostet die Waffe oder kann kaputtgehen, falls das Kondensat gefriert. Prüfen Sie das Ende des Laufs regelmäßig; befindet sich hier Eis, könnte der Lauf beim Abfeuern explodieren.**
- **Benutzen Sie eine externe Latrinenstelle. Wenn es zu kalt ist, um nach draußen zu gehen, können Sie einen Tunnel von Ihrem Unterschlupf zur Latrine bauen. Sie können aber auch in Metalldosen urinieren und Ihre Notdurft auf Schneeblöcken verrichten, die Sie dann nach draußen werfen.**
- **Falls Ihr Schlafsack nass wird, sollten Sie ihn von Eis befreien und dicht am Feuer trocknen lassen.**
- **Prüfen Sie regelmäßig, ob die Luftlöcher noch frei sind, und entfernen Sie immer wieder die sich bildende Eisschicht auf der Innenseite des Unterschlupfs, da diese die Wärmedämmung Ihrer Höhle herabsetzt.**
- **Achten Sie darauf, dass sich nicht zu viel Schnee auf Ihrem Unterschlupf ansammelt – dies könnte dazu führen, dass er einbricht.**

cke sollten leicht nach innen geneigt sein und die Fugen der Blöcke radial aufs Zentrum des Iglus zeigen. Stapeln Sie jetzt spiralförmig weitere Blöcke auf die Wand und schrägen Sie die Oberseite mit der Schneesäge ab, so dass die Wand sich nach innen neigt. Wenn alles nach Plan verläuft, sollten Sie zum Schluss nur noch ein in der Mitte liegendes Loch im Dach zu füllen haben. Setzen Sie dort eine Scheibe aus festem Schnee als Schlussblock hinein, den Sie von der Innenseite aus in Position rücken. Zu guter Letzt bauen Sie nun einen Tunneleingang an das Iglu. Schließen Sie alle Lücken zwischen den Blöcken mit Pulverschnee, den Sie aushärten lassen. Auch hier dürfen Sie ein bis zwei Luftlöcher nicht vergessen. Innen im Iglu bauen Sie jetzt eine Schlafplattform aus Schnee, die natürlich mit Stöcken oder Ähnlichem isoliert wird. Positionieren Sie Ihren Kocher dicht am Eingang, so dass er genügend Sauerstoff bekommt, und stecken Sie Äste in die Wand, an denen Sie Ihre Ausrüstung und Kleidung aufhängen können.

Wie Sie ein Iglu bauen

Ein Iglu ist ein bewährter Unterschlupf für Polarregionen. Es bedarf aber einiger Übung, eines zu errichten. Sie sollten daher bereits im Vorfeld probeweise ein Iglu gebaut haben, bevor Sie sich in einer Notsituation auf Ihr Können verlassen müssen.

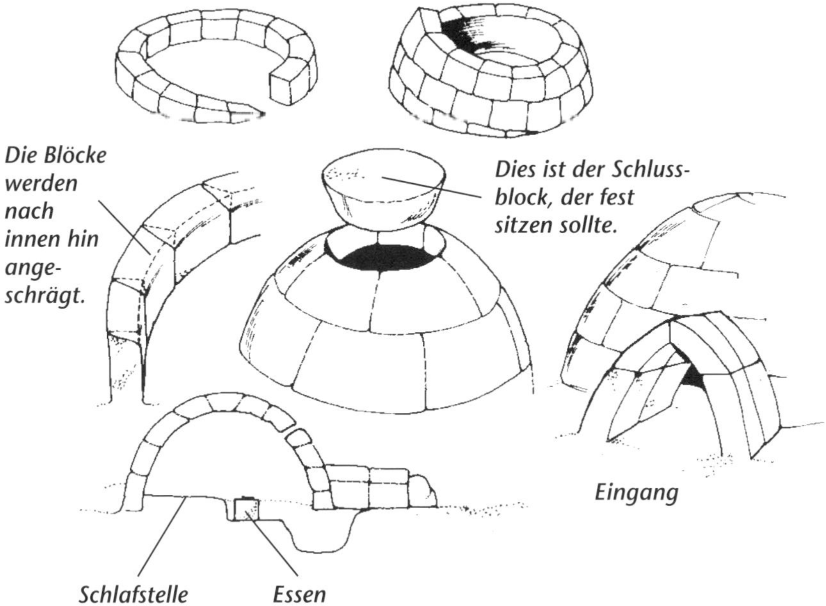

HANDWERKLICHE TRICKS

Das Überleben in der Wildnis ist eine Grenzerfahrung, die man durch ein wenig Einfallsreichtum und Erfahrung allerdings deutlich erleichtern kann. Die umgebende Natur bietet Ihnen reichlich Material, um nützliche Gegenstände herzustellen und das Leben in Ihrem Lager zu vereinfachen. Holz, Sehnen, Knochen, Blätter und viele verschiedene Stein- und Felsarten – um nur einiges zu nennen – können Sie verwenden. Bei der Herstellung der meisten Gegenstände ist grundlegendes Wissen über die Kunst des Knotenmachens nützlich. Auf den nächsten Seiten finden Sie daher Zeichnungen der wichtigsten Knoten und Laschings (Verzurrungen, mit denen zwei oder mehr Gegenstände sicher miteinander verbunden werden können). Üben Sie diese, bis Sie sie blind beherrschen, und erlernen Sie weitere Techniken aus einem Handbuch für diese spezielle Fertigkeit. Unabhängig davon, welchen Knoten Sie binden, sollte dieser fest, aber trotzdem leicht zu lösen sein. Dies ist besonders wichtig, wenn Sie ein Seil an Ihrem eigenen Körper befestigen.

Egal, wohin Ihre Reise geht, Sie sollten immer ein gutes Seil bei sich tragen. Moderne Kletter- und Wanderseile sind aus Kunststoffen wie Nylon, Polypropylen, Polyäthylen oder Polyester hergestellt. All diese Seile sind sehr stark und trotzdem leicht. Lassen Sie sich vor dem Kauf unbedingt beraten und erklären Sie dem Experten genau, wofür Sie das Seil verwenden wollen und welchen Wetterbedingungen es ausgesetzt sein wird. Industriell hergestellte Seile sollten Ihre erste Wahl sein. Allerdings lassen sich auch Seile aus natürlichen Materialien improvisieren, die früheren Generationen schließlich jahrhundertelang gut gedient haben. Pflanzenmaterialien wie feste Gräser, die geflochten oder zusammengedreht werden, oder feste Kletterpflanzen ergeben ein gutes Seil. Je nach Art der Pflanze unterscheidet sich hier jedoch die Reißstärke. Experimentieren Sie mit verschiedenen Pflanzen, bis Sie eine Art gefunden haben, die für Ihre Bedürfnisse geeignet ist. Überprüfen Sie das improvisierte Seil ständig auf Abnutzungsspuren. Das Gleiche gilt auch für industriell hergestellte Seile.

Die stärksten natürlichen Seile können Sie aus Sehnen und Häuten von Tieren gewinnen. Um Seile aus Sehnen herzustellen, sollten Sie die Sehnen des Tieres gleich am Tag entfernen, an dem es erlegt wurde, und diese dann trocknen lassen. Mit einem Stein zerquetschen Sie anschließend die getrocknete Sehne, bis sie in einzelne Fasern aufgebrochen ist. Feuchten Sie diese an und flechten oder verdrehen sie so lange, bis ein längerer Strang entsteht. Um ein Seil aus Tierhäuten herzustellen, entfernen Sie zunächst die Haut vom Tier und befreien sie von allen Fettrückständen. Legen Sie die Haut aus und schneiden sie dann in Streifen. Weichen Sie die Hautstreifen für zwei bis vier Stunden in Wasser ein, bis sie weich und biegsam sind. Jetzt flechten Sie die Hautstreifen zusammen, bis ein Seil entsteht. Sie können die Hautstreifen auch einzeln als Band verwenden.

Die Pflege Ihrer Seile

- **Halten Sie alle Seile so sauber wie möglich.**
- **Überprüfen Sie die Seile regelmäßig auf ausgefranste Kanten, Moder und Schimmel. Verwenden Sie niemals ein Seil, an dem sich solche Fehler finden.**
- **Bewahren Sie die Seile immer locker aufgewickelt auf. Lassen Sie die Seile niemals unter Spannung oder fest verknotet, wenn Sie sie verstauen.**
- **Lassen Sie die Seile nicht an scharfen Kanten oder Felsen reiben.**
- **Trocknen Sie die Seile, indem Sie sie in nicht aufgerolltem Zustand dicht an einer Feuerstelle aufhängen.**

Knoten

Der Überhandknoten ist wohl der bekannteste Knoten. Die folgenden Knoten können allerdings vielseitiger eingesetzt werden als dieser. Reffknoten werden beispielsweise verwendet, um zwei Seile zu verbinden, und der Achtknoten ist ein optimaler Stopperknoten.

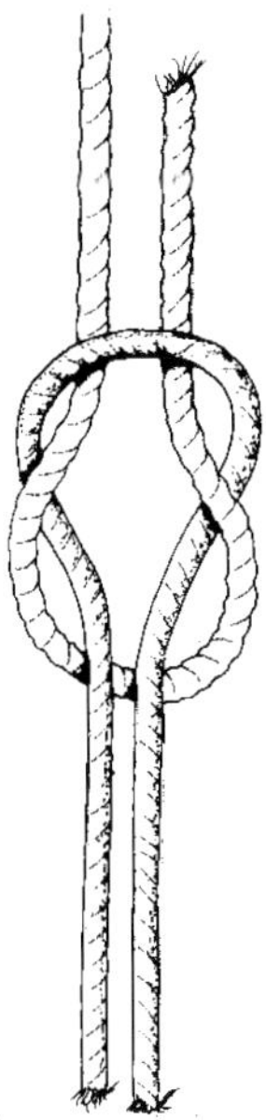

Reffknoten

Überhandknoten

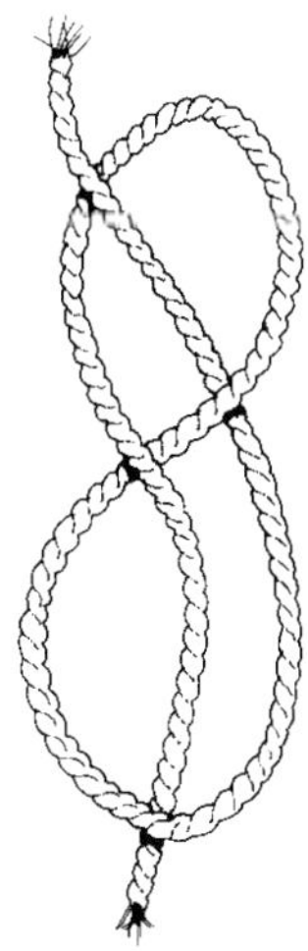

Achtknoten

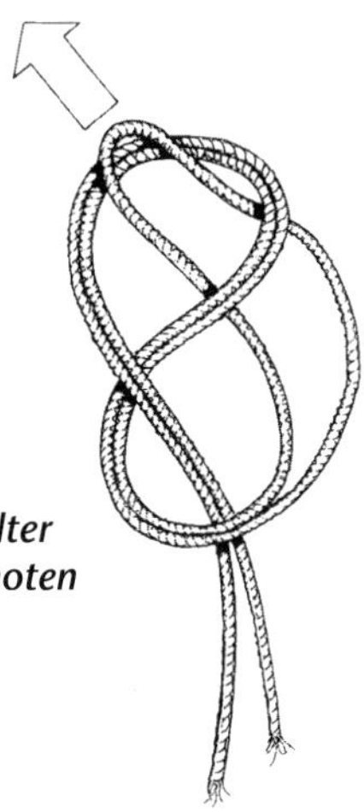

Doppelter Achtknoten

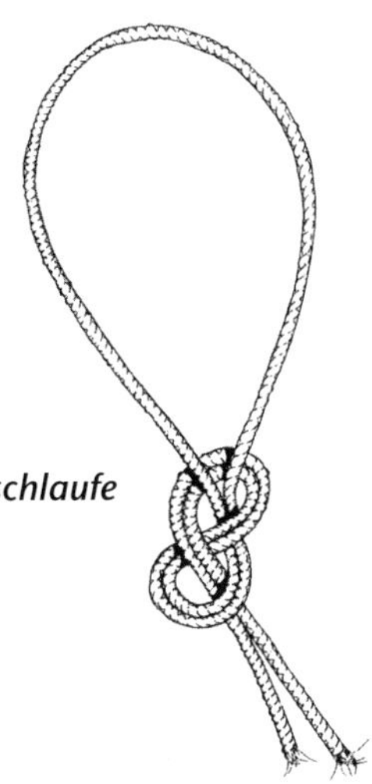

Achtschlaufe

Feste Schlaufe

Mit Hilfe einer festen, stabilen Schlaufe kann man beispielsweise Baumstämme oder andere schwere Gegenstände transportieren. Bedenken Sie jedoch, dass ein Knoten immer nur so fest sein kann, wie das Seil stark ist.

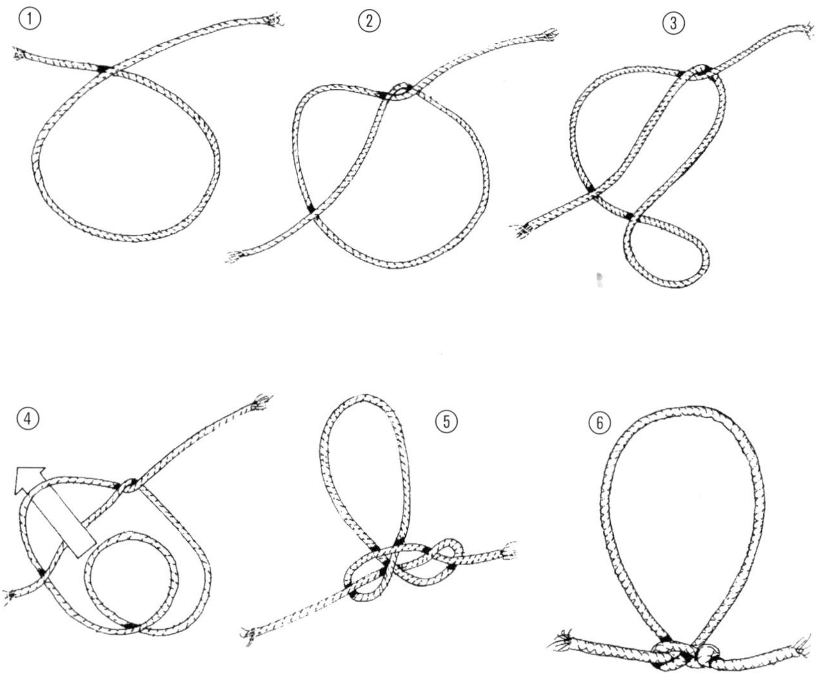

Schneidwerkzeuge

Vor den Zeiten der Metallbearbeitung haben Menschen über Tausende von Jahren Schneidwerkzeuge aus natürlichen Materialien wie Stein, Holz und Knochen hergestellt. In vielen Fällen kann man natürliche Schneidwerkzeuge ohne irgendwelche Veränderungen verwenden. Ein gespaltener Stein beispielsweise kann scharfe Kanten aufweisen, die selbst Holz und Knochen schneiden können. Kleine Splitter von natürlich vorkommendem Feuerstein können an Stäben oder Stangen befestigt werden, um Kochmesser oder Speere herzustellen. Um ausgefeiltere Schneidwerkzeuge herzustellen, können Sie Feuerstein, Quarz, Obsidian, Schiefer oder ähnliche Steine verwenden. Schlagen Sie den Stein, den Sie als Klinge verwenden wollen, in einem 45°-Winkel an einen anderen Stein, bis eine scharfe Kante

Schlaufen knoten

Mit dem Palstek wird am Ende eines Seils eine Schlinge geknüpft, die sehr schnell gelöst werden kann. Der etwas komplexere Dreifache Palstek kann für einen Bootsmannsitz oder als Rettungsschlinge verwendet werden, indem man zwei der Schlaufen um die Arme trägt.

Palstek

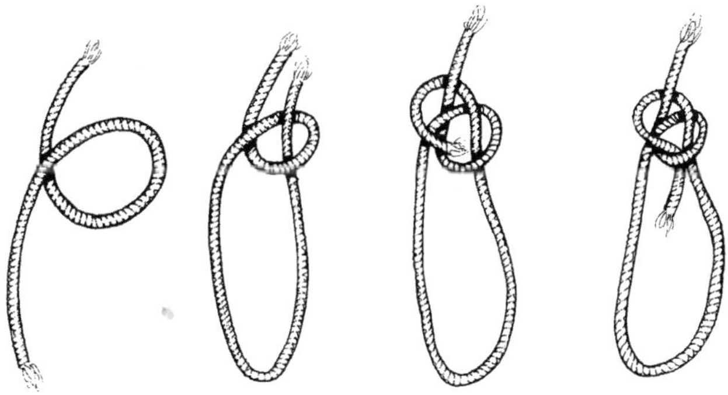

Dreifacher Palstek

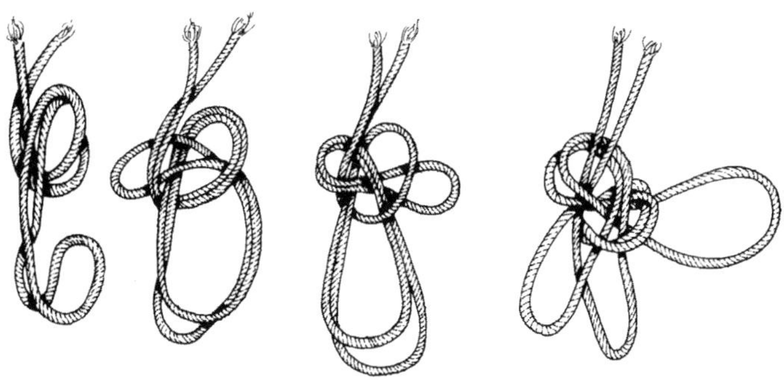

entsteht. Auch mit Hilfe von Geweih können kleine Steinsplitter abgetragen werden, um eine Klinge zu bilden. Knochen bieten sich ebenfalls als Material für Schneidwerkzeuge an. Eine Knochensäge beispielsweise kann aus einem großen Schulterblatt oder einem Kieferknochen hergestellt werden. Spalten Sie den Knochen in der Mitte, wodurch eine scharfe Kante entsteht. Verwenden Sie nun Ihr Messer (gekauft oder selbst hergestellt), um Zacken in die Kante zu schneiden. Hierdurch entsteht eine improvisierte Säge, die weicheres Holz schneiden kann und beim Zerlegen von größeren Tieren nützlich ist. Messer und andere Schneidwerkzeuge können auch aus Schrott und Müll hergestellt werden, den wir heutzutage leider im Übermaß in den Wäldern finden können. Beispielsweise kann ein Stück Glas oder der Deckel einer Dose (am besten

Steks

Diese Knotenart wird verwendet, um ein Seil an einem Pfahl, Pfosten oder Rohr zu befestigen. Der Rollstek ist für seine Rutschfestigkeit bekannt.

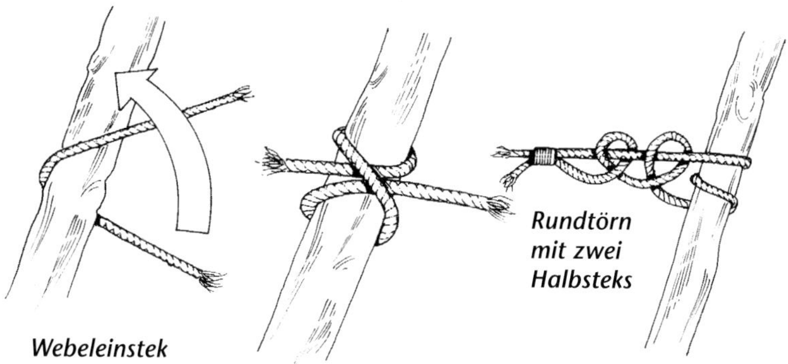

Webeleinstek

Rundtörn mit zwei Halbsteks

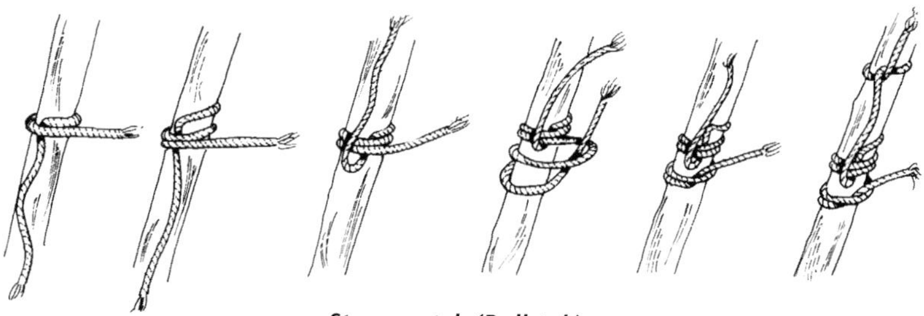

Stopperstek (Rollstek)

einer solchen, die vom Dosenöffner auf der Innenseite des Randes statt außerhalb abgetrennt wurde) in das gespaltene Ende eines Stocks gesteckt werden. Wenn sie dort sicher verzurrt werden, hat man ein scharfes Messer. Für anspruchsvollere Schneidearbeiten kann man eine einfache Axt herstellen. Seien Sie dabei jedoch extrem vorsichtig, da ein durch die Luft fliegender scharfer Axtkopf eine tödliche Waffe darstellen kann. Probieren Sie die Axt zunächst vorsichtig aus und überprüfen Sie regelmäßig, ob der Stein noch sicher sitzt und keines der Seile gerissen oder lose ist. Als Axtkopf nehmen Sie einen hand-

Laschings

Laschings sind beim Bau von Unterständen, Ausrüstungsgegenständen, Gestellen, Flößen und anderen Aufbauten sehr nützlich. Die am häufigsten verwendete Art ist die Kreuzzurring, die Zurring ist eine sehr feste Variante.

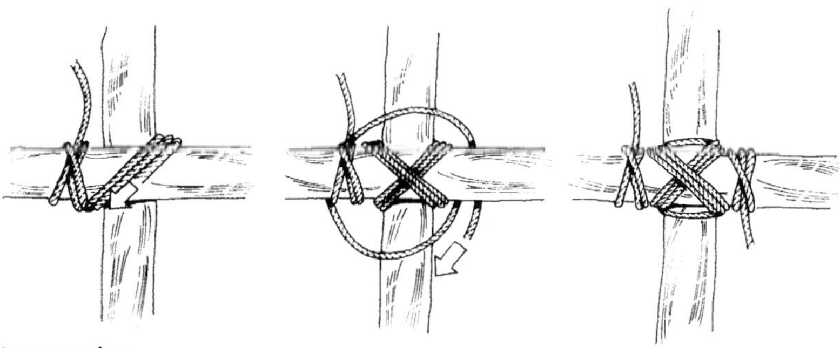

Kreuzzurring

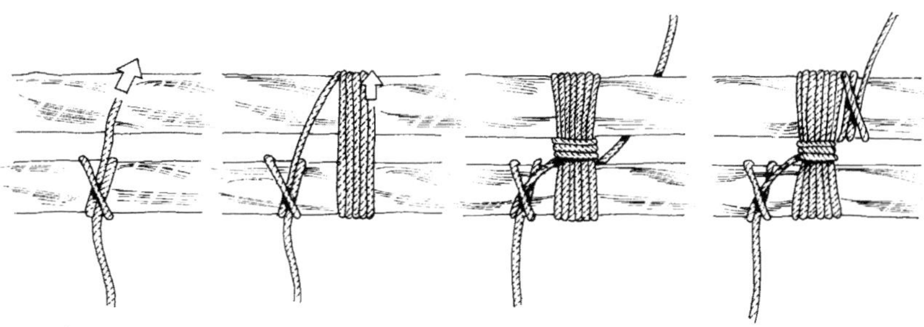

Zurring

großen, flachen Stein und schlagen auf dessen beiden Seiten eine scharfe Kante zu. Suchen Sie sich jetzt einen etwa 45 Zentimeter langen, dicken Stock und binden Sie 15 Zentimeter von oben ein Seil um den Ast herum. Spalten Sie den Stock bis zum Seil und setzen den Stein ein. Binden Sie oberhalb des Steins das Holz wieder sehr fest mit einer Schnur zusammen, um den Stein in Position zu halten. Verzurren Sie dann in einem Überkreuzmuster den gesamten Axtkopf mit dem Stock. Sie haben jetzt eine Axt, die kleine Bäume fällen oder dicke Äste durchschlagen kann und im Notfall auch als Waffe dienen wird.

Improvisierte Axt

Diese improvisierte Axt hat einen Axtkopf aus Stein, der in einem teilweise gespaltenen Ast befestigt wird. Wenn der Axtkopf sich an der gewünschten Stelle befindet, befestigen Sie ihn durch Zubinden des Spalts.

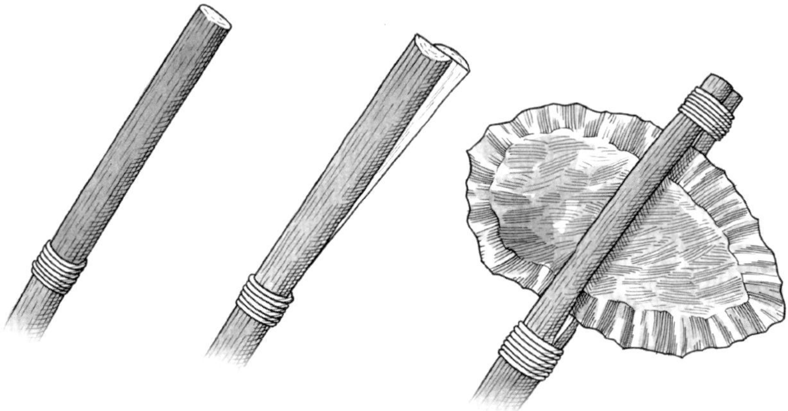

Einen Baum fällen

Das Fällen eines Baums ist sehr gefährlich, wenn Sie nicht korrekt vorgehen. Halten Sie sich unbedingt an die vorgegebene Vorgehensweise, um die Fallrichtung des Baumes unter Kontrolle zu haben.

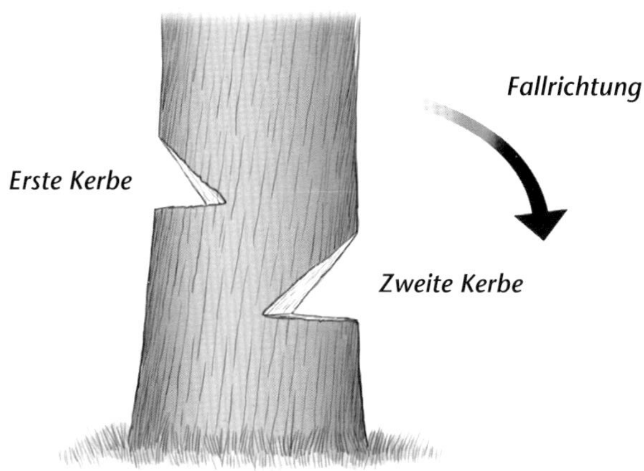

Geräte fürs Lager

Das Geheimnis des Überlebens in der Wildnis besteht darin, alle verfügbaren Gegenstände auch zu nutzen. Kleine Knochen und Rippen können zum Beispiel so geschärft werden, dass Nadeln oder sogar Stichwaffen entstehen. Geweihe und Hörner können zum Graben, Hobeln oder Hämmern verwendet werden. Eine Astgabel ist ideal, um Töpfe zu halten oder Kleidung darauf zu trocknen. Stecken Sie das gegabelte Ende des Astes hierfür in einem 45°-Winkel in den Boden und sichern Sie es mit Steinen. Stützen Sie den Ast dann mit einem weiteren Y-förmigen Stock in der Mitte ab. Das Ende der Astgabel können Sie nun benutzen, um Dinge über oder nahe an ein Feuer zu halten.

Notpfanne

Hier wurde ein einfaches Militär-Kochgeschirr an einer Astgabel befestigt, um eine Art Bratpfanne herzustellen. Dies mag zwar primitiv aussehen, vermindert aber die Gefahr von Verbrennungen durch das Kochfeuer.

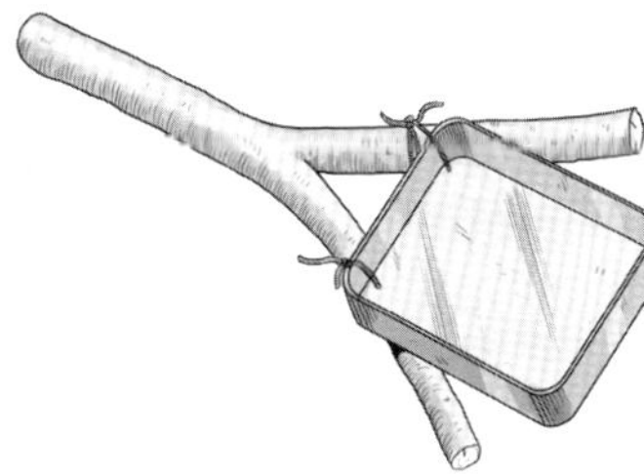

Wie Sie einen Topf aus Lehm herstellen

Wenn Sie geschmeidigen Lehm finden, der nicht bröckelt, können Sie daraus eine einfache Trinktasse oder einen Behälter herstellen. Lassen Sie das Gefäß im fertigen Zustand trocknen und stellen Sie es dann dicht ans Feuer, bis es hart ist.

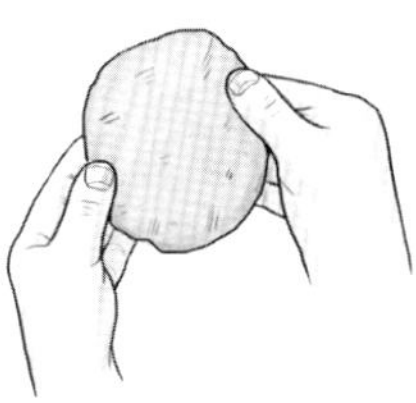

① *Formen Sie zunächst eine dicke Grundplatte.*

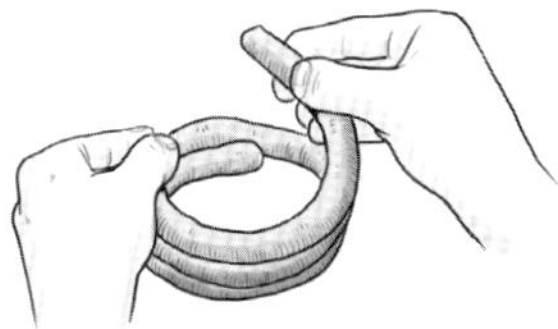

② *Verwenden Sie Lehmrollen für die Wände.*

③ *Formen Sie die Wände bis zur gewünschten Höhe.*

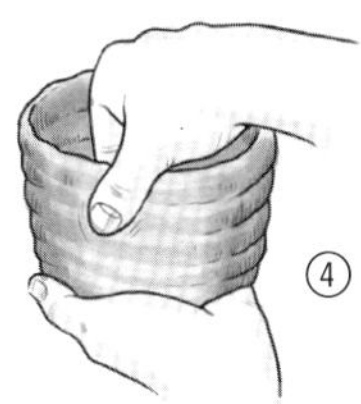

④ *Befeuchten Sie die Wände und glätten Sie diese.*

Einfaches Besteck wie Kellen, Löffel und Gabeln kann man mit etwas Fantasie auch aus Stöcken oder Ästen herstellen. Wenn die Form des Gegenstands der Holzfaser folgt, hat das positiven Einfluss auf seine Wasserfestigkeit. Auch Baumrinde ist ein nützliches Material, das zu Objekten wie Abflussrinnen und Behältern oder sogar behelfsmäßigen Kochtöpfen geformt werden kann. Die beste Art Rinde bieten in diesem Fall junge, gesunde Bäume, da sie noch grün und biegsam ist. Birkenrinde ist ideal für diesen Zweck.

Um einen einfachen rechteckigen Rindenbehälter herzustellen, schneiden Sie ein großes, quadratisches Stück Rinde von einem Baum ab und weichen es in Wasser ein, so dass es biegsamer wird und nicht beim Biegen reißt. Falten Sie jetzt die Seiten des Quadrats hoch, um eine etwa fünf bis acht Zentimeter hohe Topfwand zu erhalten. Die Außenseite der Rinde zeigt nach außen. Kleben Sie jetzt die Kanten der Rinde mit Harz – vorzugsweise von Birken oder Nadelbäumen – zusammen und halten Sie sie mit Hilfe von gespaltenen Stöcken in Position, bis das Harz getrocknet ist. Zu guter Letzt verstreichen Sie Harz auf der Innenseite des Behälters und lassen es trocknen, wodurch dieser noch wasserdichter wird.

Ob Sie in der Wildnis überleben, hängt genau so stark von Ihrem Wissen wie von Ihrem Improvisationstalent ab. Daher ist es wichtig, dass Sie alle zur Verfügung stehenden Gegenstände auch nutzen. Betrachten Sie das Überleben als eine Art praktische Prüfung, die Sie mit Kreativität meistern werden.

Wie Sie eine hölzerne Schale anfertigen

Sie können eine Schale herstellen, indem Sie die Mitte eines Holzstücks mit Glut vom Feuer ausbrennen und dann das verbrannte Material herausschaben, bis ein Behälter entsteht.

① *Legen Sie glühende Kohlen auf die Mitte des Holzstücks und warten Sie, bis das Material schwarz ist.*

② *Schaben Sie das verbrannte Material mit einem scharfen, kurzen Messer heraus.*

③ *Vertiefen Sie die Kuhle, bis eine Schale entsteht.*

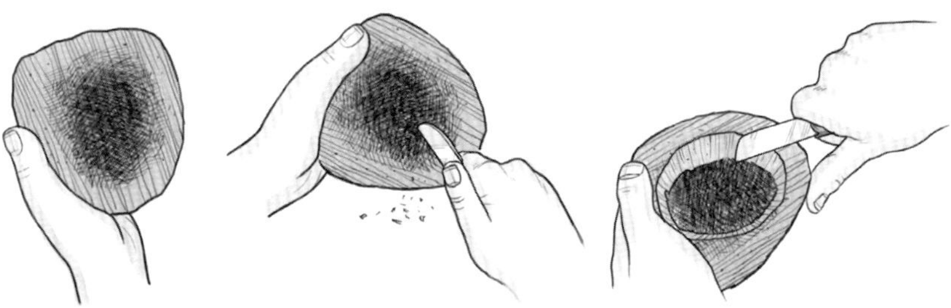

Behälter aus Rinde

Birkenrinde wird in traditionellen Gesellschaften schon immer zur Herstellung von Behältern verwendet, da sie sowohl biegsam als auch wasserdicht ist, wenn man sie mit Harz behandelt.

① Schneiden Sie ein Stück Rinde auf die richtige Größe.

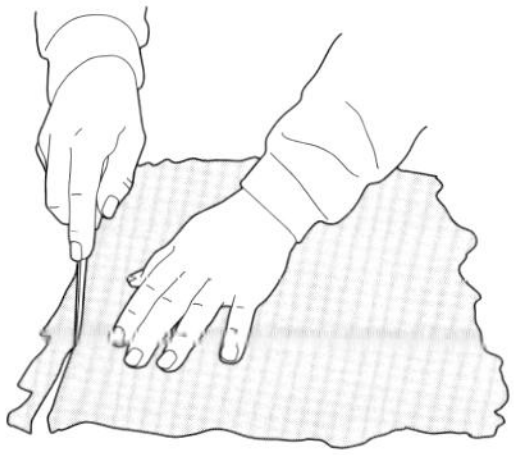

② Klappen Sie die Ecken hoch.

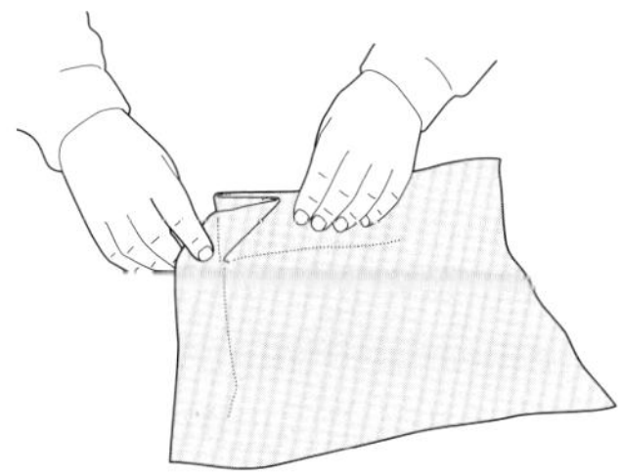

③ Nutzen Sie hölzerne Klammern und Harz, um sie zu fixieren.

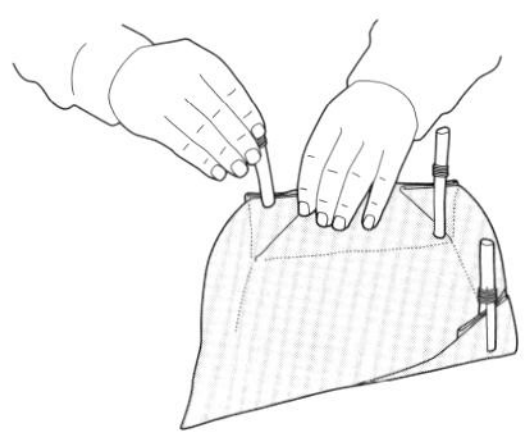

④ Bestreichen Sie den Container mit Harz, um ihn wasserdicht zu machen.

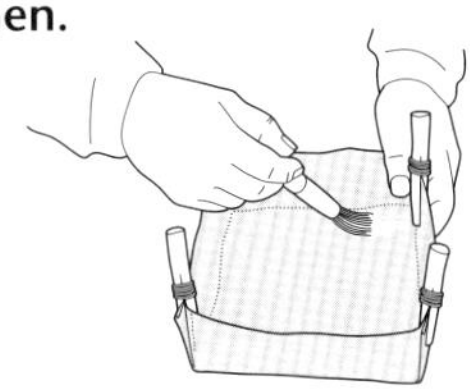

Schnitzholz

Soldaten haben im Einsatz schon immer Holz bearbeitet, sowohl um Gebrauchsgegenstände herzustellen als auch um die Langeweile zu bekämpfen. Jede Holzart hat ihre eigenen Schnitzeigenschaften:

- Ahorn: weich, leicht zu bearbeiten
- Esche: schwer in komplexe Formen zu schnitzen, doch ausgezeichnet geeignet für Werkzeuggriffe, Bogen und Waffen
- Buche: hartes Holz; ungeeignet für Anfänger oder für stumpfe Schnitzwerkzeuge
- Birke: gutes Holz zum Bearbeiten, verrottet schnell
- Haselnuss: leicht zu bearbeiten, splittert allerdings auch leicht
- Eibe: sehr hartes, biegsames Holz; sehr gut für Besteck und für Jagdbogen.

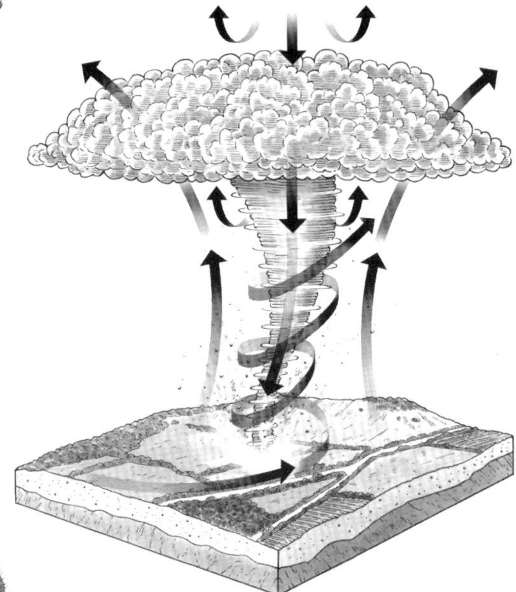

5

Gefahren in der Wildnis

Die Natur ist ein gnadenloser Ort, an dem Gefahren von Lawinen bis hin zu giftigen Schlangen lauern.

Die größte Gefahr, der Soldaten in einem Einsatz gegenüberstehen, ist selbstverständlich der Feind. Doch ein weiterer gefährlicher Feind, der in jedem Einsatz Opfer fordert, ist die Natur. Zu den Gefahren gehören nicht nur Unterernährung, Dehydration und extreme Wetterbedingungen. Auch Faktoren wie Krankheiten, gefährliches Terrain, giftige Tiere, Raubtiere, tödliche Pflanzen und Pilze sowie lebensgefährliche Gase gehören auf diese Liste. Auch wenn man diesen Bedrohungen nicht allzu viel Bedeutung zumessen sollte, müssen Sie sich im Vorfeld mit ihnen auseinandersetzen, um sich bereits vor Ihrem Abenteuer darauf vorzubereiten. Gehen Sie niemals davon aus, dass alles nach Plan verläuft. Elitesoldaten sind sowohl körperlich als auch geistig auf einen Notfall vorbereitet und können so selbst im schlimmsten Fall vernünftige Entscheidungen treffen. Dieses Kapitel befasst sich mit den Gefahren, die in den verschiedensten Regionen dieser Welt, von den Polen bis zur Wüste, lauern können.

In jeder Region der Welt droht Ihnen eine Reihe von Gefahren, sei es durch einheimische Tierarten, endemische Krankheiten, das Gelände oder das örtliche Klima. Gründliche Recherche vor der Reise ist die beste Möglichkeit, sich für diese Gefahren zu rüsten. Nutzen Sie daher im Vorfeld die Zeit, um sich mit Hilfe von Büchern und guten Internetquellen auf Ihren Survivaltrip vorzubereiten.

GEFAHREN BEI TEMPERATUREN UNTER NULL GRAD

Wie alle Soldaten mit Arktis- oder Bergausbildung wissen, ist kaum ein anderes Klima gefährlicher als das in den Polarregionen. Die größte Gefahr geht hier von der extremen Kälte aus, die durch Niederschläge und Winde verstärkt wird. Die tödliche Komponente Wind darf niemals unterschätzt werden. Wind mit einer Geschwindigkeit von 30 km/h drückt eine Temperatur von –15° C schnell auf –35° C und kann ungeschützte menschliche Körperteile innerhalb von 60 Sekunden erfrieren lassen. Wenn Sie in solchen Wetterbedingungen nass werden, wird der Effekt des Windes verstärkt. Binnen kürzester Zeit wird Ihnen Ihre Körperwärme entzogen, wenn der Wind versucht, Ihre Kleidung zu trocknen. Und sobald Sie an Unterkühlung oder Erfrierungen leiden, sind Ihre Möglichkeiten, sich selbst zu helfen, stark eingeschränkt. Die wichtigste Maßnahme ist daher eine gute Vorbereitung.

Die Wintersonne

Sonnenbrand stellt für Soldaten in Schneegebieten eine oft unerwartete Gefahr dar, da die ultraviolette Strahlung der Sonne durch die Reflektion auf Schnee und Eis verstärkt wird. Dieser Effekt kann auch zur Schneeblindheit führen. Gerötete, wässrige und schmerzende Augen in Kombination mit starken Kopfschmerzen sind ein ernstzunehmender Warnhinweis. Um diese Zustände zu vermeiden, treffen Sie wie die Soldaten die folgenden Vorkehrungen:

- **Tragen Sie einen hohen Sonnenschutz auf alle frei liegenden Hautpartien im Gesicht auf, vor allem auf Nase, Lippen und Augenlider.**
- **Tragen Sie stets eine Sonnenbrille oder improvisieren Sie im Notfall eine Brille aus Pappe oder Baumrinde.**
- **Schmieren Sie sich Kohle unter die Augen – die dunkle Farbe reduziert die Strahlung, die in Ihre Augen reflektiert wird.**
- **Falls Sie von Schneeblindheit betroffen sind, ruhen Sie Ihre Augen möglichst an einem dunklen Ort aus, bis sie sich erholt haben.**

Bei Erfrierungen handelt es sich um eine lokale Zerstörung von Gewebe, die entsteht, wenn Körperteile und Haut extremer Kälte ausgesetzt sind. Es gibt drei Grade der Erfrierung die von roter, kribbelnder und entzündeter Haut bis hin zum buchstäblichen Gefrieren der Muskeln, Sehnen und Blutgefäße reichen. Ein ähnlicher Zustand, der allerdings nur die Füße betrifft und für den es noch nicht einmal extrem kalter Temperaturen bedarf, ist der Fußbrand. Dieser entsteht, wenn Füße über eine lange Zeit feucht und schmutzig sind. Es kommt zu Hautentzündungen und Problemen mit der Blutversorgung, wodurch wiederum Wundbrand hervorgerufen wird.

Um Erfrierungen und/oder Fußbrand zu vermeiden, sollten Sie Ihre Haut so trocken wie möglich halten. Überprüfen Sie regelmäßig, ob Sie weiße, wachsartige Hautstellen haben. Vergessen Sie nicht Ihre Ohren, da diese sehr anfällig für Erfrierungen sind. Schützen Sie diese besonders und halten sie warm und trocken. Tragen Sie stets Handschuhe und Mütze, wenn Sie sich im Freien bewegen, um Ihre Haut so wenig wie möglich ungeschützt den Ele-

Einfache Schneeschuhe

Schneeschuhe sind notwendig, wenn Sie sich durch tiefen, weichen Schnee bewegen müssen. Achten Sie darauf, dass keine der Bindungen ins Fleisch Ihrer Knöchel oder Unterschenkel schneidet.

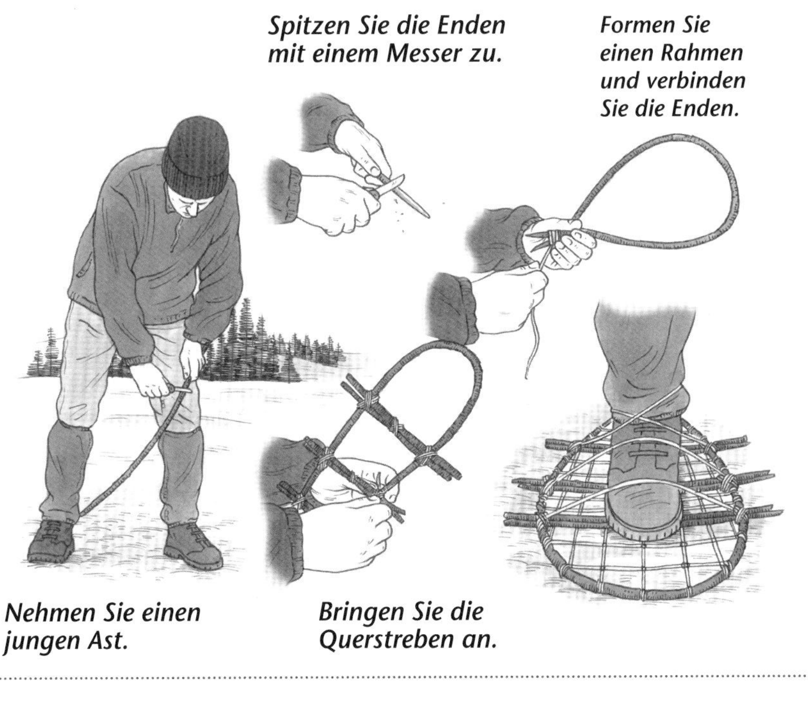

Bärenangriffe

Die Soldaten der kanadischen Spezialeinheiten werden für Begegnungen mit Eisbären, Braunbären und Grizzlybären trainiert. All diese Bärenarten können sehr gefährlich sein, wenn man sie überrascht. Nehmen Sie sich daher folgende Regeln der Soldaten zu Herzen:

- Wenn Sie durch ein bekanntes Bärengebiet marschieren, machen Sie Geräusche, um den Bären von Ihrer Anwesenheit in Kenntnis zu setzen. Die Wahrscheinlichkeit, von einem Bären angegriffen zu werden, ist deutlich größer, wenn Sie ihn überraschen. Ein alter Trick: Binden Sie eine leere Metalldose, in der ein Löffel liegt, an Ihren Rucksack – das Klappergeräusch wird den Bären schon im Voraus warnen.
- Bewahren Sie Ihre Nahrung möglichst nicht im Zelt auf, da Bären durch den Geruch von Nahrung und Kochen angelockt werden. Schlagen Sie Ihr Lager etwa 30 Meter entfernt von Ihrer Kochstelle auf und hängen Sie Ihr Essen in etwa drei Meter Höhe in einem Sack auf einen Baum.
- Falls Sie einem Bären gegenüberstehen, reden Sie sanft auf ihn ein, stehen Sie aufrecht und weichen Sie langsam zurück, um dem Bären genug Raum zur Flucht zu bieten. Rennen Sie nicht weg – die Wahrscheinlichkeit, dass der Bär Sie verfolgt, ist jetzt deutlich größer, und Bären sind schneller als Sie.
- Falls der Bär Sie angreift, rollen Sie sich als erstes auf dem Boden zusammen und stellen sich tot. Schützen Sie dabei Ihren Nacken und Ihren Kopf mit den Händen. Wenn der Bär das Interesse an Ihnen nicht verliert und Sie weiter angreift, müssen Sie sich mit allem, was Sie finden können – Stöcken, Steinen oder anderen Waffen – verteidigen.

menten auszusetzen. Wenn es in Ihrem Unterschlupf friert, sollten Sie sich im Schlafsack umziehen. Versuchen Sie, die Blutzirkulation aufrecht zu erhalten – biegen Sie Ihre Zehen und Finger regelmäßig und bewegen Sie Ihre Gesichtsmuskeln, um steifen Stellen entgegenzuwirken. Achten Sie außerdem darauf, dass Ihre Kleidung nicht zu eng sitzt, da sonst die Blutzirkulation gehemmt wird. Berühren Sie niemals Metall mit Ihren bloßen Händen, da dieses an Ihrer Haut festfrieren kann.

Um sich vor der gefährlicheren Unterkühlung – einem Absinken der Körperkerntemperatur auf ein Niveau, auf dem normale Körperfunktionen nicht mehr aufrechterhalten werden können – zu schützen, sollten Sie immer angemessen angezogen sein und das Mehrschichtenprinzip wie in Kapitel 1 beschrieben beherzigen. Eventuelles Schwitzen vergrößert die Gefahr, weil Ihnen beim Trocknen des Schweißes Körperwärme entzogen wird. Lockern oder entfernen Sie also Ihre Kleidung, wenn Ihnen zu warm wird. Beachten Sie allerdings, dass ein ungewöhnliches Gefühl von Wärme ein Symptom von Unterkühlung sein kann. Dieses Phänomen tritt oft in Verbindung mit Orientierungsverlust auf.

Weiterhin sollten Sie unbedingt die Gefahr der Dehydration beachten. In kalten Klimaregionen ist die Luftfeuchtigkeit sehr gering. Besonders, wenn Sie hart arbeiten, kann es zur Dehydration kommen. Das macht Ihren Körper noch angreifbarer für Unterkühlung. Wenn Ihr Urin dunkelgelb ist, Sie Kopfschmerzen haben und Ihnen schwindelig ist, sollten Sie so viel Flüssigkeit wie möglich zu sich nehmen (keinen Alkohol), um Ihren Wasserhaushalt wieder auszugleichen.

Hygiene ist ein weiterer wichtiger Faktor in Gegenden, wo die Temperaturen unter Null liegen. Versuchen Sie, sich regelmäßig vor allem den Schritt, die Achseln, die Füße und alle weiteren schweißigen Regionen Ihres Körpers zu waschen. Wechseln Sie Ihre Socken und Unterwäsche mindestens alle zwei oder drei Tage (falls diese nass werden, öfter) oder massieren und trocknen Sie wenigstens Ihre Füße. Falls Sie keine Wechselsachen bei sich tragen, lassen Sie die Kleidungsstücke für zwei Stunden an der frischen Luft auslüften. Halten Sie Ihre Zähne sauber. Sollten Sie auch keine Zahnbürste haben, verwenden Sie einen sauberen Lappen, den Sie sich um den Finger binden, oder einen zerkauten Stock. Achten Sie darauf, dass Ihre Kleidung nicht zu dreckig wird, da schmutzige Kleidung nicht mehr so gut isoliert.

Winterliche Bedingungen halten noch weitere Gefahren für Sie bereit. Bei Schneestürmen beispielsweise kann es zum sogenannten »Whiteout« kommen. Bei diesem meteorologischen Phänomen bilden das Land und der Himmel scheinbar eine zusammenhängende Fläche, so dass der Horizont verschwindet und keine Orientierungspunkte mehr erkennbar sind. Verlassen Sie Ihr Lager in solchen Wetterbedingungen auf gar keinen Fall, da Sie jeden Orientierungssinn verlieren werden. (Es ist schon vorgekommen, dass Menschen sich verlaufen haben und nur Meter entfernt von ihrem Lager gestorben sind.) Der Schneefall wird außerdem Ihre Spuren verwischen, so dass Sie diesen nicht mehr zurück zum Lager folgen können.

Geben Sie Acht, wenn Sie über Eisfelder laufen, da diese plötzlich nachgeben können, und Sie sich in eiskaltem Wasser wiederfinden. Wenn Sie also über zugefrorene Seen oder Flüsse laufen, sollten Sie mit einer Stange die Dicke des Eises

Einbrechen im Eis

Falls Sie im Eis einbrechen, versuchen Sie, Ihren Oberkörpers so weit wie möglich zurück auf das Eis zu drücken, während Sie sich mit Ihren Händen hochziehen. Gleichzeitig treten Sie mit Ihren Beinen Wasser, um zurück auf das Eis zu »schwimmen«.

vor sich testen. Falls Sie dennoch eingebrochen sind, versuchen Sie, so schnell wie möglich an Land zu kommen, und rollen Sie sich im Schnee, so dass dieser möglichst viel Wasser aufnimmt. Begeben Sie sich dann so schnell Sie können in Ihren Unterschlupf und machen Sie möglichst sofort ein Feuer. Wechseln Sie Ihre Kleidung, bevor Sie anfangen zu frieren. In Küstenregionen sollten Sie außerdem auf schwimmende Eisplatten achten, die gegeneinanderstoßen und plötzlich scharfe Eiskanten aufwerfen und an anderen Stellen Spalten hinterlassen können. Versuchen Sie nicht, ein solches Gebiet zu passieren.

Rettung aus dem Eis

Bei der Rettung einer durch das Eis eingebrochenen Person legt sich eine weitere Person flach auf das Eis, um so ihr Körpergewicht über eine größere Fläche zu verteilen. Dadurch wird die Wahrscheinlichkeit verringert, dass das bereits fragile Eis weiter einbricht.

GEFAHREN IM GEBIRGE

Die Gefahren im Gebirge ähneln denen in Polarregionen. Vor allem in großen Höhen ist die Temperatur immer niedrig und der Wind stark, was eine tödliche Kombination darstellen kann. Die Wetterbedingungen können hier außerdem sehr schnell wechseln. Innerhalb von einer Stunde kann das Wetter von strahlendem Sonnenschein zu starkem Regen oder Schnee übergehen. Außerdem kommt im Gebirge natürlich die Gefahr durch Abhänge und Schluchten hinzu. Neben der Sturzgefahr müssen Sie auch mit der Bedrohung durch Lawinen oder herabstürzende Felsen rechnen. Schon die Fortbewegung an sich kann gefährlich sein. Nasse, glatte oder von Moos und Gras bedeckte Felsen sind zumeist sehr rutschig. Auch kann es sein, dass die Erde die Steine nur locker bedeckt und sich ohne Warnung löst. Gefrorener Schnee kann eine tödliche Eisfläche bilden, und tiefe Spalten sind manchmal von einer dünnen Schicht Schnee verdeckt.

Auf Grund all dieser Gefahren sollten Sie stets durch ein Seil mit den anderen Mitgliedern Ihres Teams verbunden sein, wenn Sie sich in Bergregionen bewegen. Tragen Sie auch stets einen Eispickel bei sich, um sich im Falle eines Sturzes abfangen zu können. Rammen Sie dazu den Stiel des Eispickels in den Hang und halten sich am unteren Teil fest. Stoßen Sie Ihre Zehen in den Schnee, um Halt zu bekommen. Auf härterem Schnee bremsen Sie sich, indem Sie die Spitze des Eispickels in den Hang rammen. Eine Hand sollte sich am Kopf des Pickels befinden, während die andere den Stiel festhält. Zwingen Sie den Pickel in das Eis, indem Sie ihn mit Arm und Schulter herunterdrücken.

Lawinen

Lawinen sind eine typische Gefahr in Bergregionen und töten jedes Jahr weltweit zahlreiche Menschen. Auch wenn Lawinen nur aus Schnee bestehen, können sie auf Grund des enormen Gewichts und ihrer hohen Geschwindigkeit – bis zu

Anseilen

In eisigen, bergigen Landschaften ist es nötig, sich durch Anseilen mit seinen Expeditionspartnern zu sichern. Hier sehen wir, wie eine Person, die in eine Gletscherspalte gefallen ist, durch die anderen Mitglieder der Seilschaft gerettet wird. Die Retter haben ihre Pickel vorbildlich ins Eis gerammt. Sie üben mit ihren Schultern Gewicht auf den Pickelkopf aus. So wird der Eispickel tief ins Eis gedrückt und gewährleistet Halt.

120 km/h – tödlich sein. Wenn eine verschüttete Person durch den Aufprall nicht getötet wurde, dann ist sie üblicherweise zumindest unter meterhohem Schnee begraben. Unter diesen Umständen ist das Überleben nun ein Rennen gegen die Zeit. Bei Personen, die von einer Lawine verschüttet wurden, besteht eine 85-prozentige Überlebenswahrscheinlichkeit, wenn sie innerhalb von 15 Minuten gefunden und befreit werden. Nach einer halben Stunde sinkt diese Wahrscheinlichkeit auf etwa 30 Prozent. Die übliche Todesursache ist das Ersticken unter meterhohem

Bergstürze und Erdrutsche

Als Bergsturz bezeichnet man einen Vorgang, bei dem ein gewaltiger Block Felsmaterial auf einmal verrutscht, während ein Erdrutsch aus vielen kleineren Felsbrocken besteht, die verrutschen.

Bergsturz

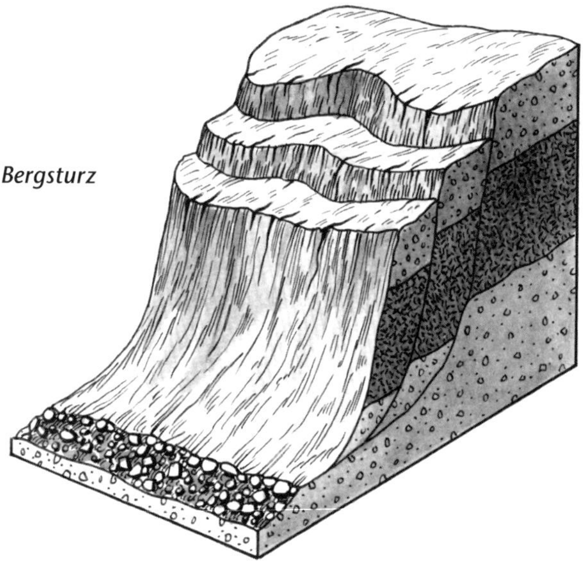

Erdrutsch

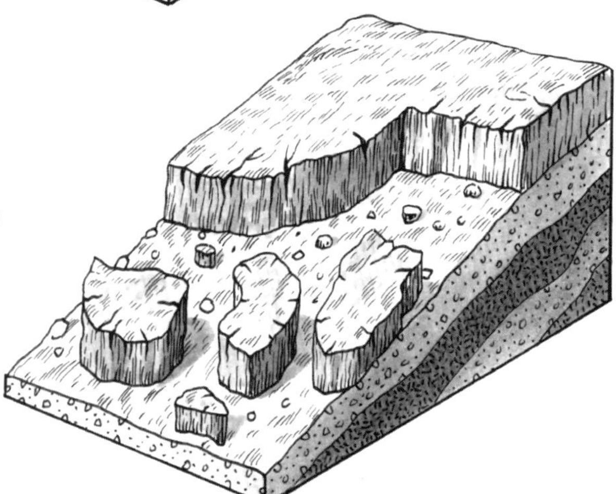

Schlammlawinen und Steinschlag

Schlammlawinen oder Steinschlag können an jedem steilen Hang entstehen. Umgehen Sie also weitläufig solche Gebiete, falls sie instabil oder mürbe wirken.

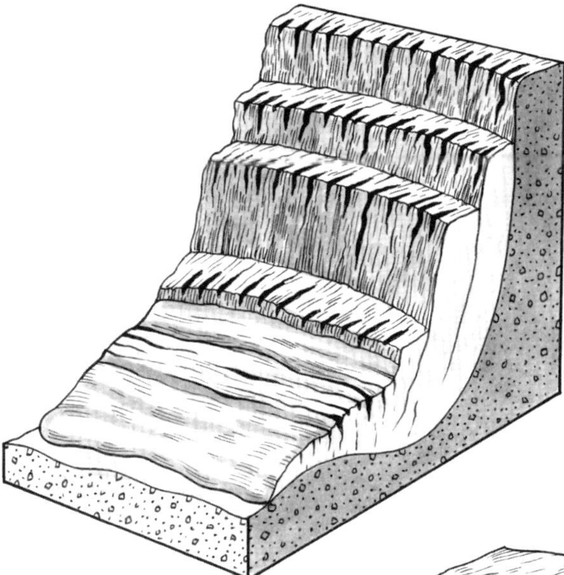

Schlammlawine

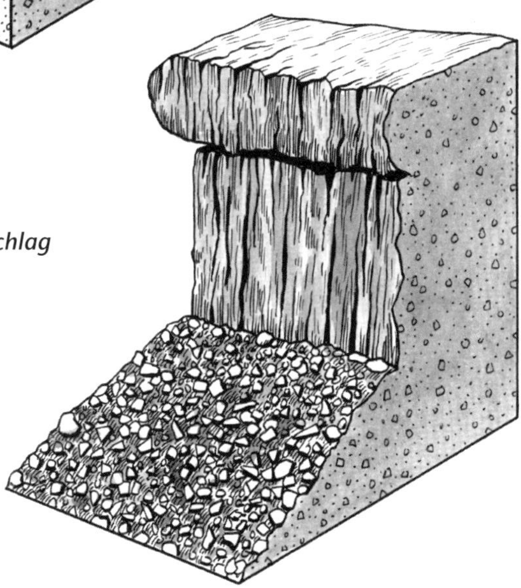

Steinschlag

Schnee. Lawinen entstehen, wenn die obere Schneeschicht über eine untere, festere Schneeschicht, über Eis oder glatten Boden rutscht. Nasser Schnee ist anfälliger für Lawinen, da Wasser den Schnee dichter und schwerer macht und ihn so als Gleitmittel leichter ins Rutschen bringt. Die folgenden Faktoren begünstigen die Entstehung von Lawinen:

- Glatte Hänge von 20–50 % Neigung – je steiler der Hang, desto größer die Gefahr.
- Windgeschwindigkeiten von mehr als 25 km/h.
- Auf konvexen Hängen entwickeln sich Lawinen häufiger als auf konkaven.
- Im Winter sind Lawinen auf nördlichen Hängen wahrscheinlicher, während im Sommer Südhänge stärker gefährdet sind.
- Große Schneewehen brechen ab.
- Loser Schnee unter einer festen Schneeschicht, da der feste Schnee auf dem losen Schnee leicht anfängt zu rutschen. Wenn Sie die Schneedecke mit ihrem Eispickel testen und nach unten hin abnehmenden Widerstand bemerken, so befinden Sie sich in einem gefährdeten Gebiet.
- Plötzlicher, heftiger Schneefall, der keine Zeit hat, sich zu setzen und eine stabile Schneeschicht zu bilden.
- Starke Temperaturschwankungen.

Ihr bester Schutz gegen die von Lawinen ausgehenden Gefahren ist es, Gefahrenzonen komplett zu meiden. In Ski- oder Wandergebieten gibt es häufig Lawinenwarnschilder, die auf gefährdete Gebiete hinweisen. Müssen Sie durch eine potentielle Gefahrenzone laufen, so bleiben Sie mit Ihrer Seilschaft verbunden und versuchen Sie, den Schnee so wenig wie möglich zu erschüttern. Nutzen Sie natürlichen Schutz wie Bäume oder Felsen, welche die Gewalt der Lawine mildern können. Sollte sich eine Lawine lösen und Sie befinden sich in ihrer Bahn, versuchen Sie so schnell wie irgend möglich, den Rand der Lawine zu erreichen. Legen Sie Ihren Rucksack ab, er kann Sie herunterziehen. Schnallen Sie auch Ihre Skier ab, da Sie sonst möglicherweise Beinverletzungen erleiden. Wenn die Lawine Sie erreicht, werden Sie brutal den Hang hinuntergeworfen. Versuchen Sie, Ihren Kopf über dem Schnee zu halten, indem Sie eine Schwimmbewegung durchführen. Kämpfen Sie sich an die Oberfläche. Halten Sie Ihren Mund fest geschlossen und bedecken Sie Ihre Nase mit einem Tuch, falls sie sich mit Schnee füllt. Im schlimmsten Falle werden Sie unter den Schneemassen begraben und finden sich orientierungslos und mit einem begrenzten Sauerstoffvorrat in der Dunkelheit wieder.

Das Mitführen verschiedener Geräte erhöht Ihre Chancen auf Rettung. Bei Lawinenschnur handelt es sich beispielsweise um ca. 15 Meter lange bunte Leinen, die Sie an Ihrem Gürtel tragen und hinter sich herziehen, wenn Sie draußen unterwegs sind oder Ski fahren. Wenn Sie nun unter einer Lawine begraben werden, bleibt das Ende der Schnur gut sichtbar an der Oberfläche liegen, was den Suchkräften eine klare Richtung gibt. Moderner sind sogenannte Lawinenpiepser, die ein Signal mit Ihrer Position aussenden, das von den Geräten der Rettungskräfte empfangen werden kann. GPS-Suchgeräte funktionieren sehr ähnlich.

Wenn Sie unter der Lawine begraben sind und sich bewegen können, sollten Sie als erstes vor Ihrem Gesicht Platz zum Atmen schaffen. Reduzieren Sie Ihre Atmung auf ein Minimum und versuchen Sie, unnötiges Rufen zu unterlassen.

Verlauf einer Lawine

Von einer Lawine Verschüttete werden normalerweise unterhalb des Abrissbereichs (wo die Lawine startet), vor allem im Ablagerungsbereich, dem unteren Teil der Lawine, gefunden.

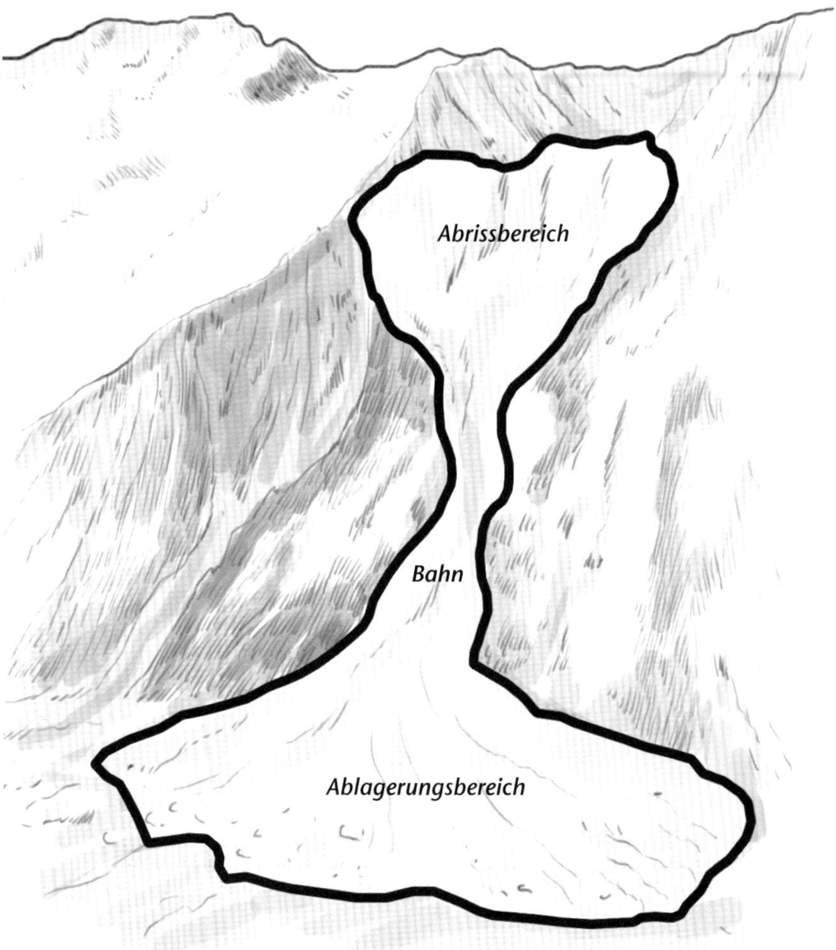

Wenn Sie orientierungslos sind und nicht wissen, wo oben und unten ist, lassen Sie ein wenig Spucke aus Ihrem Mund tropfen. Die Richtung, in die der Tropfen fällt, ist die Gegenrichtung zur Oberfläche. Graben Sie sich jetzt langsam und methodisch nach oben, bis Sie die Oberfläche durchbrechen.

Falls Sie einen Verschütteten aus einer Lawine retten müssen, so sind Ihre wichtigsten Hilfsmittel eine Schaufel und eine Lawinensonde. Beides sollte Teil Ihrer Ausrüstung sein, wenn Sie sich in Regionen mit Lawinengefahr aufhalten. Wenn Sie keine Sonde haben, erfüllt ein langer Stock den gleichen Zweck. Im Notfall

Wie Sie in einer Lawine überleben

Wenn Sie von einer Lawine erfasst werden, versuchen Sie, an der Oberfläche zu bleiben, indem Sie mit den Armen kraftvolle Schwimmbewegungen ausführen und so an der äußeren Kante der Lawine bleiben.

Wie Sie einen Absturz stoppen

Sollten Sie an einem steilen Felshang den Halt verlieren, müssen Sie den Sturz aufhalten und verhindern, dass Sie unkontrolliert fallen. Die gezeigten Positionen können Ihnen helfen, den Sturz zu verlangsamen: Hacken oder Zehen in die Bergwand rammen und diese so als Bremsen benutzen. Auf vereisten Hängen verwenden Sie den Eispickel, um Ihren Fall zu bremsen.

Strecken Sie Arme und Beine von sich, rammen Sie Ihre Hacken in den Hang.

Drücken Sie sich ab, das Gewicht liegt auf den Zehen.

können Sie auch vorsichtig den Stiel Ihres Eispickels verwenden. Beachten Sie, dass die Stelle, an der Sie eine Person zum letzten Mal gesehen haben, nicht die Stelle ist, an der diese Person tatsächlich verschüttet worden ist. Versuchen Sie zunächst, die letzte Position der Person zu ermitteln und diese mit einem Rucksack oder Ähnlichem zu markieren. Arbeiten Sie sich jetzt den Hang hinunter und halten Sie nach persönlichen Gegenständen Ausschau, die Sie zum Opfer führen können. Wenn Sie in einer Gruppe suchen, teilen Sie sich auf, um möglichst viel Fläche abzudecken. Mit Ihrer Sonde stechen Sie nun vor und neben sich in den Schnee und achten auf einen plötzlichen Widerstand durch einen menschlichen Körper. Finden Sie das Opfer, so graben Sie es aus und befreien sofort seine Atemwege von Schnee. Führen Sie – falls notwendig – Mund-zu-Mund-Beatmung durch.

Suche nach einem Verschütteten

Wenn Sie eine von einer Lawine verschüttete Person suchen, fangen Sie an der Stelle an, wo Sie die Person zum letzten Mal gesehen haben. Wandern Sie dann systematisch suchend bergab.

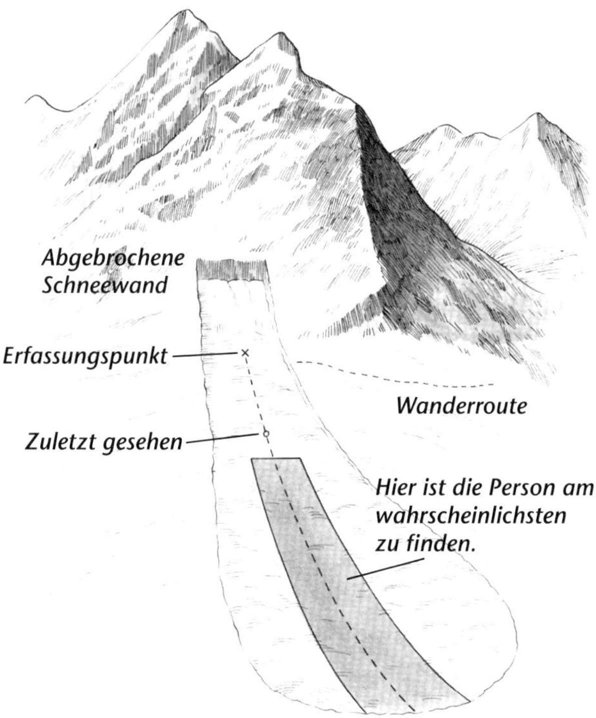

Höhenkrankheit

Jede Abhandlung über die Gefahren in den Bergen wäre unvollständig ohne eine Aufklärung über die Bedrohung durch die Höhenkrankheit. Die Höhenkrankheit entsteht durch den geringeren atmosphärischen Druck in großen Höhen. Die ersten physiologischen Wirkungen durch den Druckunterschied sind ab 2400 Meter Höhe feststellbar. Auf einer Höhe von 5500 Meter ist der Druck dann nur noch halb so stark wie auf Meereshöhe. Das bedeutet, dass Sie mit jedem Atemzug deutlich weniger Sauerstoff aufnehmen. Folgende Symptome können auftreten, wenn Sie sich plötzlich in großen Höhen befinden:

- Phase 1 (leicht): leichte Atemnot, leichte Kopfschmerzen, Übelkeit, Erschöpfung, leichte Schwindelgefühle
- Phase 2 (fortgeschritten): Erschöpfung, starke Kopfschmerzen, starke Übelkeit, Erbrechen
- Phase 3 (schwerwiegend): chronische Erschöpfung, starke Atembeschwerden, Wasser in der Lunge, Blausucht, Wasser im Gehirn- und Lungengewebe, Taumeln, Verwirrtheit, Bewusstlosigkeit, Tod

Um die Höhenkrankheit zu vermeiden, müssen Sie dem Körper Zeit geben, sich an den niedrigeren Sauerstoffgehalt in der Luft zu gewöhnen, bevor Sie sich stark anstrengen. Wenn Sie von einem Helikopter oder Flugzeug in große Höhen gebracht werden (für Anfänger nicht ratsam, da der Wechsel von hohem zu niedrigem Luftdruck zu abrupt ist), sollten Sie Ihrem Körper zwei bis drei Tage Akklimatisationszeit geben. Die beste Methode wäre ein mehrtägiger Aufstieg, um eine langsame Gewöhnung zu erzielen. Eine zwei- bis dreitägige Akklimatisationsphase sollte die Symptome leichter Höhenkrankheit kurieren. Falls Sie unter fortgeschrittenen Symptomen leiden, sollten Sie Ihre Höhe um mindestens 300–600 m verringern und sich ausruhen, bis die Symptome verschwinden. Schwerwiegende Höhenkrankheit ist lebensgefährlich, und Sie müssen Ihre Höhe sofort um mindestens 600–1200 m verringern, wenn möglich mit einem Helikopter oder einem anderen schnellen Transportmittel.

GEFAHREN IN DEN TROPEN

In den Tropen wimmelt es nur so von Gefahren. Wie alliierte Soldaten im Zweiten Weltkrieg feststellen mussten, geht die größte Gefahr von Krankheiten, Entzündungen und Parasiten aus. Beispiele für tropische Krankheiten sind Bilharziose, Amöbenruhr, Malaria, Denguefieber, Gelbfieber und Typhus. Beachten Sie außerdem, dass in tropischen Ländern die Infektionsrate von Geschlechtskrankheiten wie HIV/AIDS und von Hepatitis deutlich höher ist als in Industrieländern. Die Wildnis stellt hier also nicht die einzige Gefahr dar, wenn Sie unvorsichtig sind.

Seit Reisen in tropische Regionen immer beliebter werden, kommt es häufig vor, dass Reisende Wochen nach ihrer Rückkehr krank werden und feststellen, dass Sie sich auf ihrer Reise eine gefährliche Krankheit eingefangen haben. Achten Sie also auf einen vollständigen Impfschutz, bevor Sie in die Tropen aufbrechen. Gehen Sie mindestens sechs Monate vor Antritt der Reise zu Ihrem Hausarzt, da einige Impfstoffe erst bestellt oder über einen Zeitraum von mehreren Wochen verabreicht werden müssen. In den Tropen angekommen, müssen Sie strenge Hygienevorschriften beachten, um Krankheiten zu vermeiden. Sauberkeit wird im Dschungel wichtiger denn je sein, da sich in sehr heißen und feuchten

Tropischer Regenwald

Der tropische Regenwald bedeckt nur einen kleinen Teil der Erdoberfläche, ist aber eines der gefährlichsten Gebiete der Welt. Krankheiten, Hitzekollaps und giftige Tiere stellen hier die größten Gefahren dar.

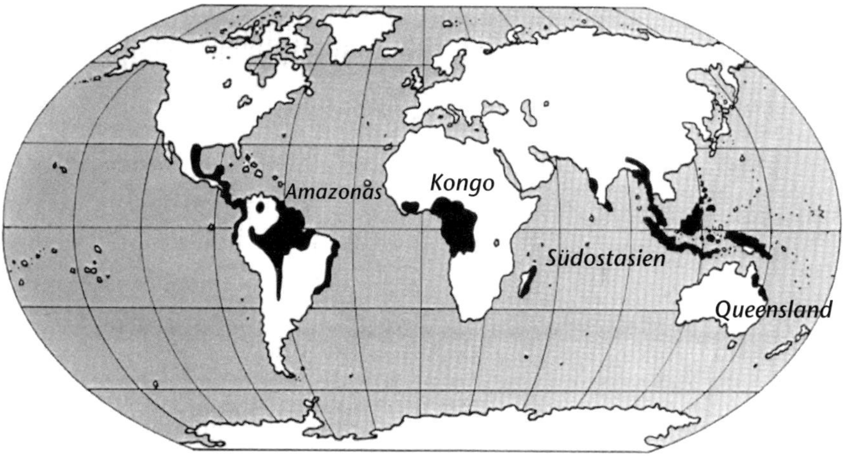

Gebieten in schweißigen Bereichen Ihres Körpers Dschungel-Fäule bilden kann. Hierbei brüten Bakterien auf der feuchten Haut, die weich wird und dann verwest. Waschen Sie Ihren Körper regelmäßig mit sterilisiertem Wasser und lassen Sie so viel Luft wie möglich an Ihre Haut. Seien Sie vorsichtig, wenn Sie in tropischen Gewässern baden gehen. Behalten Sie stets Ihre Schuhe und Unterwäsche an und vermeiden Sie, so gut es geht, Wasser in den Mund zu bekommen. Sie sollten Wasser immer filtern und aufbereiten, bevor Sie es trinken. Bedecken Sie außerdem jede noch so kleine Wunde mit einem wasserfesten Pflaster – viele mikroskopisch kleine Parasiten sehen Wunden als Einladung, in Ihren Körper einzudringen. Bauen Sie Ihre Erdlatrine ein gutes Stück von Ihrem Lager und der Kochstation entfernt und bedecken Sie die Exkremente mit einer dicken Erdschicht, um die Verbreitung von Krankheitskeimen und die Vermehrung von Insekten zu vermeiden. Seien Sie vorsichtig mit nicht gegartem einheimischem Essen und meiden Sie Getränke, bei denen Sie die Herkunft des Wassers nicht nachvollziehen können. Wenn Sie sich im Dschungel verletzen, wird sich die Wunde sehr schnell entzünden, wenn Sie nicht besonders vorsichtig sind. Halten Sie die Wunde so sauber wie möglich, wechseln Sie regelmäßig den Verband und tragen Sie antibiotische Salbe auf (außer wenn es sich um eine Verbrennung handelt). Führen Sie immer ein Breitbandantibiotikum bei sich (wenn Sie wissen, wie man es anwendet), für den Fall, dass Sie oder ein anderes Gruppenmitglied eine infizierte Wunde oder eine Infektion hat.

Gefahren durch Tiere

In tropischen Regionen gibt es eine Unmenge gefährlicher Tiere. Unter ihnen sind Insekten tatsächlich diejenigen, die für die meisten Todesfälle verantwortlich sind, denn sie übertragen eine Vielzahl tödlicher Krankheiten. Malaria beispielsweise wird von der Malariamücke übertragen. Durch sie sterben jährlich etwa 1,2 Millionen Menschen. Obwohl es natürlich nicht möglich sein wird, jedem Insektenbiss in den Tropen zu entgehen, gibt es einige Möglichkeiten, sich zu schützen. Tragen Sie regelmäßig Insektenspray auf freie Hautpartien auf und bauen Sie Ihr Lager möglichst weit entfernt von sumpfigen Gebieten, da dies Brutstätten für Insekten sind. Ein Moskitonetz und/oder ein rauchendes Feuer in der Nacht halten kleine beißende Kreaturen fern. Tragen Sie immer Stiefel, da diese Sie vor Zecken, Sandflöhen und Ameisen schützen, und überprüfen Sie Ihren Körper jeden Abend auf Zecken, Blutegel oder andere Parasiten. Sitzen oder schlafen Sie nie direkt auf dem Boden oder in hohem Gras und bauen Sie Ihr Lager niemals in der Nähe eines Ameisen-, Wespen- oder Hornissennests oder von anderen eindeutigen Gefahren auf.

Auch Blutegel sind im Urwald regelmäßig vorhanden. Diese im Wasser lebenden Kreaturen können sich schmerz-

Schützende Kleidung

Soldaten werden oft mit Schutzkleidung für tropische Regionen ausgerüstet. Mückennetze können zu einem Schutz für den Kopf- und Nackenbereich umfunktioniert werden.

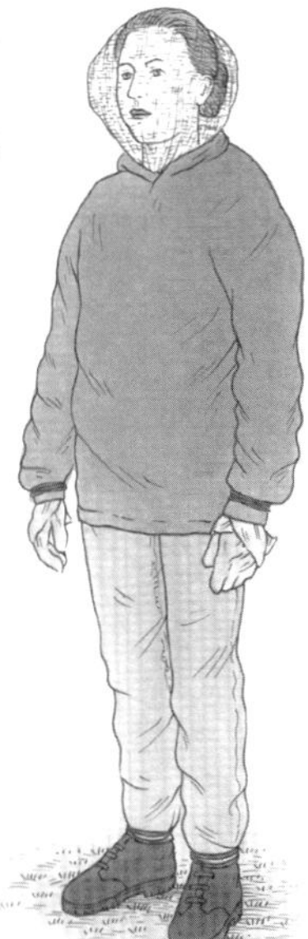

Wie Sie eine Zecke entfernen

Wenn Sie bemerken, dass sich eine Zecke mit ihren starken Kiefern in Ihrer Haut verankert hat, so versuchen Sie auf keinen Fall, sie einfach herauszuziehen – der Kopf der Zecke würde in der Haut stecken bleiben, was zu Infektionen führen kann. Ergreifen Sie die Zecke mit einer Pinzette dicht an der Mundpartie – wenn Sie sie am Körper greifen, drücken Sie eventuell in der Zecke enthaltene Krankheitserreger in Ihren eigenen Körper hinein. Ziehen Sie jetzt gleichmäßig so stark an der Zecke, dass sich Ihre Haut leicht hebt – ziehen Sie nicht zu stark und drehen Sie die Zecke nicht – bis die Zecke nach einigen Minuten ihren Biss löst.

los in Ihre Haut beißen, wo sie Ihr Blut saugen, und fallen ab, wenn sie fertig sind. Überprüfen Sie Ihren Körper auf Egel, nachdem Sie Wasser oder hohes Gras an Wasserstellen passiert haben. Wie bei Zecken sollten Sie auf keinen Fall versuchen, den Egel direkt abzuziehen, da sein Kopf unter der Haut stecken bleiben und Infektionen hervorrufen kann. Versuchen Sie stattdessen, mit Ihrem Fingernagel den Saugnapf am dünnen Ende des Egels abzutrennen und kratzen Sie direkt danach den Saugnapf am dicken Ende ab. Gehen Sie dabei sehr schnell vor, da der Egel versuchen wird, sich erneut festzubeißen.

Neben Insekten lauern in den Tropen viele weitere gefährliche Tiere. Giftige Schlangen und Skorpione beißen jährlich Tausende von Menschen. Die Todesfälle beschränken sich allerdings zum größten Teil auf sehr junge, alte oder kranke Menschen. Skorpione ziehen sich zum Schlafen gerne an dunkle,

Hornissen

Hornissenstiche schmerzen am stärksten. Ein Hornissenstich fühlt sich an wie ein glühender Nagel, der in die Haut gerammt wird. Töten Sie keine Hornissen, da dies die anderen Tiere im Nest dazu animieren kann, Sie anzugreifen.

sichere Plätze zurück. Schütteln Sie daher jeden Morgen Ihre Schuhe, Ihre Kleidung und Ihren Rucksack aus. Berühren Sie niemals Spinnennetze. Wenn Sie die Regionen unter Steinen, Stämmen oder in Bauten erforschen, greifen Sie nie mit der Hand hinein, sondern verwenden immer einen Stock. Schlangen sind ein weitaus größeres Problem; es gibt einige tödliche Arten. Beispiele sind Nattern, Kobras, tropische Klapperschlangen, Mambas und Kraits. Behalten Sie immer Ihre Stiefel an, wenn Sie durch tropisches Gelände marschieren. Diese schützen Ihre Knöchel, falls Sie auf eine Schlange treten – der häufigste Grund für Schlangenbisse. Passen Sie daher auf, wo Sie hintreten, vor allem, wenn Sie über Baumstämme steigen. Achten Sie, wenn Sie durchs Unterholz laufen, auch auf um Äste geschlungene Schlangen. Überprüfen Sie jeden Morgen das Bettzeug, die Kleidung und Ihren Rucksack.

Skorpione

Stiche von Skorpionen können schmerzhafte bis tödliche Wirkung haben. Bei Überlebenskursen der amerikanischen Streitkräfte für Tropengebiete lernen die Soldaten, dass man Skorpione essen kann; nur 25 von 1000 Skorpionarten sind für den Menschen gefährlich.

Wenn Sie von einer Schlange gebissen wurden, sollten Sie versuchen, Ruhe zu bewahren – ein beschleunigter Herzschlag pumpt das Gift schneller durch Ihren Körper. Bevor die Schlange entwischt, sollten Sie versuchen, die Art zu identifizieren. Wenn Sie die Art nicht erkennen, so merken Sie sich die Farbe, die Markierungen und die Größe und teilen Sie dies dem Arzt mit. Waschen Sie die Bisswunde sofort mit Wasser und Seife aus. War die Schlange giftig, so sind die Symptome von der Art der Schlange abhängig. Sie können von einer kleinen blutenden Wunde bis hin zur Lähmung der Atemwege, der Herztätigkeit und des Nervensystems reichen. Versuchen Sie nicht, das Gift aus der Wunde zu saugen. Richten Sie all Ihre Energie darauf, medizinische Versorgung zu erreichen, es sei denn, Sie haben ein Gegengift bei sich und wissen genau, wie es anzuwenden ist.

Die Tropen dienen aber auch weitaus größeren gefährlichen Tieren als Insekten und Schlangen als Lebensraum. In Afrika beispielsweise zählt das Flusspferd zu den gefährlichsten Tieren; jährlich werden mehr Menschen durch Flusspferde getötet als durch Insekten, Schlangen und Raubkatzen zusammen. Flusspferde sind sehr auf ihr Territorium bedachte Tiere, weshalb die meisten Angriffe geschehen, wenn man in ihr Revier eindringt oder ein kleines Boot durch ihre Gewässer steuert.

Schlangen

Die drei abgebildeten Schlangen sind hochgiftig, und man sollte sich unter allen Umständen von ihnen fernhalten. Wenn Sie einer Schlange gegenüberstehen, weichen Sie langsam zurück, um der Schlange genug Platz zum Fliehen zu geben. Falls Sie eine Schlange töten müssen, schlagen Sie mit einer Keule oder einer Machete auf den Kopf ein oder lassen einen Felsen auf das Tier fallen.

Afrikanische Baumschlange

Mamba

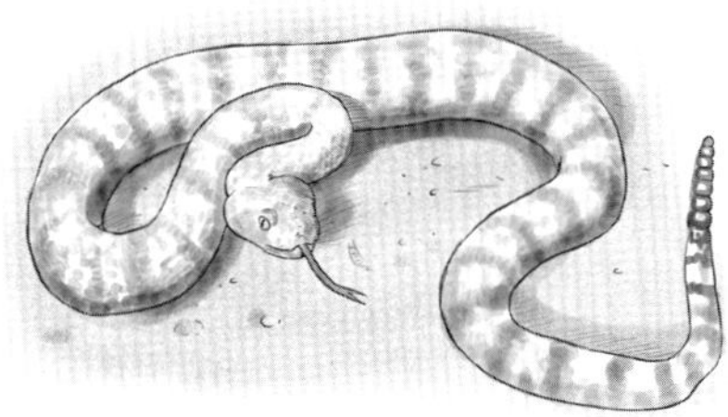

Nordamerikanische Klapperschlange

Aus diesem Grund sollten Sie es vermeiden, in Gewässern, in denen sich Flusspferde versammeln, zu angeln oder diese zu durchqueren. Besonders gefährlich wird es, wenn Kälber im Wasser sind, da Kühe sehr aggressiv werden, wenn es um den Schutz ihrer Jungen geht.

Eine andere Gefährdung geht im Wasser von Krokodilen aus. Diese Tiere greifen ihre Beute am Rand eines Gewässers an. Sie kommen lautlos und fast unsichtbar auf ihr Opfer zu, bevor sie aus dem Wasser hervorspringen und das Tier oder den Menschen ins Wasser zerren. Nur die Augen des Tieres sind zu sehen, wenn es zum Angriff herangleitet. Vermeiden Sie es daher, sich länger als unbedingt nötig am Wasserrand aufzuhalten, und gehen Sie niemals in Gewässern, in denen Sie Krokodile oder Alligatoren vermuten, schwimmen. Halten Sie nach Fußspuren am Ufer Ausschau. Falls Sie sich am Rand des Wasserbeckens aufhalten müssen, so sollte stets eine zweite Person äußerst aufmerksam Ausschau nach Krokodilen halten. Entdecken Sie eine Gruppe Alligatoren oder Krokodile, so umgehen Sie diese weiträumig, da sie auf kurzen Distanzen schneller sind als Sie. Wenn Sie von einem Krokodil gejagt werden, so vergessen Sie den berühmten Zick-Zack-Kurs. Rennen Sie, so schnell Sie können, geradeaus und klettern Sie auf den nächsten erreichbaren Baum.

Korallenotter

Die Korallenotter gehört zu den gefährlichsten tödlichen Schlangen der Welt. Schon drei bis fünf Milligramm ihres Giftes reichen aus, um einen erwachsenen Menschen zu töten. Glücklicherweise flieht sie aber eher, als einen Menschen anzugreifen.

Wildschweine

Wildschweine ergeben eine leckere Mahlzeit, können aber sehr gefährlich sein – sie greifen mit großer Geschwindigkeit an und können mit ihren Stoßzähnen schwere Fleischwunden verursachen. Stellen Sie sich diesen Tieren nur mit Waffen wie Gewehren, Bögen oder Speerfallen entgegen und tragen Sie stets eine Ersatzwaffe bei sich.

Großkatzen wie Tiger, Jaguare, Löwen oder Leoparden sind selten ein Problem, da sie die Menschen zu Recht mehr fürchten als wir sie. Normalerweise greifen nur kranke, alte oder verwundete Tiere Menschen an. Gibt es Berichte über solche Attacken in Ihrem Gebiet, so sollten Sie hohes Gras meiden, da Raubkatzen von dort ihre Angriffe starten. Sollten Sie eine Raubkatze unabsichtlich in die Enge getrieben haben, so ziehen Sie sich langsam und leise zurück, um das Tier entkommen zu lassen.

Tollwut vorbeugen

- **Vermeiden Sie den Kontakt mit einheimischen Katzen und Hunden in Tropen- oder Wüstenregionen.**
- **Halten Sie sich von aggressiven taumelnden Tieren mit weißem Schaum vor dem Mund fern – dies können Anzeichen für eine Tollwuterkrankung sein.**
- **Falls eine Person Tollwut im fortgeschrittenen Stadium hat, binden Sie sie fest und nähern sich ihr nicht.**
- **Falls das Opfer stirbt – was sehr wahrscheinlich ist – versuchen Sie nicht, den Körper zu vergraben oder anderweitig zu bestatten.**

GEFAHREN IN DER WÜSTE

Die Wüste birgt sehr ähnliche Gefahren wie der Dschungel, vor allem in Hinblick auf gefährliche Tiere, Insekten und Krankheiten. Verhalten Sie sich nach den oben genannten Maßgaben, um diesen Gefahren zu entgehen. In beiden Regionen geht außerdem auch Gefahr von an Tollwut erkrankten Tieren aus. Tollwut ist eine tödliche Viruserkrankung, die durch den Biss eines infizierten Tiers, meistens Fuchs oder Hund, übertragen wird. Die frühen Symptome sind grippeähnlich, und es kann zwischen zwei Wochen und zwei Jahren dauern, bis die gefährlichen Symptome wie Lähmungen, Hydrophobie oder Hirn-

Kopfschutz

Schon seit dem Zweiten Weltkrieg sieht man im Nahen Osten stationierte SAS-Soldaten mit der traditionellen arabischen Keffiyeh. Diese Kopfbedeckung bietet guten Schutz für Kopfhaut und Nacken gegen Hitze und Insekten. Ein zusätzliches Tuch über Mund und Nase schützt den Träger davor, herumfliegenden Sand einzuatmen.

Sonnenbrillen

Behelfsmäßige Sonnenbrillen können Sie aus Pappe oder Baumrinde herstellen – schneiden Sie Schlitze für die Augen hinein. Brillen mit echtem UV-Schutz sind selbstverständlich deutlich wirkungsvoller.

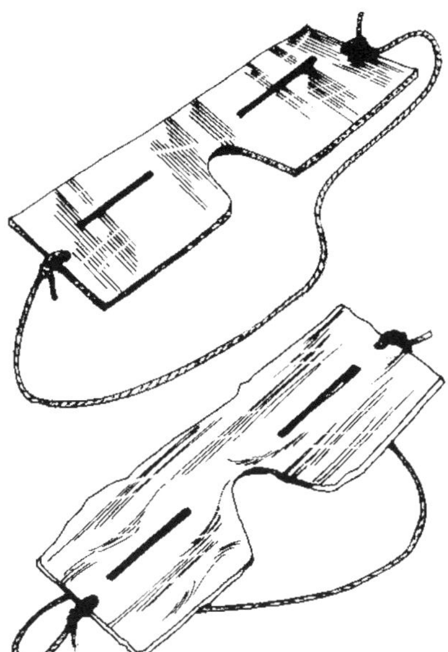

schäden auftreten, die typisch für diese Krankheit sind und zum Tode führen. Es gibt ein Gegenmittel gegen Tollwut, das innerhalb von 24–48 Stunden nach dem Biss angewandt werden muss. Wurden Sie von einem Tier gebissen, sollten Sie die Wunde mit Wasser und Seife auswaschen, mit einem Desinfektionsspray einsprühen und sich auf direktem Weg in ein Krankenhaus begeben.

Natürlich gibt es weitaus wahrscheinlichere Gefahren in der Wüste: Dehydration und Sonnenstich. In Kapitel 2 wurde erklärt, wie Sie auch in ariden Regionen Wasser finden. In der Wüste sollte Ihre höchste Priorität darin bestehen, Wasser ausfindig zu machen. Sie sollten dies allerdings in den kühleren Abend- und Morgenstunden tun, bevor die Sonne aufgeht und die Temperatur steigt. Tei-

Wie Sie sich vor einem Sandsturm schützen

Bei einem Sandsturm müssen Sie Ihr Gesicht und so viel von Ihrem Körper bedecken wie möglich. Bringen Sie einen festen Gegenstand – wie hier den Felsen – zwischen sich und den Wind. Britische und amerikanische Soldaten, die im Nahen Osten im Einsatz sind, tragen Augentropfen und Nasenspray bei sich, um die Folgesymptome zu behandeln.

Wie Sie sich aus Treibsand befreien

Um aus Treibsand zu entkommen, versuchen Sie, mit den Händen eine Schwimmbewegung auf der Sandoberfläche durchzuführen und sich gleichzeitig durch starke Bewegungen der Beine aus der Saugkraft des Sandes zu befreien. Greifen Sie nach jedem Ast oder anderen möglichen Halt in der Nähe, um sich an diesem herauszuziehen.

len Sie Ihre Wasservorräte gerecht zwischen sich und den anderen Gruppenmitgliedern auf. Jeder sollte genügend Wasser erhalten, um der Dehydration entgegenzuwirken.

Um sich gegen die Wüstensonne zu schützen, halten Sie Ihre Haut mit Kleidung bedeckt und tragen Sie immer einen Hut, der auch Ihren Nackenbereich schützt (siehe Kapitel 1). Marschieren Sie, wenn möglich, nachts oder in der Abend- oder Morgendämmerung und suchen sich tagsüber einen geschützten Unterschlupf. Erliegen Sie nicht der Versuchung, Ihren eigenen Urin zu trinken. Die Meinungen zu diesem Thema gehen allerdings auseinander. Eine Person mit ausgeglichenem Wasserhaushalt könnte möglicherweise ohne große Nebenwirkungen Urin trinken. Doch bei einem ohnehin schon dehydrierten Menschen würde der hohe Salz- und

Hitzequellen

Dieses Diagramm zeigt, warum es so gefährlich ist, tagsüber in der Wüste herumzuwandern. Sie sind nicht nur der Sonne, sondern auch vielen anderen Hitzequellen ausgesetzt. Falls möglich, sollten Sie nachts oder während der kühleren Morgen- oder Abendzeit unterwegs sein.

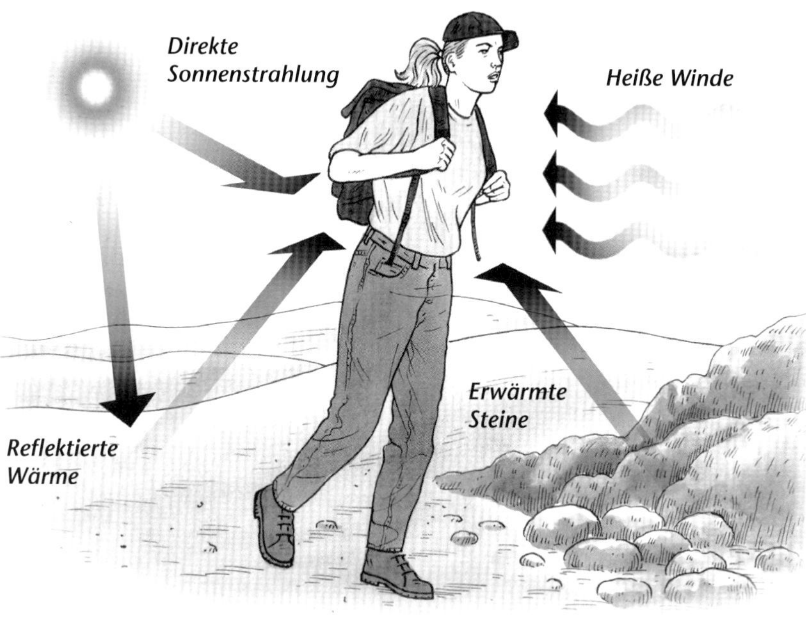

Mineralanteil im Urin diesen Vorgang noch beschleunigen.

TORNADOS, ORKANE UND STÜRME

Orkane und Tornados treten in bestimmten Teilen der Welt gehäuft auf, und Millionen von Menschen leben genau in diesen Korridoren. Besonders in den mittleren und Südstaaten der USA und im gesamten Fernen Osten treten jedes Jahr zahlreiche Tornados auf. Diese können Windgeschwindigkeiten von bis zu 560 km/h und einen Durchmesser von etwa einem Kilometer erreichen. Sie sind in der Lage, ganze Häuser in Stücke zu reißen und deren Trümmerteile mit einer tödlichen Geschwindigkeit sehr weit zu schleudern. Orkane erreichen maximal eine Geschwindigkeit von 350 km/h, doch sie verwüsten eine deutlich größere Fläche

Der Regenschatteneffekt

Wenn Sie das Wetter beobachten, werden Sie feststellen, dass Berge den meisten Niederschlag auf der windzugewandten Seite erhalten, während die windabgewandte Seite im sogenannten Regenschatten trockenere Bedingungen aufweist.

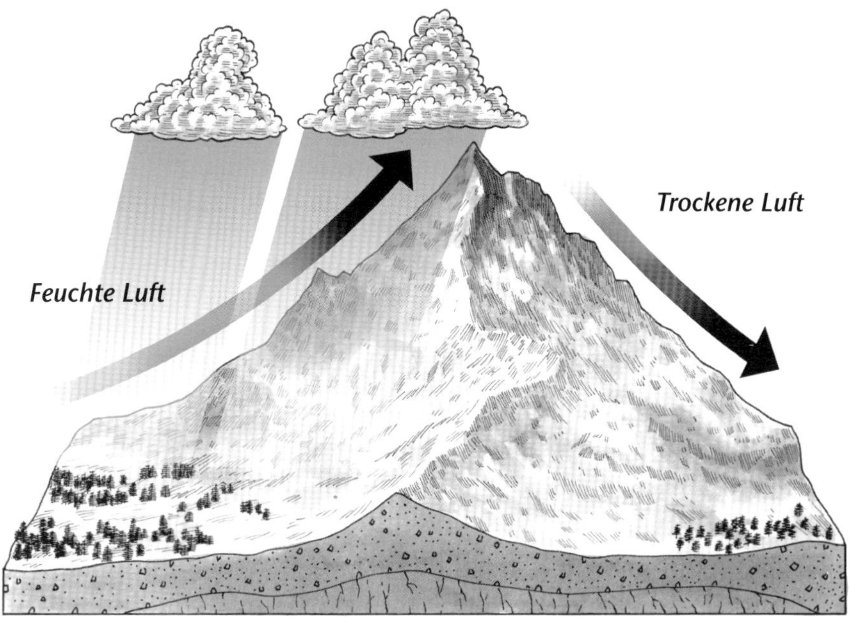

und bringen oft Überschwemmungen mit sich. Aber auch »normale« Stürme, die auf der ganzen Welt vorkommen, können ähnlich grausame Auswirkungen haben. Diese oder ähnliche extreme Wettererscheinungen bringen eine Vielzahl von Gefahren mit sich: Überschwemmungen, Blitzeinschläge, Verletzungen durch herumfliegende Trümmerteile ... Damit Sie ihnen nicht schutzlos ausgeliefert sind, gilt es, sich auf diese Situationen vorzubereiten. Am wichtigsten ist es, die Wettersituation immer im Auge zu behalten. Achten Sie auf folgende Anzeichen für einen unmittelbar bevorstehenden Sturm:

- Dunkle Wolkentürme am Himmel
- Verstärkte Windgeschwindigkeiten, vor allem bei Regen und niedrig hängenden Wolkendecken
- Hagel
- Blitze in der Entfernung.

Tornados kündigen sich durch zusätzliche Warnhinweise an. Halten Sie Ausschau nach rotierenden Wolkentürmen und nach Staub und Sand, der darunter aufgewirbelt wird. Wenn Sie ein nicht enden wollendes infernalisches Brüllen hören, könnte dieses Geräusch nachts Ihr einziger Hinweis auf einen Tornado sein. Achten Sie außerdem auf blau-grüne bis weiße Blitze in Bodennähe. Es handelt sich dann nicht um Blitzeinschläge, sondern um zerstörte Stromleitungen. Manchmal ist direkt vor einem Tornado eine ungewöhnliche Stille zu spüren. Wenn ein Tornado entsteht, so bildet er einen Wirbel aus aufgesaugtem Sand und kondensiertem Wasser. Achten Sie auf weitere trichterförmige Formationen

Wie Sie Blitzschläge vermeiden

Bei Stürmen in Bergregionen ist die Gefahr von Blitzschlägen erheblich. Hier finden Sie einige Tipps der amerikanischen 10. Gebirgsdivision für Vorkehrungen, die das Risiko vermindern:

- **Wenn Sie in einen Sturm geraten, halten Sie sich von Gipfeln, Klippen (denken Sie daran, dass auch ein Überhang Sie nicht vor einem Blitzschlag schützt), Bergkämmen, alleinstehenden Bäumen und Schluchten mit fließendem Wasser fern.**
- **Entfernen Sie nasse Seile und metallene Gegenstände mindestens 15 Meter von Ihrem Lager.**
- **Entfernen Sie alle Metallgegenstände von Ihrer Kleidung.**
- **Hocken Sie sich mit gesenktem Kopf hin und umfassen die Knie mit den Armen. Dies ist die beste Position, da das Gehirn und die wichtigsten Organe geschützt werden.**
- **Tragen Sie wenn möglich Schuhe mit Gummisohlen oder legen Sie Plastik- oder Gummimaterial, beispielsweise eine Isomatte oder eine Plastikjacke, unter sich.**

um sich herum – unter ungünstigen Umständen können bei Tornados mehrere Wirbel um ein gemeinsames Zentrum kreisen.

Selbstverständlich ist die beste Vorbereitung auf einen Sturm der Wetterbericht. Sie sollten daher regelmäßig die Nachrichten im Radio abhören oder die Wettervorhersage auf Ihrem Handy abrufen. Wenn sich ein Sturm ankündigt, suchen Sie eine Höhle, eine Grube oder einen Felsüberhang auf und verbarrikadieren sich hier. Suchen Sie nicht Schutz unter Bäumen, da diese durch den Sturm ausgerissen werden können. Auf hochliegendem Gelände könnten die Bäume sogar Blitze anziehen. Wenn Sie Schutz gefunden haben, warten Sie, bis der Sturm vorübergezogen ist. Wenn Sie sich im Freien befinden, so suchen Sie Schutz in einem Graben oder einer Senke und bedecken Sie Ihren Kopf mit Ihren Händen und Ihrer Kleidung. Warten Sie, bis der Tornado vorübergezogen ist.

Die Ambosswolke

Eine mächtige, ambossförmige Kumulonimbus-Wolke ist eine deutliche Warnung vor schlechtem Wetter. Diese Wolken bringen nicht nur starke Winde, Hagel, Blitze und Starkregen mit sich, sondern sind in bestimmten Regionen (vor allem Nordamerikas) auch Vorläufer von Tornados.

Tornados

Die Wirbel von Tornados variieren in ihrer Größe von 80 m bis zu mehreren Kilometern. Beachten Sie, dass die Richtung, in die sich der Tornado bewegt, nicht vorherzusehen ist und sich plötzlich ändern kann.

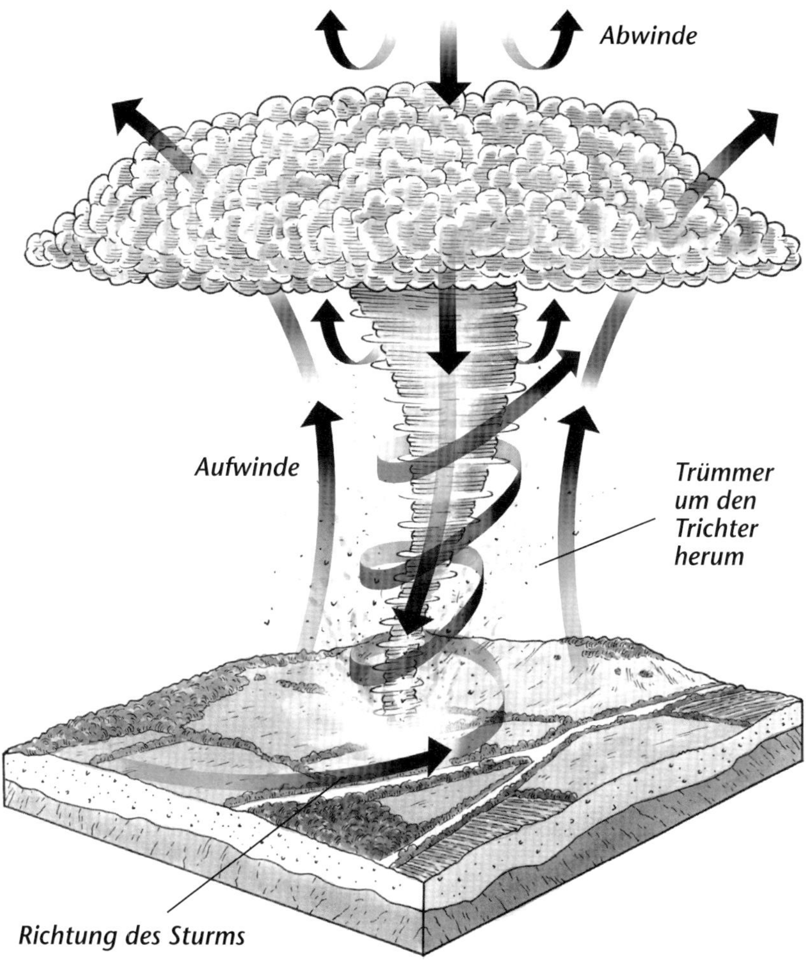

Schutz vor einem Tornado

Falls Sie auf freiem Feld einem Tornado ausgesetzt sind, legen Sie sich in einen Graben oder eine kleine Senke, um vor den herumfliegenden Trümmerteilen einigermaßen geschützt zu sein. Versuchen Sie nicht, vor dem Tornado zu fliehen, falls er sich in Ihre Richtung bewegt. Der Sturm ist auf jeden Fall schneller als Sie – die Durchschnittsgeschwindigkeit eines Tornados beträgt etwa 48 km/h.

WALDBRÄNDE

Wald- und Buschbrände stellen in Gras- und Waldgebieten eine immerwährende Gefahr dar. Vor allem im Sommer, wenn das Gestrüpp trocken ist, kann es leicht zu Bränden kommen. Unsachgemäß gelegte Lagerfeuer sind häufiger Grund für Waldbrände. Daher sollten Sie, bevor Sie ein Feuer entzünden, den Boden von Blättern, Gräsern und Zweigen befreien, bis ein Kreis von mindestens zwei Meter Durchmesser entsteht. Bauen Sie das Feuer in der Mitte dieses Kreises auf. Sie können die Ausbreitung eines Feuers auch vermeiden, indem Sie es in einem Graben entzünden oder in einem Kreis aus Steinen einschließen. Seien Sie äußerst vorsichtig, wenn Sie an einem warmen, windigen Tag ein Feuer entzünden müssen – Funken und Asche können in die umliegenden trockenen Gräser und Büsche fliegen, wo der Wind sie schnell entflammen kann. An solchen Tagen sollten Sie versuchen, Ihr Feuer möglichst so zu positionieren, dass die Funken in eine Richtung fliegen, in der sie nichts entzünden können.

Feuer löschen

Wenn ein Feuer außer Kontrolle gerät, sollten Sie versuchen, es mit Wasser zu löschen oder mit einem blattreichen Ast zu ersticken. Halten Sie außerdem Ausschau nach professionellen Brandklatschen, die in beliebten Waldgegenden manchmal bereitgestellt werden. Denken Sie daran: Sie müssen das Feuer ersticken, nicht anfachen. Wenn Sie sich von einem Waldbrand bedroht sehen, so besteht Ihre erste Priorität natürlich darin, den Flammen zu entkommen. Laufen Sie gegen den Wind – in die entgegengesetzte Richtung, in die die Flammen sich ausbreiten. Vermeiden Sie es, bergauf zu laufen. Versuchen Sie, natürliche Schneisen wie baumlose Abschnitte und Flüsse als schützende Barriere zwischen sich und das Feuer zu bringen.

Um sich vor dem Rauch zu schützen, sollten Sie ein Stück Stoff in Wasser tränken

Brennende Kleidung

Falls Ihre Kleidung Feuer fängt, müssen Sie nach dem Prinzip STOP, DROP, ROLL (STOPPEN, FALLEN, ROLLEN) vorgehen. STOPPEN Sie auf der Stelle, lassen sich auf den Boden FALLEN und ROLLEN dann herum, um die Flammen auf der Erde auszudrücken. Durch das Herumrollen werden die Flammen hoffentlich erstickt. Falls die Kleidung einer anderen Person Feuer fängt, können Sie eine Decke über die Flammen werfen.

und es sich um Mund und Nase wickeln. Sollten Sie von Flammen eingeschlossen werden, suchen Sie nach einem kleinen See, Fluss oder Tümpel, in dem Sie sich vor den Flammen schützen können, oder suchen Sie Schutz in felsigen Gebieten oder auf Lichtungen. Legen Sie sich hin, um die kühlere Luft am Boden zu atmen. Stehen Sie nicht auf, da die erhitzte Luft Ihre Lunge und Atemwege verbrennen könnte. Falls die Flucht durch die Flammen Ihre einzige Möglichkeit ist, so suchen Sie sich ein Teilstück aus, in dem die Flammen noch niedrig sind und auf dessen anderer Seite ein sicheres Gebiet liegt. Hierbei handelt es sich meistens um ein bereits verbranntes Areal. Befeuchten Sie, wenn möglich, Ihre Kleidung und Ihre Haare mit Wasser und rennen Sie dann mit höchstmöglicher Geschwindigkeit durch die Flammen. Versuchen Sie niemals, durch meterhohe Flammen zu fliehen.

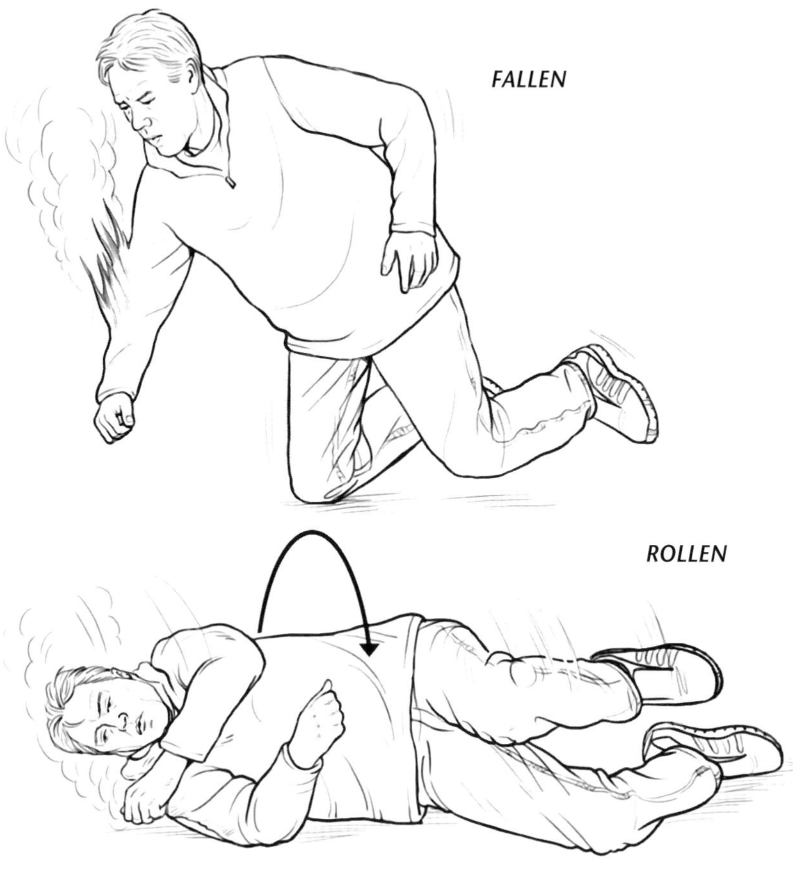

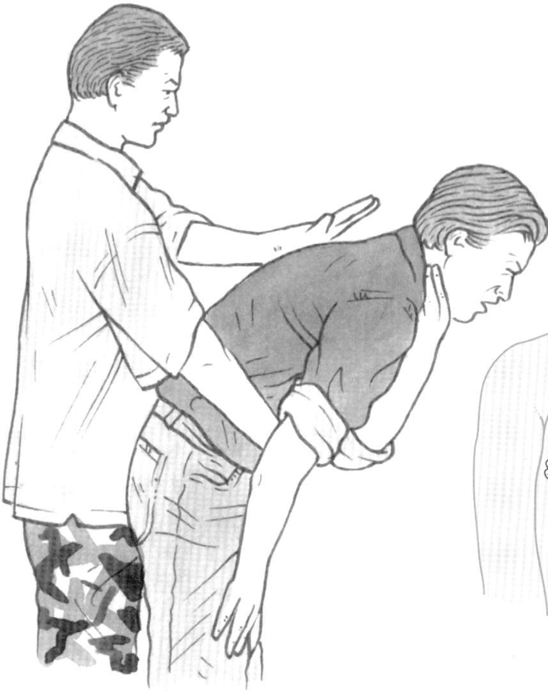
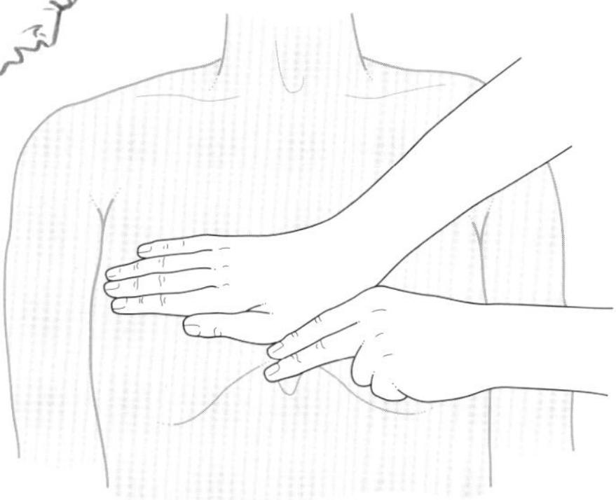
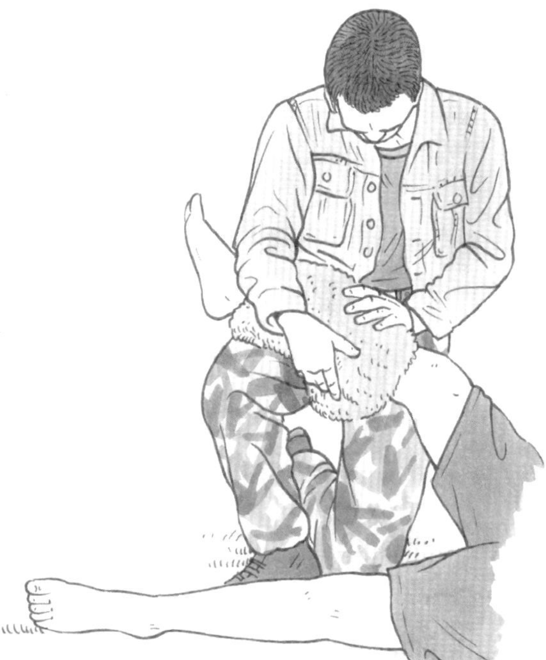

6

Erste Hilfe

Mit Erste-Hilfe-Maßnahmen können Sie einen Verletzten so lange am Leben erhalten, bis er in ein Krankenhaus oder zu einem Arzt gebracht werden kann.

Im Vorwort des »Medizinischen Handbuchs der Spezialkräfte« der US Army weisen die Autoren darauf hin, dass »die meisten der hier beschriebenen Behandlungen in einem Krankenhaus durchgeführt werden« sollten. Sie mahnen: »Seien Sie sich der Grenzen Ihrer Fähigkeiten bewusst und überschreiten Sie diese nicht!« Dies ist ein guter Rat für jede Art von Erster Hilfe in der Wildnis, wo es weit und breit keine medizinischen Einrichtungen gibt. Der Ersthelfer kann nur die grundlegendste Behandlung und die Stabilisierung von Verletzten übernehmen. Die erste Priorität sollte es immer sein, die verletzte Person zu einem Arzt oder in ein Krankenhaus zu bringen. Dabei kann Erste Hilfe den Unterschied zwischen Leben und Tod einer verletzten Person ausmachen. Daher beschäftigen wir uns in diesem Kapitel mit einigen grundlegenden Erste-Hilfe-Techniken. In jedem Fall sollten Sie im Vorfeld einen guten Erste-Hilfe-Kurs belegen, in dem Sie unersetzbare Praxiserfahrung sammeln können. Als oberste Regel gilt, dass Sie niemals Erste Hilfe leisten sollten, wenn Sie sich nicht 100-prozentig sicher sind, wie es geht. Ein Kurs kann Ihnen hier zusätzliches Selbstvertrauen geben.

Erste Hilfe während eines Survivaltrips in der Wildnis kann die Versorgung von kleineren Verletzungen bis hin zu umfassenden Traumata umfassen. Wenden Sie die Maßnahmen an, von denen Sie wissen, dass sie funktionieren, aber seien Sie sich dessen bewusst, dass Sie ohne professionelle Hilfe schnell an Ihre Grenzen stoßen werden.

EINSCHÄTZUNG DER VERLETZUNGEN

Wenn ein Sanitäter einen verletzten Soldaten erreicht, ist es seine erste Aufgabe, die Verletzungen zu beurteilen und zu entscheiden, welche zuerst behandelt werden müssen. Ein eindeutiger Indikator für die Schwere der Verletzungen ist der Bewusstseinszustand. Allgemein lässt sich sagen, dass die Verletzungen umso schlimmer sind, je weniger ansprechbar der Patient ist – vergleichen Sie dazu das AVPU-Schema.

Wenn Sie an eine Unfallstelle mit mehreren Verletzten kommen, müssen Sie entscheiden, wem Sie zuerst helfen. Dabei stehen schreiende und rufende Personen nicht automatisch oben auf Ihrer Liste. Die Rufe deuten nämlich darauf hin, dass diese Personen sich in einer relativ stabilen Lage befinden: Sie sind bei Bewusstsein und atmen, wogegen jemand, der sich kaum regt, dem Tode nahe sein könnte. Bei der Einschätzung der Situation sollten Sie außerdem in Betracht ziehen, welche der Personen sich an einer gefährlichen

Erste-Hilfe-Set

Ein gutes Erste-Hilfe-Set sollte alles enthalten, was Sie benötigen, um kleine bis mittlere blutende Wunden, Augenverletzungen, bestimmte Vergiftungen und – wenn Sie Antibiotika mit sich führen – auch bakterielle Entzündungen zu behandeln.

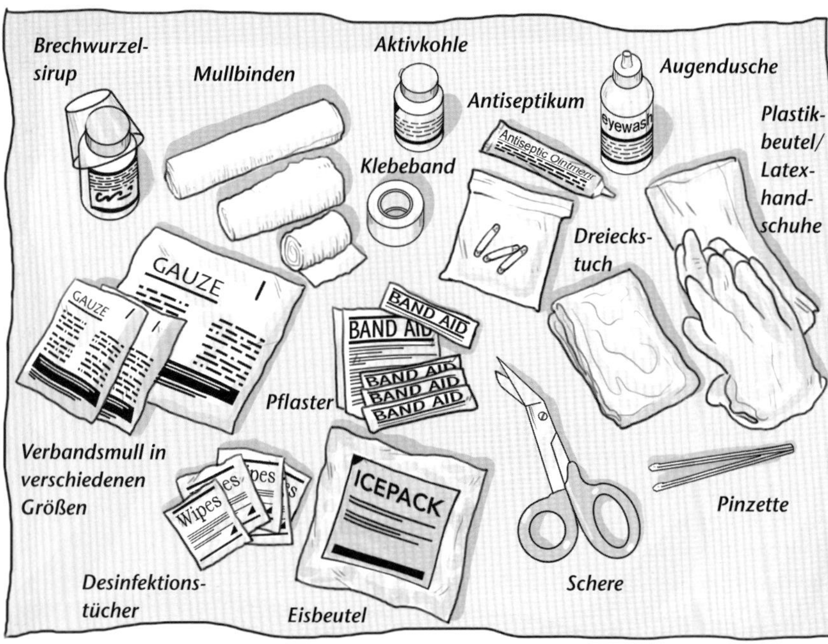

Das AVPU-Schema zur Feststellung des Bewusstseinszustands nach Verletzungen

- **A (Alert) – Ansprechbar ohne Einschränkungen:** Der Verletzte ist bei vollem Bewusstsein, kann sich räumlich und zeitlich orientieren, Fragen zur eigenen Person beantworten und uneingeschränkt mit den Personen in seiner Umgebung interagieren. Durch gezielte Fragen nach Schmerzen usw. können Sie Maßnahmen zur Behandlung der Verletzungen einleiten.
- **V (Voice) – Verzögert ansprechbar:** Der Verletzte antwortet zwar auf Ihre Fragen, seine Reaktionen sind aber verlangsamt. Das Opfer kann schleppend oder unzusammenhängend sprechen. Fordern Sie das Opfer auf, einfache Anweisungen zu befolgen (Augen öffnen und schließen/Ihre Hand drücken), falls es Sie versteht.
- **P (Pain) – Reaktion nur auf Schmerz:** Der Verletzte reagiert nur auf Schmerzreize. Prüfen Sie, ob er reagiert, wenn Sie ihm an besonders empfindlichen Stellen (leichte) Schmerzen zufügen (Kneifen des Ohrläppchens oder der Fußsohlen). Wenn der Verletzte versucht, sich zu bewegen, um sich dem Schmerz zu entziehen, wissen Sie, dass noch Informationen zwischen den Nerven, dem Rückenmark und dem Gehirn ausgetauscht werden.
- **U (Unresponsive) – Keine Reaktion/Bewusstlos:** Der Verletzte reagiert auf keine der oben genannten Stimuli, ist also bewusstlos. Dies ist eine äußerst bedenkliche Situation

Mit Hilfe der AVPU-Skala können Sie den Zustand des Nervensystems einer verletzten Person beurteilen und ernsthafte Erkrankungen oder Verletzungen feststellen.

Stelle im Unfallgebiet befindet. Ist jemand beispielsweise von herabstürzenden Felsen bedroht, so ist es sinnvoll, diese Person zuerst in Sicherheit zu bringen, bevor Sie sich um andere Verletzte kümmern.

Bei der Beurteilung von Verletzungen ist es am wichtigsten, zunächst diejenigen herauszufiltern, die die Atemwege oder die Blutzirkulation betreffen. Diese beiden Körperfunktionen sind untrennbar miteinander verbunden: Durch die Atmung wird das Blut mit Sauerstoff versorgt, und durch den Kreislauf wird dieses dann zu den lebenswichtigen Organen und Geweben des Körpers transportiert (ohne sauerstoffhaltiges Blut sterben Organe und Gewebe ab). Das Gehirn ist durch Sauerstoffmangel besonders gefährdet. Hier kommt es schon nach fünf Minuten zu bleibenden Schäden, wenn die Versorgung ausfällt und nicht wiederhergestellt wird. Aus diesem Grund müssen Sie zunächst die drei wichtigsten Dinge in Angriff nehmen, wobei Sie wie Rettungssanitäter und Notfallmediziner nach der ABC-Regel vorgehen sollten:

- **A (Airways) – Atemwege freimachen:** Öffnen Sie den Mund des Opfers und stellen Sie sicher, dass die Atmung nicht durch Blut, Erbrochenes, lose Zähne, die Zunge des Opfers oder durch Speisereste behindert wird. Entfernen Sie mit den Fingern alle Fremdkörper aus den Atemwegen und heben Sie, wenn notwendig, die in den Rachen gefallene Zunge an.
- **B (Breathing) – Atmung kontrollieren:** Legen Sie Ihr Ohr dicht an Mund und Nase des Opfers und versuchen Sie, die Atmung zu spüren und zu hören. Prüfen Sie auch, ob der Brustkorb sich hebt und senkt. Legen Sie, um sicher zu gehen, Ihre Hand auf diesen.
- **C (Circulation) – Kreislauf überprüfen:** Überprüfen Sie den Puls des Opfers. Legen Sie Ihre Finger (nicht den Daumen, da dieser einen eigenen Puls hat) auf die Innenseite des Handgelenks neben die Sehne auf der Daumenseite.

Atemwege

Wenn Sie den Kopf des Verletzten überstrecken, werden die Atemwege freigemacht, so dass Sie mit der künstlichen Beatmung beginnen können. Führen Sie diese Prozedur nicht durch, wenn Sie eine Verletzung der Wirbelsäule vermuten.

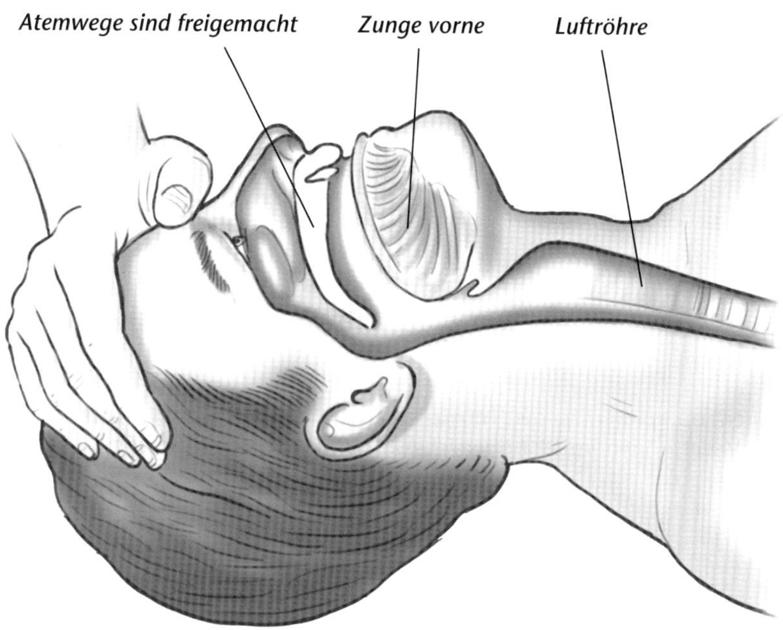

Den Puls finden Sie auch auf beiden Seiten der Luftröhre in der Grube direkt unterhalb des Kinns. Er sollte stark und regelmäßig sein – ist er nicht zu spüren, schwach, ungewöhnlich langsam, besonders schnell oder unregelmäßig, so stimmt etwas nicht.

Wenn Sie diesen Test durchgeführt und das Opfer nach den Erste-Hilfe-Regeln (siehe unten) versorgt haben, so sollten Sie eine weitere, komplexere Untersuchung durchführen. In vielen Fällen kann der Verletzte Ihnen selbst seine Verletzungen nennen, etwa bei einem gebrochenen Bein oder starken Unterleibsschmerzen. Durch einen gründlichen Check können Sie allerdings Verletzungen entdecken, die dem Opfer selbst entgangen sind. Die folgende Liste ist nicht vollständig, zählt aber die wichtigsten Dinge auf, auf die Sie im Falle von Verletzungen achten sollten:

- **Kopf:** Überprüfen Sie den Kopf auf unter dem Haupthaar versteckte Blutungen und auf Blut oder Flüssigkeiten, die aus Nase und/oder Ohren fließen (dies kann auf eine Verletzung des Schädels oder Gehirns hindeuten). Schauen Sie sich die Augen genau an. Wenn das Opfer einer langsamen Bewegung mit seinen Augen nicht folgen kann oder seine Pupillen sich in der Größe deutlich unterscheiden, kann dies ebenso wie eine Asymmetrie des Gesichts auf eine Hirnverletzung oder einen Schlaganfall hindeuten. Überprüfen Sie den Verletzten auf Verletzungen im Mundbereich wie Kieferbruch, ausgeschlagene Zähne oder starke Zahnfleischblutungen.
- **Haut:** Untersuchen Sie die Haut auf ungewöhnliche Verfärbungen. Bläuliche oder graublaue Verfärbungen, vor allem an den Lippen oder Fingernägeln, können auf Atem- oder Kreislaufprobleme hindeuten. Blasse und kalte, feuchte Haut hingegen lässt auf einen Kreislaufschock schließen (siehe unten). Achten Sie außerdem auf Ausschläge, die auf eine Vergiftung oder einen Virus hindeuten könnten. Auch geschwollene Lymphknoten am Hals, in den Achseln oder im Schritt sind ein Indikator dafür, dass das Opfer einen Virus oder eine Infektion bekämpft.
- **Nacken und Wirbelsäule**: Hat das Opfer eine Aufprallverletzung wie beispielsweise einen Sturz erlitten, so sollten Sie den Nacken und die Wirbelsäule auf Blutergüsse, Schwellungen und Verfärbungen untersuchen. Bewegen Sie die verletzte Person niemals, vor allem dann nicht, wenn diese in einer ungewöhnlichen Position liegt und sich nicht bewegen kann. Sie könnte an einer Verletzung des Rückenmarks leiden (des wichtigsten Bestandteils des zentralen Nervensystems). Weitere Bewegungen könnten den Zustand verschlimmern oder das Opfer sogar töten.
- **Brustkorb:** Stellen Sie sicher, dass sich beide Seiten des Brustkorbs regelmäßig heben und senken. Achten Sie auf Keuch-, Knister- oder Pfeifgeräusche, die auf Flüssigkeit in der Lunge hindeuten.
- **Arme und Hände:** Untersuchen Sie die Arme und Hände auf Brüche oder Schwellungen und prüfen Sie die Fingernägel auf Bläue, die durch Kreislauf- oder Atemprobleme hervorgerufen wird. Fragen Sie den Verletzten nach ungewöhnlichen Empfindungen wie Taubheit oder Kribbeln, da diese mit Schädigungen des Nervensystems zusammenhängen können. Lassen Sie das Opfer mit beiden Händen gleichzeitig Ihre beiden Zeigefinger drücken

und achten Sie auf die Stärke des Griffs. Eine Ungleichheit deutet auf eine Schädigung des Gehirns, wie beispielsweise einen Schlaganfall, oder auf Verletzungen des entsprechenden Körperteils hin.

- **Unterleib:** Überprüfen Sie den Unterleib auf ungewöhnliche Schwellungen oder Verfärbungen. Verhärtungen des Unterleibs lassen auf Erkrankungen wie eine Bauchfellentzündung oder Verstopfung schließen. Falls die verletzte Person Schmerzen hat, lassen Sie sie den Schmerz lokalisieren und geben Sie dann diese Information an den Arzt weiter.
- **Becken-/Genitalbereich:** Achten Sie auf Blut- oder Flüssigkeitsaustritt aus den Körperöffnungen, da dies auf innere Verletzungen und Entzündungen hindeutet. Gibt es Anzeichen wie Ausschläge, Hautverkrustungen und Verfärbungen, die auf eine Geschlechtskrankheit schließen lassen?
- **Beine und Füße**: Falls die verunglückte Person laufen kann, lassen Sie sie eine gerade Linie entlanglaufen, um ihren Gleichgewichtssinn zu prüfen. Falls die Person bei Bewusstsein ist, aber liegt, so lassen Sie sie mit ihren Füßen gegen Ihre Hände drücken. Unterschiedlich starker Druck könnte wieder auf eine Schädigung des Nervensystems hindeuten. Prüfen Sie die Nervenreaktion, indem Sie die Fußsohle kitzeln.

Entsprechend dem Ausgang des Tests müssen Sie jetzt Erste Hilfe leisten. Es ist sehr unwahrscheinlich, dass Sie den Verletzten heilen können, wenn es sich um eine schwere Verletzung oder Krankheit handelt. Denken Sie daran, dass Ihr Ziel nur darin besteht, die verletzte Person zu stabilisieren, bis Sie medizinische Hilfe erreichen.

ATMUNG UND KREISLAUF

Wenn Sie bei der Überprüfung von Atemwegen, Atmung und Kreislauf im Rahmen der ABC-Untersuchung einen Herz- oder Atemstillstand festgestellt haben, so sollten Sie eine oder beide der im Folgenden dargestellten Maßnahmen zur Herz-Lungen-Wiederbelebung durchführen. Die Aufgabe der Herz-Lungen-Wiederbelebung ist es, die Kreislauffunktionen und die Atmung künstlich aufrechtzuerhalten und sie dann möglichst wiederherzustellen. Die Wiederbelebungsmaßnahmen bestehen aus zwei Techniken: der künstlichen Beatmung und der Herzdruckmassage.

Bei der Atemspende blasen Sie Ihre eigene Ausatemluft in die Lunge des Patienten. Um diese Technik anzuwenden, legen Sie die verletzte Person auf den Rücken und öffnen ihren Mund. (Im Rahmen des ABC-Tests haben Sie bereits sichergestellt, dass die Atemwege frei sind.) Dann neigen Sie den Kopf des Patienten sanft und vorsichtig nach hinten, indem Sie mit Handfläche und Fingern der einen Hand leichten Druck auf die Stirn ausüben und mit zwei Fingern der anderen Hand das Kinn anheben. Hierdurch werden die Atemwege geöffnet. Schließen Sie die Nase des Verletzten und setzen Sie Ihren Mund fest um den Mund des Betroffenen herum auf. Blasen Sie nun gleichmäßig Luft in den Mund des Patienten und lösen Sie die Verbindung, sobald Sie ausgeatmet haben. Der Brustkorb der Person sollte sich heben, wenn Sie die Luft hineinblasen, und sich wieder senken, sobald Sie die Verbindung lösen. Wenn der Brustkorb sich nicht hebt, überprüfen Sie, ob Ihr Mund fest genug um den des Verunfallten geschlossen ist oder ob die Atemwege des Opfers möglicherweise doch

Den Puls ertasten

Die beiden besten Punkte, um einen Puls zu ertasten, sind die Außenseite des Handgelenks und die Stelle neben der Luftröhre, direkt unterhalb des Kinns. Zählen Sie zehn Sekunden lang die Pulsschläge und multiplizieren Sie die Anzahl mit sieben, um die Pulsschläge pro Minute zu erhalten.

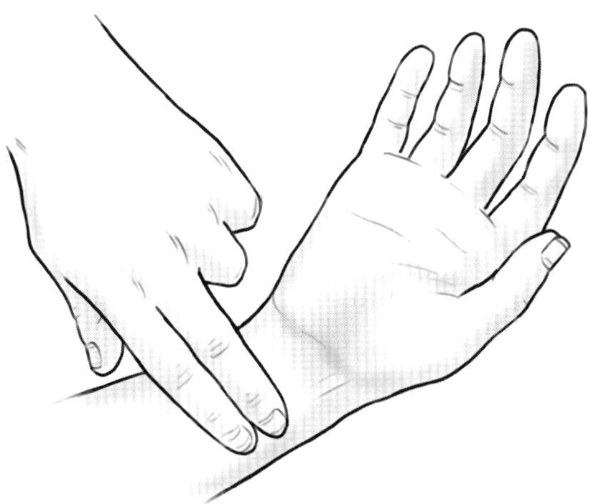

blockiert sind. Falls eine Blockierung vorliegt, folgen Sie den Anweisungen für den Erstickungsfall, die weiter unten aufgeführt werden. Nach den ersten schnellen Atemzügen sollten Sie einen Rhythmus von etwa zwölf Atemzügen pro Minute erreichen. Prüfen Sie jede Minute, ob die Atmung wieder eingesetzt hat. Sobald der Patient wieder selber atmet, stellen Sie die Mund-zu-Mund-Beatmung ein.

Bei der Herzdruckmassage wird durch Zusammenpressen des Brustkorbs manuell Blut durch den Körper gepumpt. Hierdurch kann der Ersthelfer die Versorgung der wichtigsten Organe mit sauerstoffhaltigem Blut aufrechterhalten, und im besten Fall fängt das Herz des Opfers wieder an zu schlagen. Zur Durchführung der Herzdruckmassage legen Sie den Patienten auf den Rücken, wobei Sie auf einer Seite seines Brustkorbs knien. Mit zwei Fingern ertasten Sie nun die Stelle, an der die Rippen im Brustbein enden – mittig im unteren Bereich des Brustkorbs. Halten Sie einen Finger auf dieser Stelle und messen Sie dann zwei Fingerbreiten nach oben. Halten Sie auch diese beiden Finger in Position und legen Sie Ihren Handballen direkt darüber, so dass er die beiden Finger noch berührt. Der Handballen befindet sich jetzt direkt über dem Herzen, und Sie haben somit den richtigen Druckpunkt. Legen Sie nun Ihre andere Hand auf die erste und verschränken Sie die Finger ineinander. Lehnen Sie sich so weit über den Brustkorb des Opfers, bis sich Ihre Schultern direkt über dem Brustbein befinden. Drücken Sie nun den Brustkorb mit einer entschlossenen Bewegung etwa vier bis fünf Zentimeter nach unten. Füh-

Behandlung eines Kreislaufschocks

Kreislaufschocks kommen auf dem Schlachtfeld relativ häufig vor. Bei einem Schockzustand befindet sich der Blutdruck (der Druck, der nötig ist, um das Blut im Körper zirkulieren zu lassen) in einem gefährlich niedrigen Bereich. Hervorgerufen wird der Schock durch starke innere oder äußere Verletzungen oder durch Dehydration. Anzeichen können unter anderem blasse, kalte und klamme Haut, ein schneller, aber schwacher Puls, schnelle, flache Atmung und geweitete Pupillen sein. Die erste Priorität bei der Behandlung ist es, so viel Blut wie möglich durch die lebenswichtigen Organe im Rumpf zirkulieren zu lassen. Legen Sie den Verletzten auf den Boden und heben Sie seine Beine um 15–20 Zentimeter an, um die Blutmenge, die in die Beine fließt, zu reduzieren. Halten Sie das Opfer warm und trocken. Selbstverständlich sollten Sie so schnell wie möglich versuchen, alle Blutungen zu stoppen. Geben Sie dem Betroffenen nur kleine Schlucke Wasser und dies auch nur, wenn keine Bauchverletzungen vorliegen. Geben Sie der Person auf keinen Fall etwas zu essen. Bringen Sie die verletzte Person so schnell wie möglich in ein Krankenhaus oder zu einem Arzt oder lassen Sie Hilfe kommen.

ren Sie etwa 80 Bewegungen in einer Minute durch und hören Sie nicht auf, obwohl der Vorgang sehr anstrengend ist. Prüfen Sie den Puls jede Minute. Wenn sowohl die Atmung als auch der Herzschlag versagt haben, müssen Sie die künstliche Beatmung und die Herzdruckmassage abwechselnd durchführen. Die Herzdruckmassage führen Sie 30 Mal mit einer Geschwindigkeit von etwa 100 Mal pro Minute aus. Nach 30 Mal Pressen führen Sie zwei Mal die Atemspende durch. Nach vier Durchgängen von Herzdruckmassage und Beatmung überprüfen Sie den Puls und die Atmung. Wiederholen Sie diese Technik, bis hoffentlich der natürliche Herzschlag und die Atmung wieder einsetzen.

Ist eine weitere Person mit Erste-Hilfe-Kenntnissen zur Stelle, so ist es einfacher, den Prozess aufzuteilen. Abwechselnd führt einer von Ihnen die Herzdruckmassage aus und der andere die Mund-zu-Mund-Beatmung. In regelmäßigen Inter-

Kompression des Brustkorbs

Dieser Skizze zeigt den Druckpunkt, an dem Sie für die Herzdruckmassage ansetzen müssen. Der Handballen der unteren Hand liegt direkt auf dem unteren Teil des Brustbeins.

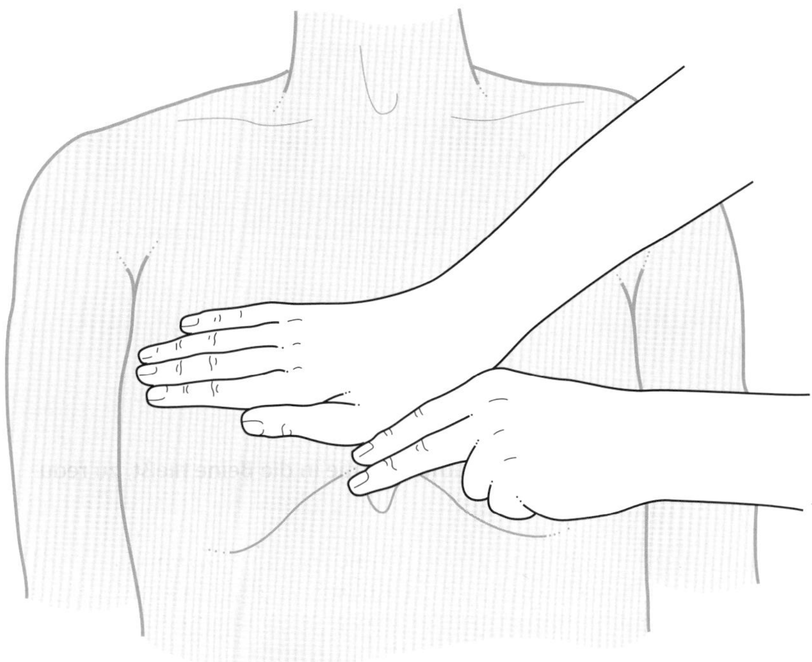

Herzdruckmassage

Achten Sie auf die verschränkten Finger bei der Herzdruckmassage. Die Kraft wird durch die obere Hand ausgeübt, während die untere als eine Art Kissen dient, um das Risiko zu mindern, dem Opfer während der Behandlung die Rippen zu brechen.

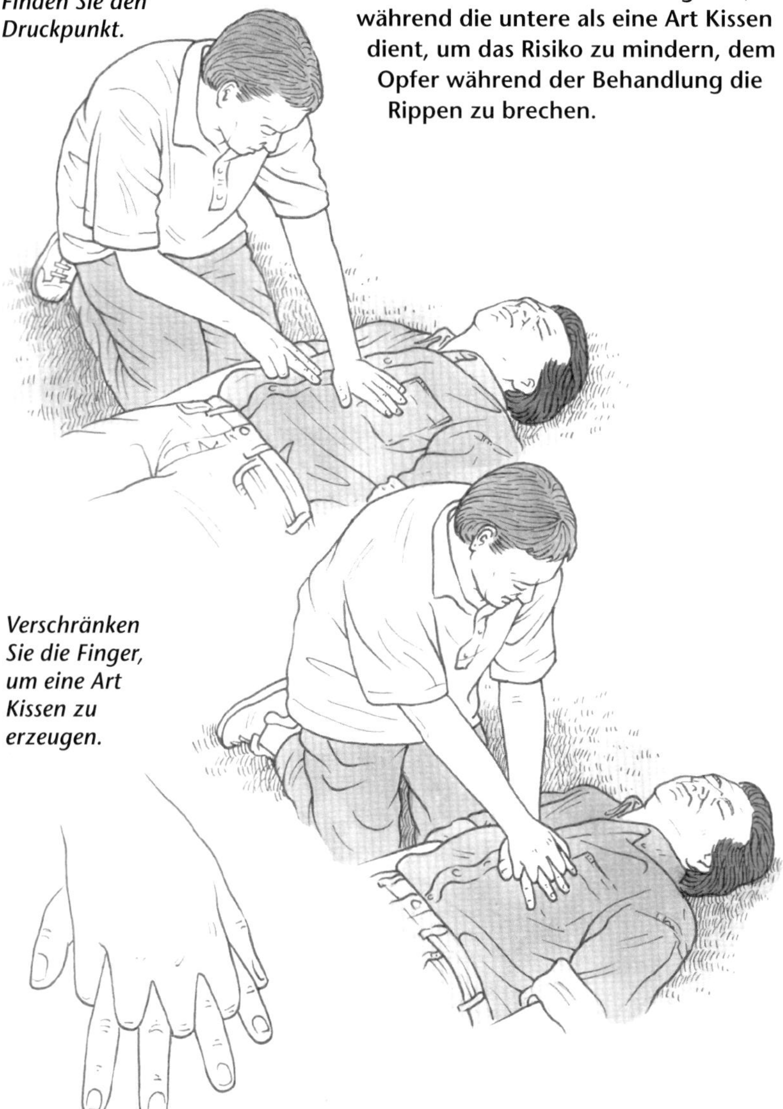

Finden Sie den Druckpunkt.

Verschränken Sie die Finger, um eine Art Kissen zu erzeugen.

vallen wechseln Sie sich ab. Beachten Sie außerdem, dass die oben beschriebene Prozedur bei Kindern und Neugeborenen in abgewandelter Form durchgeführt wird. Bei einem Neugeborenen oder Kleinkind verwenden Sie anstatt Ihres Handballens nur zwei Finger für die Herzdruckmassage und drücken den Brustkorb auf nur etwa 2,5 Zentimeter ein. Bei einem Kind bis zu etwa 10 Jahren verwenden Sie Ihren Handballen, drücken jedoch den Brustkorb nur etwa 3,5 Zentimeter tief ein.

Stabile Seitenlage

Die stabile Seitenlage erleichtert die Atmung einer bewusstlosen Person, da die Zunge nach vorne hängt und Erbrochenes abfließen kann.

Rollen Sie den Verletzten auf die Seite.

Bringen Sie das obere Bein in die hier gezeigte Beugung, und legen Sie seinen oberen Arm unter den Kopf.

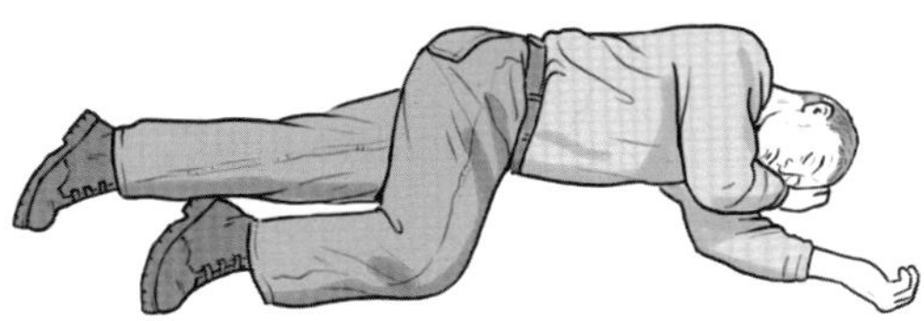

Lassen Sie die Person in dieser Lage und prüfen Sie regelmäßig die Vitalparameter.

VERLETZUNGEN UND ERKRANKUNGEN DURCH HITZE

Schäden, die durch Hitze hervorgerufen werden, reichen von leichten Sonnenbränden bis hin zu tödlichen Hitzschlägen. Wie schon mehrfach in diesem Buch erwähnt, ist auch hier eine Vorsorge für solche Situationen deutlich besser als eine Behandlung. Wenn Sie Ihren Körper möglichst mit Kleidung bedeckt halten, ausreichend Wasser zu sich nehmen und sich möglichst wenig in der Sonne aufhalten, ist die Gefahr, eine hitzebedingte Krankheit zu erleiden, sehr viel geringer.

Dehydration ist oft ein Vorläufer anderer ernsthafter Erkrankungen. Symptome, die eine Dehydration ankündigen, sind Krämpfe, starkes Schwitzen, chronischer Durst, Erbrechen und Schwindel. Außerdem kann die Haut an Elastizität verlieren. Kneifen Sie sich bzw. das Opfer vorsichtig in den Handrücken. Wenn die Haut aufrecht stehenbleibt, könnte der Grund hierfür Dehydration sein. Das beste Mittel gegen Dehydration ist selbstverständlich die Rehydration. Bringen Sie das Opfer in den Schatten, setzen Sie es hin und lockern Sie seine Kleidung. Geben Sie dem Patienten regelmäßig Wasser in kleinen Schlucken, bis er sich ausgeruht und erholt hat. Eine etwas wirkungsvollere Methode der Rehydration besteht in der Gabe von einem Liter Wasser mit einem halben Teelöffel Salz und acht gestrichenen Teelöffeln Zucker. Hierdurch werden einige der wichtigsten Salze und Zucker im Körper ersetzt, die durch die Dehydration verlorengegangen sind.

Hitzeerschöpfung und Hitzschlag können durch Dehydration verschlimmert oder überhaupt erst hervorgerufen werden. Sie können aber auch durch längere starke Sonneneinstrahlung und Hitze verursacht werden, insbesondere wenn Sie sich anstrengen. Anzeichen von Hitzeerschöpfung sind starke Kopfschmerzen, blasse und feuchte Haut, Schwindel, Übelkeit und Verwirrung. Behandeln Sie den Patienten wie bei Dehydration, aber lassen Sie ihn mindestens 24 Stunden lang ausruhen. Achten Sie sehr genau auf Symptome eines Schockzustands.

Körpertemperatur messen

Die gesunde Körpertemperatur liegt zwischen 36 und 38 °C. Jede Temperatur oberhalb oder unterhalb dieses Bereichs bedeutet, dass der Gesundheitszustand des Patienten kritisch ist.

- **In Ihrem Erste-Hilfe-Set sollte sich ein Quecksilber-Thermometer befinden. Halten Sie es am oberen Ende und schütteln Sie es kräftig aus. Sobald das Thermometer unter 36 °C anzeigt, ist es bereit zur Nutzung.**
- **Platzieren Sie jetzt die Spitze des Thermometers entweder unter der Zunge oder unter der Achsel des Patienten. (Falls der Patient beispielsweise unter Krämpfen oder Zuckungen leidet, wählen Sie die Achsel, da sonst die Gefahr besteht, dass der Patient das Thermometer zerbeißt.)**
- **Warten Sie drei Minuten, bis das Thermometer die Körpertemperatur anzeigt.**

Hitzeerkrankungen: Symptome

Diese Skizze zeigt einige Unterschiede zwischen der Hitzeerschöpfung und dem gefährlicheren Hitzschlag. Beide Erkrankungen können Sie verhindern, indem Sie ausreichend Wasser zu sich nehmen und möglichst wenig Zeit in der Sonne verbringen.

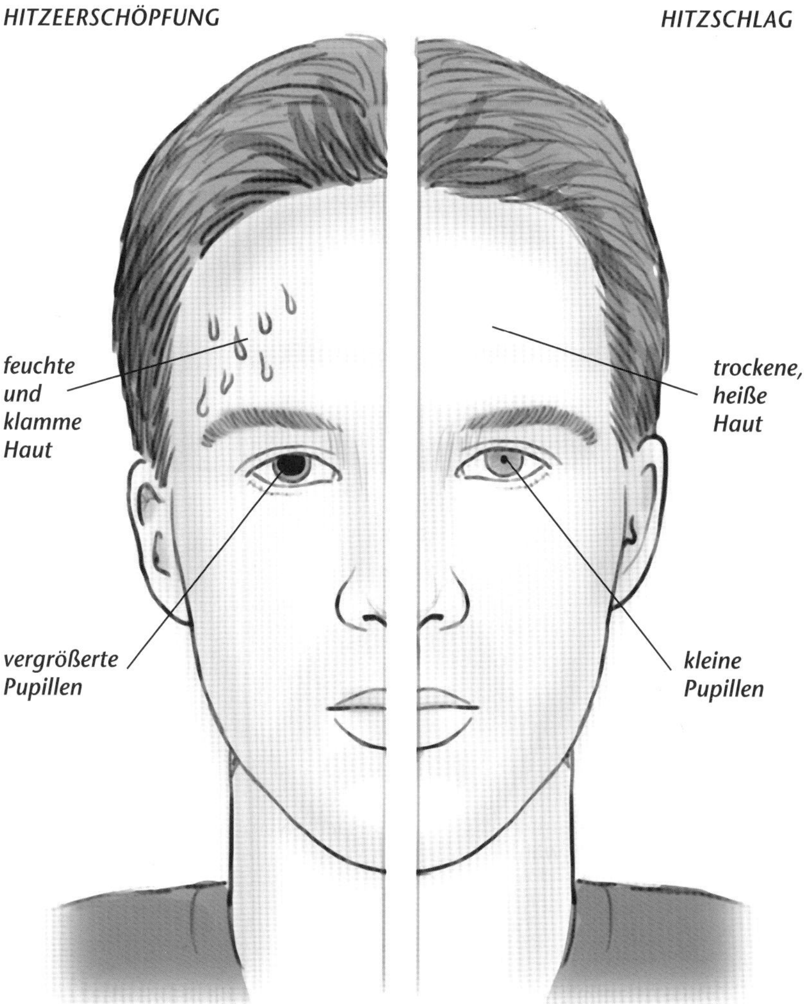

Hitzschläge können tödlich enden, da die Temperatur des Körpers über den sicheren Bereich von 36–38 °C steigt. Die Symptome sind denen der Erschöpfung ähnlich, jedoch schlimmer, und umfassen auch Atemschwierigkeiten und Kreislaufprobleme. Menschen, die an einem Hitzschlag leiden, haben möglicherweise einen extrem schnellen Puls und können immer wieder das Bewusstsein verlieren. Um einem Hitzschlagopfer zu helfen, sollte es Ihr erstes Ziel sein, die Körpertemperatur auf ein gesundes Niveau zu senken. Bringen Sie den Betroffenen aus der Sonne in den Schatten, zum Beispiel in eine Höhle oder unter Bäume, und ziehen Sie ihn bis auf die Unterwäsche aus. Befeuchten Sie nun den Körper mit Wasser, um eine Abkühlung zu erreichen. Sie können das Opfer auch bekleidet lassen und die Kleidung immer wieder mit Wasser befeuchten. Wenn Sie dem Opfer Luft zufächeln, kann dies die Kühlung beschleunigen. Bei einem ansprechbaren Opfer sollten Sie sofort Maßnahmen zur Rehydration vornehmen und es regelmäßig auf Anzeichen eines Schocks überprüfen.

Körpertemperatur senken

Um die Körpertemperatur einer Person zu senken, die unter Hyperthermie oder hohem Fieber leidet, wickeln Sie sie in eine Decke ein und tränken diese mit kühlem Wasser. Wiederholen Sie diesen Vorgang, da das Wasser nach einer gewissen Zeit warm wird.

VERLETZUNGEN UND ERKRANKUNGEN DURCH KÄLTE

Im vorherigen Kapitel haben wir bereits einige Gefahren bei extremen Minustemperaturen dargestellt und geklärt, wie man solche gefährlichen Zustände vermeiden kann. Falls es trotzdem zu Erfrierungen kommt, sollten Sie bzw. das Opfer selbstverständlich sofort einen Arzt aufsuchen. Die Realität beim Kampf um das Überleben in der Wildnis sieht aber häufig anders aus, und man muss Behandlungen direkt vor Ort durchführen.

Bei Erfrierungen gilt es, die erfrorenen Körperteile aufzutauen und möglichst schnell wieder auf die normale Körpertemperatur zu bringen. Bei einer mäßigen Form der Erfrierung reicht es, den betroffenen Körperteil warm und trocken zu halten, um weitere Temperaturverluste zu verhindern. Finger können zum Beispiel zwischen den Oberschenkeln oder unter den Achseln wieder aufgewärmt werden.

Durch starke Erfrierungen betroffenes Gewebe hingegen erfordert erheblich mehr Aufmerksamkeit. Wärmen Sie Wasser in einem Behälter, bis dieses zwar warm, aber nicht unangenehm ist, und tauchen Sie das betroffene Körperglied hinein. Gießen Sie immer wieder Wasser nach, um die Wassertemperatur konstant zu halten. Langsam, aber sicher wird so das erfrorene Gewebe auftauen, was leider sehr schmerzhaft ist. Öffnen Sie niemals entstandene Blasen und lassen Sie das Gewebe auf keinen Fall wieder erfrieren, nachdem Sie es aufgewärmt haben. Die Folgeschäden wären verheerend und führen fast immer zu einer Amputation.

Die größere Gefahr in Regionen mit extremen Minusgraden ist jedoch Unterkühlung, nicht Erfrierung. Sie tritt auf, wenn die Körperkerntemperatur unter den natürlichen Bereich sinkt. Die frühen Symptome scheinen oft eher mentaler Natur zu sein: dramatische Stimmungsschwankungen, ungewöhnliche Aggressivität oder Wut, Antriebslosigkeit, Verwirrung und Ungeschicklichkeit. Körperliche Symptome sind eiskalte Haut, zunehmende Müdigkeit, flache Atmung, Zittern, niedriger Puls bis hin zu Bewusstlosigkeit und Tod. Das beste Mittel gegen Unterkühlung ist natürlich Wärme. Bei den ersten Anzeichen von Unterkühlung sollten Sie die betroffene Person an einen geschützten Ort bringen, ein Feuer machen und ihr die nasse Kleidung ausziehen. Wickeln Sie das Opfer in saubere, trockene Kleidung oder in einen Schlafsack. Sie können den Betroffenen auch in die Arme nehmen, damit er von Ihrer Körperwärme profitieren kann. Bei leichten oder mäßigen Formen der Unterkühlung (Körperkerntemperatur nicht unter 33 °C), sollten Sie dem Betroffenen wenn vorhanden heiße Nahrung oder Getränke einflößen. Dies sollte sehr langsam geschehen, da zu schnelles Essen oder Trinken den bereits geschwächten Körper überfordern könnte. Bei schwerer Unterkühlung (Körpertemperatur unter 33 °C) sollten Sie dem Patienten nichts anderes als warmes Zuckerwasser einflößen. Geben Sie ihm auf keinen Fall feste Nahrung, da das Verdauungssystem bei diesen Körpertemperaturen bereits aufgehört hat zu arbeiten. Sie können das Opfer mit mehr Wärme versorgen, indem Sie Steine über einem Feuer erhitzen, diese in ein Handtuch oder ein anderes dickes Stück Stoff einwickeln und dort in die Nähe des Körpers legen, wo die Blutbahnen sich dicht an der Oberfläche befinden. Beispiele hierfür sind Oberschenkel, Nacken, Magengrube, Achseln und Handgelenke. Seien Sie dabei sehr vorsichtig. Sie wollen dem Patienten schließlich nicht auch noch eine Verbrennung zufügen. Lassen Sie den Betroffenen ruhen, da der Herzmuskel geschwächt ist, und holen Sie so schnell wie möglich Hilfe.

ERSTICKUNG

Ein besonderer Notfall der Atemwege ist das Ersticken. Er tritt auf, wenn die Luftröhre durch ein Objekt, meistens Nahrung, blockiert ist. Nun beginnt ein Rennen gegen die Zeit. Je länger die betroffene Person nicht atmen kann, desto größer ist die Gefahr, dass sie das Bewusstsein verliert und schließlich auf-

Vorgehen bei Erstickungsgefahr

Die obere Abbildung zeigt die klassische Methode, ein Objekt aus der Luftröhre durch Klopfen auf den Rücken der betroffenen Person zu entfernen. Die andere Skizze zeigt eine Form des Heimlich-Manövers, die bei bewusstlosen Personen, die zu ersticken drohen, angewandt werden kann.

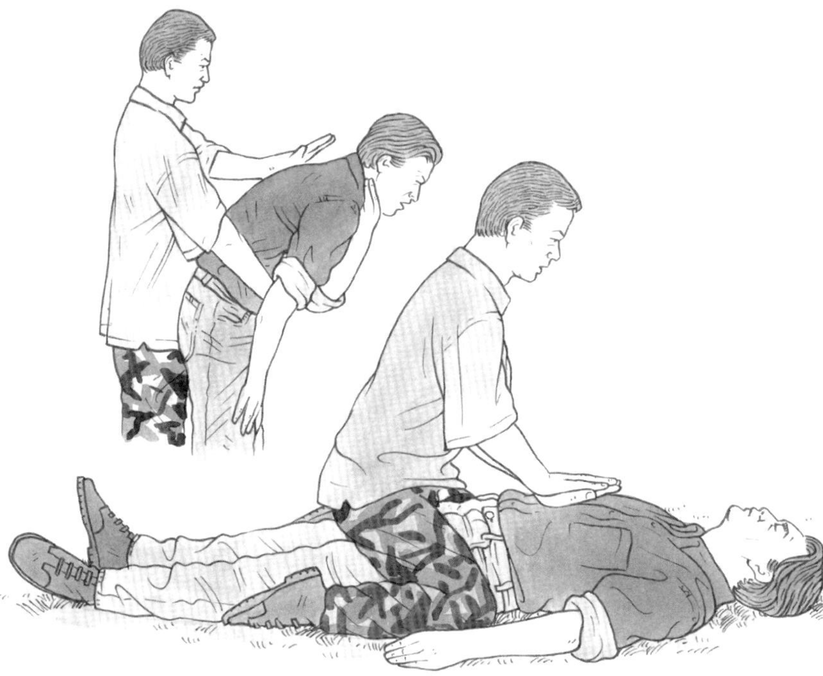

Heimlich-Manöver

Beim Heimlich-Manöver wird kräftig gegen den oberen Bauchraum zwischen Bauchnabel und Brustbein gedrückt. Wiederholen Sie dieses Manöver bis zu fünf Mal. Wenn die Luftröhre weiter blockiert bleibt, müssen Sie zu anderen Methoden übergehen.

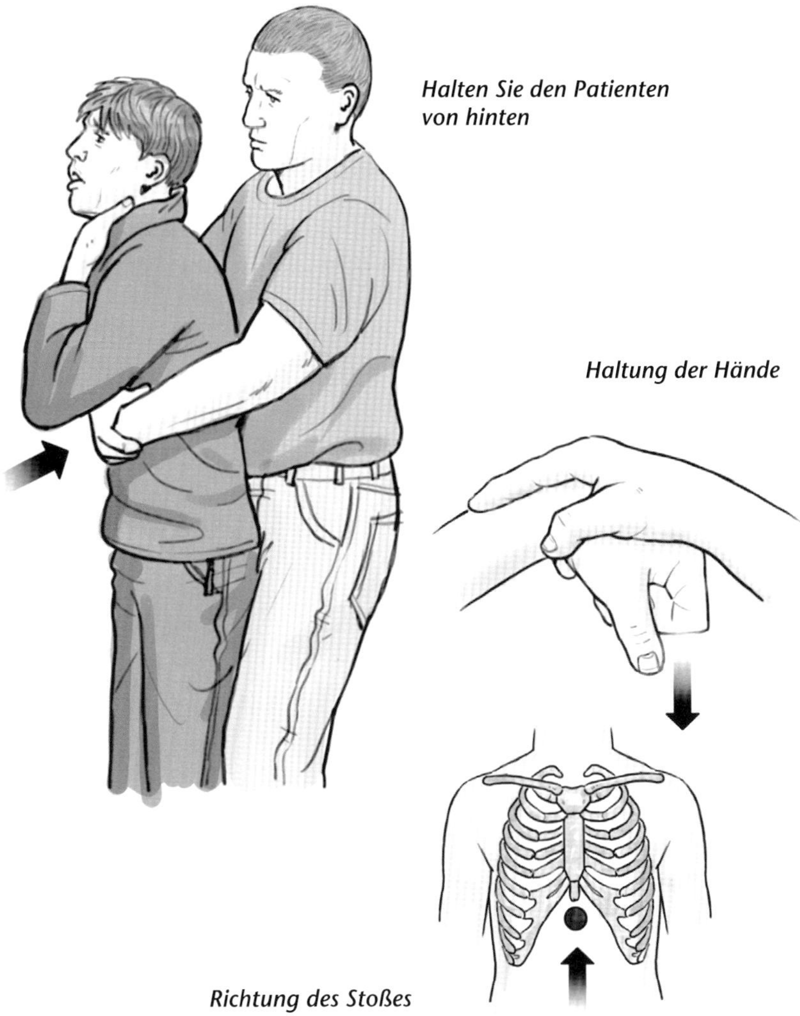

grund von Sauerstoffmangel stirbt. Mit sinkendem Sauerstoffgehalt im Körper des Betroffenen wird das Gesicht erst rot, dann bei Bewusstlosigkeit blau. Wenn der Patient jedoch hustet, zeigt dies, dass der Körper versucht, auf natürliche Art und Weise die Luftröhre von dem blockierenden Objekt zu befreien. In diesem Fall müssen Sie nichts tun, außer zu beobachten, ob die Symptome sich plötzlich verschlimmern.

Im Falle von akuter Erstickungsgefahr sollten Sie als erstes versuchen, das Objekt mit den Fingern aus der Luftröhre zu entfernen. Sie sollten aber auf keinen Fall mit den Fingern gegen ein Objekt im Rachenraum drücken, weil die Gefahr besteht, dass es dadurch noch weiter hineinrutscht. Falls Sie den Gegenstand nicht erreichen können, stellen Sie sich hinter die betroffene Person und senken Sie deren Kopf unter Brustkorbhöhe. Schlagen Sie jetzt kräftig fünf Mal mit der flachen Hand zwischen die Schulterblätter. Dem Betroffenen wird es so erleichtert, den Gegenstand auszuhusten. Wiederholen Sie dieses zwei bis drei Mal und überprüfen Sie den Mund nach jedem Durchgang.

Falls die Schläge auf den Rücken nicht helfen, müssen Sie das bekannte Heimlich-Manöver anwenden. (Beachten Sie, dass dieses Manöver nicht für Kleinkinder unter einem Jahr geeignet ist.) Stehen oder knien Sie hinter dem Opfer und umschlingen Sie dessen Taille. Formen Sie mit einer Hand eine Faust und platzieren Sie diese unterhalb der Rippen und oberhalb des Nabels. Greifen Sie mit Ihrer anderen Hand die Faust und ziehen sie dann vier Mal ruckartig kräftig gerade nach oben innen.

Das Ziel ist es, die Luft aus den Lungen herauszupressen, um das blockierende Objekt zu lösen. Kombinieren Sie diese Technik mit den vier Schlägen auf den Rücken, bis das Objekt sich löst. Sollte der Betroffene bewusstlos werden, können Sie die Schläge auf den Rücken durchführen, während dieser auf der Seite liegt. Auch die Rückenlage ist eine Möglichkeit. Hier knien Sie sich über das Opfer und führen Druckbewegungen mit der flachen Hand direkt im Oberbauchbereich durch.

WUNDEN UND BLUTUNGEN

Blutungen variieren in der Stärke von einer kleinen Schnittwunde, die ohne oder mit wenig Zutun aufhört zu bluten, bis hin zu massiven Blutungen, die durch die Amputation ganzer Gliedmaßen hervorgerufen werden. Ein durchschnittlicher Erwachsener kann ohne schlimmere Folgen etwa 0,5 Liter Blut verlieren. Jeder Blutverlust von mehr als einem Liter endet mit einem Kreislaufschock des Betroffenen. Aus diesem Grund muss eine größere Blutung so schnell wie möglich gestillt werden.

Um eine lokale Blutung zu behandeln, legen Sie ein sauberes Stück Stoff auf die Wunde und üben leichten Druck aus. Haben Sie kein sauberes Material zur Hand, drücken Sie mit Ihrer Hand auf die Wunde. Stellen Sie sicher, dass diese sauber ist, um eine Blutvergiftung zu vermeiden.

Halten Sie den Druck aufrecht und entfernen Sie den Stoff nicht, selbst wenn dieser mit Blut durchtränkt ist. Platzieren Sie vielmehr einen weiteren Verband über dem ersten, denn wenn Sie die erste Lage Verband entfernen, kann die Blutung erneut beginnen. Indem Sie Druck auf die Wunde ausüben, wird der Blutverlust vermindert. Schließlich verdickt sich das Blut, und die Blutung hört auf.

Blutungen unter Kontrolle bringen

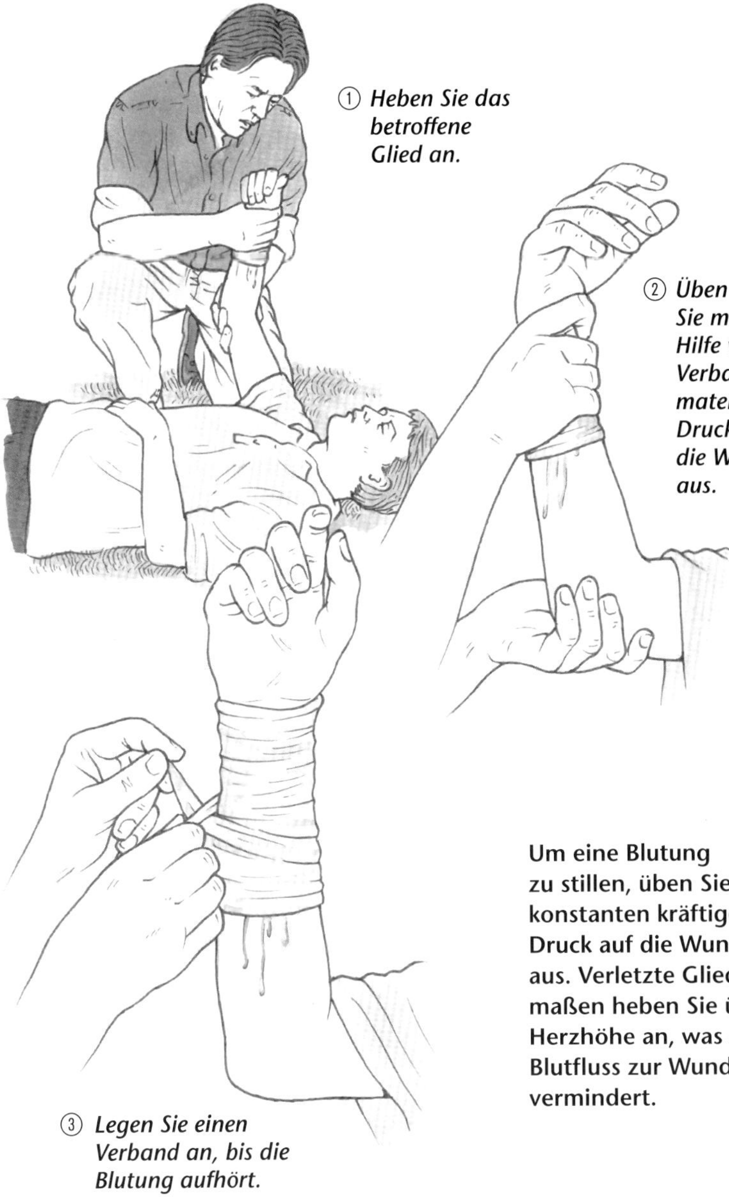

Um eine Blutung zu stillen, üben Sie konstanten kräftigen Druck auf die Wunde aus. Verletzte Gliedmaßen heben Sie über Herzhöhe an, was den Blutfluss zur Wunde vermindert.

Wie Sie eine elastische Binde anlegen

Achten Sie darauf, die Blutversorgung nicht durch einen zu engen Verband zu unterbrechen. Drücken Sie nach Anlegen des Verbandes auf die Fingernägel des Patienten. Wenn die Farbe nach dem Loslassen wieder zurückkehrt, so ist die Blutversorgung gesichert.

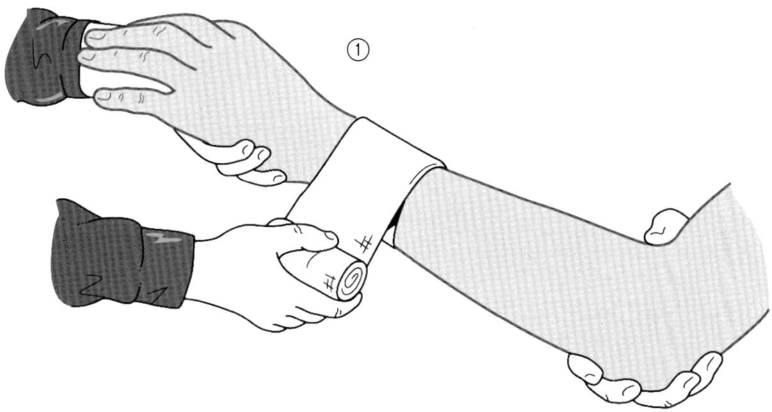

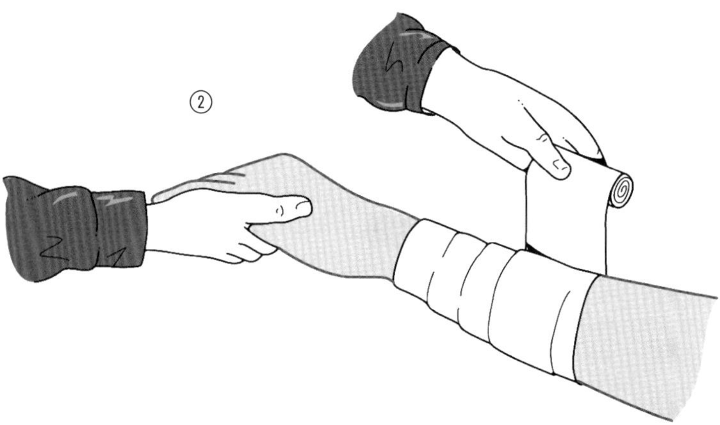

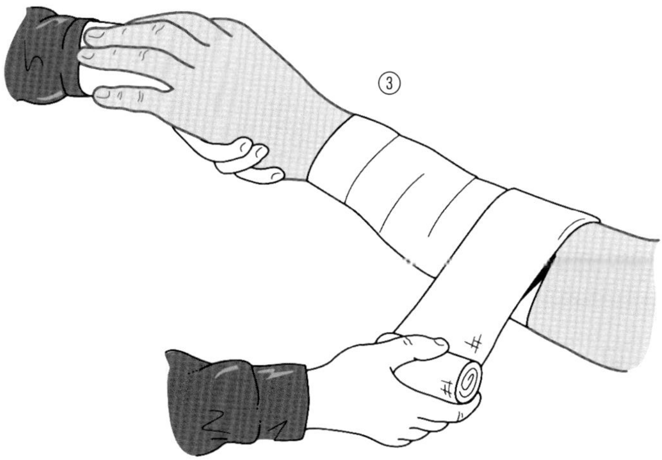
③

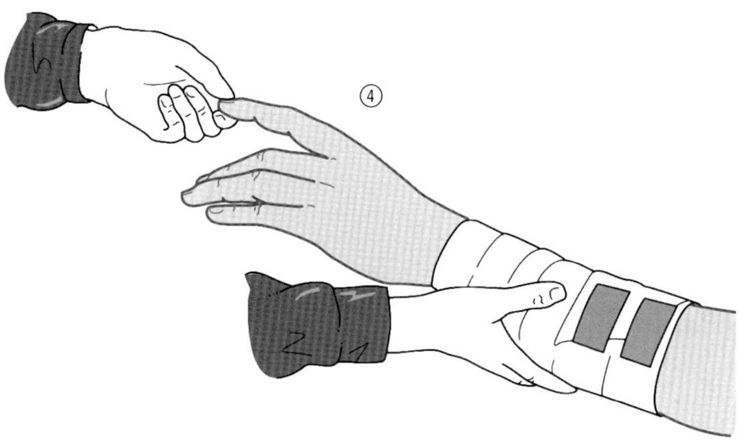
④

In manchen Fällen kann eine Blutung sehr stark sein, vor allem, wenn eine Arterie verletzt ist (hellrotes Blut spritzt heraus), und es müssen drastischere Gegenmaßnahmen ergriffen werden. Falls die Gefahr besteht, dass die verletzte Person schnell verblutet – dies ist bei amputierten Armen oder Beinen der Fall – könnte ein Tourniquet Ihre letzte Möglichkeit sein. Tourniquets dürfen nur bei Verletzungen von Gliedmaßen angewendet werden und niemals am Rumpf und natürlich schon gar nicht am Hals eines Verletzten.

Doch auch wenn Tourniquets richtig angewendet werden, sind sie aus zwei Gründen gefährlich. Tourniquets hemmen die Blutversorgung zu dem Körper-

Blutungen durch Druck stillen

Üben Sie senkrechten Druck auf die Wunde aus. Wenn Sie in einem anderen Winkel auf die Wunde drücken, könnten Sie diese weiter öffnen und so die Blutung verstärken. Halten Sie den Druck, bis kein Blut mehr durch den Stoff sickert.

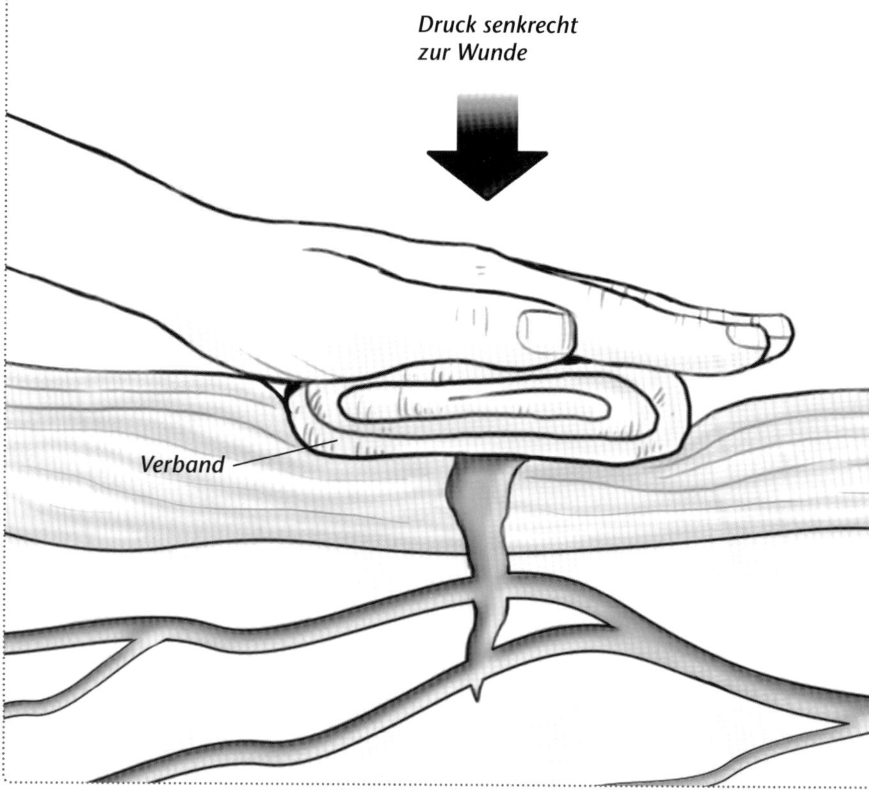

teil unterhalb der Wunde. Hierdurch kann es zu Gewebeschäden und letztlich zum Absterben des betroffenen Gliedes kommen. Außerdem ist es gefährlich, ein Tourniquet nach längerer Zeit abzunehmen, da Gifte aus dem verletzten Glied nun in die Blutbahn des Körpers gelangen und eine systemische Vergiftungsreaktion hervorrufen können, die potentiell tödlich sein kann. Aus diesem Grund sollten Sie sich nur im Notfall für die Tourniquet-Technik entscheiden. Die Druckmethode ist in den meisten Fällen ohnehin sinnvoller. Sie sollten ein Tourniquet nur verwenden, wenn Sie sich sicher sind, dass Sie bald medizinische Hilfe erreichen können. Die Tourniquet-Methode ist so gefährlich, dass Sie diese erst nach

Wie Sie Blutungen durch Druck auf die Arterien vermindern

In diesem Fall blutet das Opfer aus einer schweren Wunde am Oberschenkel. Der Ersthelfer übt Druck auf die Oberschenkelarterie aus, um den Blutfluss zur Wunde zu mindern. Wenden Sie diese Methode nur an, wenn Sie die Blutung weder durch direkten Druck auf die Wunde noch durch das Hochlegen des betroffenen Glieds unter Kontrolle gebracht haben.

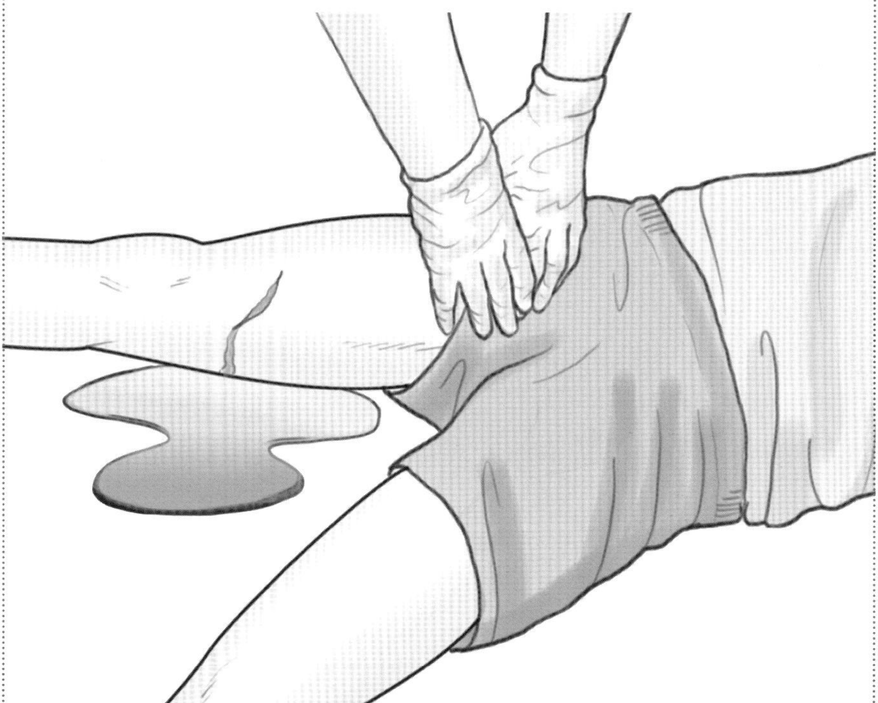

Wie Sie eine Wunde nähen

Elitesoldaten lernen, eine Wunde zu nähen. Sie sollten dies allerdings nur versuchen, wenn Sie a) über die nötigen Kenntnisse verfügen; b) steriles Material bei sich haben; und c) in naher Zukunft weder einen Arzt noch ein Krankenhaus erreichen können.

① *Sterilisieren Sie einen Faden und eine Nadel.*

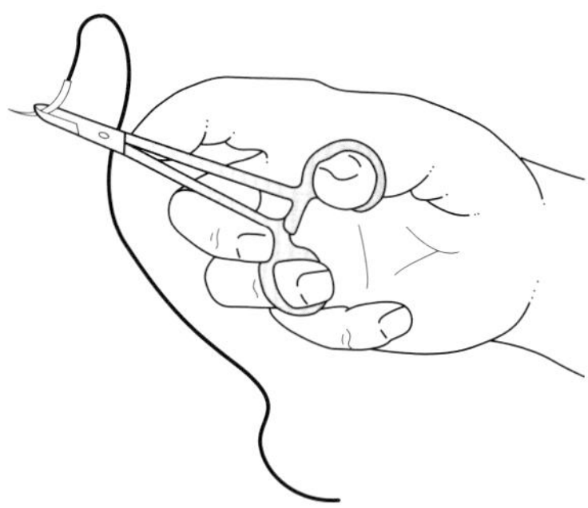

② *Stechen Sie die Nadel mitten in der Wunde ein.*

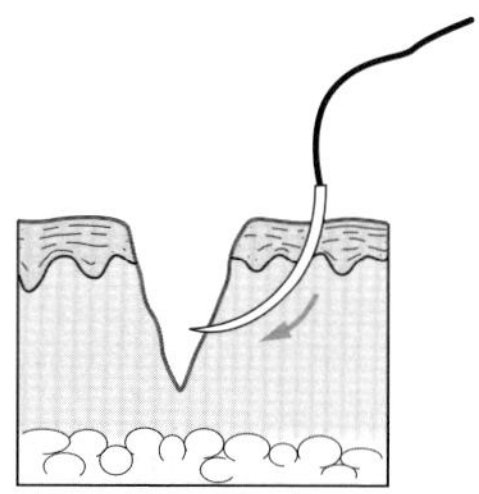

③ *Ziehen Sie die Nadel durch eine Seite des Schnitts.*

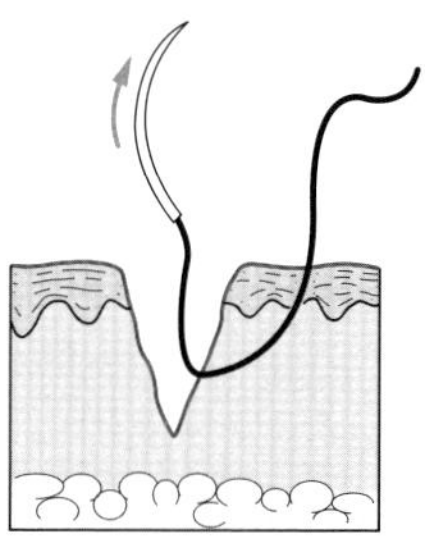

④ *Stechen Sie diese dann durch die andere Seite.*

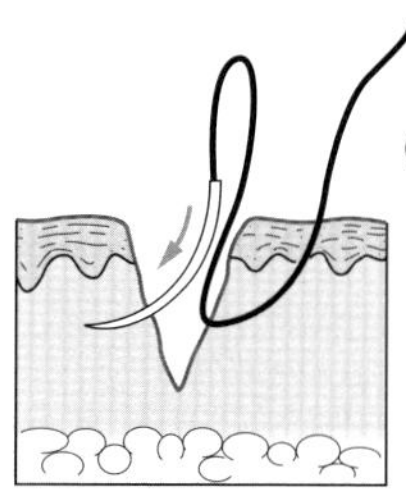

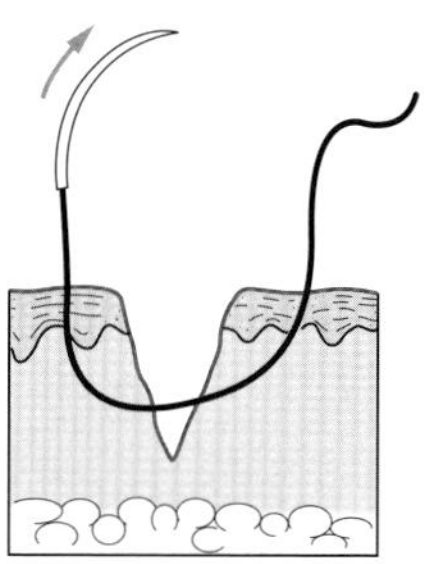

⑤ *Ziehen Sie die Wunde zusammen.*

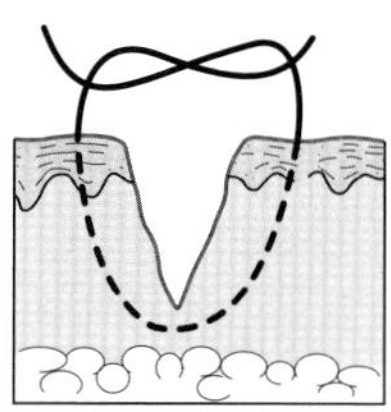

⑥ *Verknoten Sie den Faden.*

einem ausführlichen Erste-Hilfe-Kurs anwenden sollten. Machen Sie unbedingt einen guten Kurs in Ihrer Umgebung ausfindig.

Um im Notfall ein Tourniquet herzustellen, brauchen Sie ein etwa fünf Zentimeter breites Tuch. Wickeln Sie das Tuch mehrfach um den verletzten Körperteil, etwa fünf Zentimeter oberhalb der Wunde, zwischen Herz und Wunde. Verknoten Sie die beiden Enden des Tuches und legen Sie einen Stock auf den Knoten. Nun binden Sie einen Doppelknoten über dem Stock zusammen. Jetzt

Wundnähte

Um eine Wunde zu verschließen, können Sie sie entweder vernähen oder vorübergehend ein einfaches Pflaster verwenden.

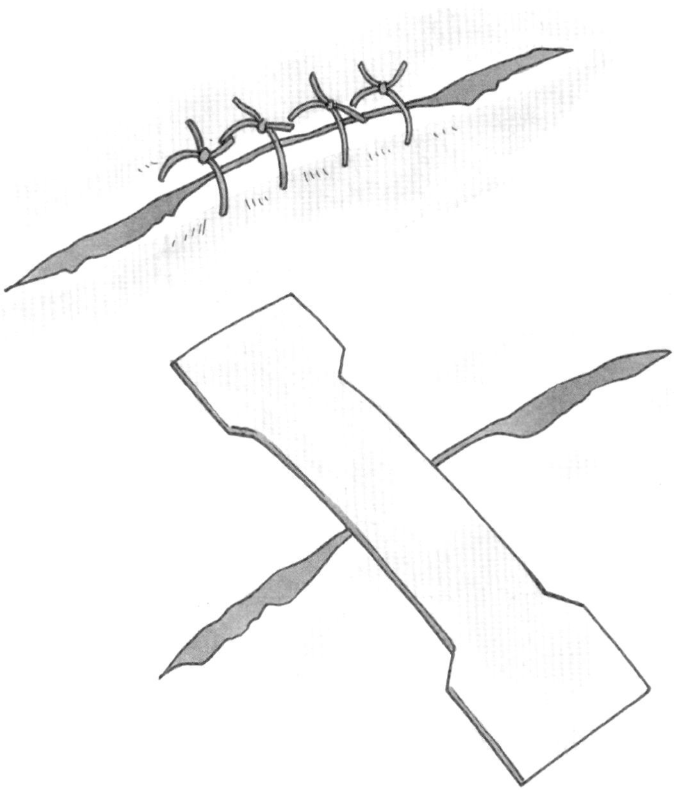

drehen Sie das Tourniquet. Hierdurch wird die Blutzufuhr zur Wunde unterbrochen und die Blutung gestillt. Sobald die Blutung aufgehört hat, sollten Sie die Wunde mit Mitteln behandeln, die die Blutgerinnung beschleunigen. Falls keine medizinische Versorgung erreichbar ist, sollten Sie das Tourniquet alle zehn Minuten lösen, um zu prüfen, ob die Blutung aufgehört hat, damit sie den Körperteil am Leben erhalten.

Verletzungen, die durch starken Aufprall auf den Oberkörper oder die Oberschenkel hervorgerufen werden, können mit inneren Blutungen einhergehen. Innere Blutungen werden normalerweise im Krankenhaus durch Operationen behandelt. Ihre Versorgung überschreitet die Möglichkeiten der Ersten Hilfe bei weitem. Alles, was Sie in diesem Fall tun können, ist wie vorher beschrieben, den Patienten auf Anzeichen von Schock zu untersuchen, und ihn auf schnellstem Wege zu einem Arzt zu bringen. Anzeichen für innere Blutungen können sein:

- Schwäche
- Blasse, kalte und feuchte Haut
- Blut im Urin oder Stuhl (teerartiger Stuhl)
- Erbrechen oder Husten von Blut
- Symptome eines systemischen Schocks (siehe oben).

Mittelfristige Behandlung einer Wunde

Unter den nicht gerade hygienischen Bedingungen des Schlachtfelds besteht bei Wunden auch nach Stillung der Blutung noch die Gefahr einer Infektion. In einer Survivalsituation helfen folgende Verfahren, das Infektionsrisiko zu vermindern:

- **Halten Sie die Wunde sauber und bedeckt. Spülen Sie sie mit klarem Wasser aus (nicht reiben oder scheuern). Idealerweise enthält das Wasser eine milde antibakterielle Seife. Achtung – spülen Sie eine Wunde erst aus, nachdem die Blutung gestillt wurde.**
- **Entfernen Sie vorsichtig mit einer Pinzette alle Fremdkörper aus der Wunde. Auch dies sollten Sie erst tun, wenn die Blutung gestillt ist und Sie nicht riskieren, dass diese wieder beginnt.**
- **Verbinden Sie die Wunde mit sterilem Verbandszeug (Sie können Ihre Verbände selbst sterilisieren, indem Sie sie fünf Minuten lang in heißem Wasser kochen). Verwenden Sie schmutzige Verbände nicht mehrfach. Säubern Sie die Verbände und kochen sie dann 15 Minuten lang, um sie zu sterilisieren.**
- **Wechseln Sie täglich den Verband.**
- **Anzeichen für eine infizierte Wunde sind u.a. die folgenden: unangenehmer Geruch, Eiter und verstärkter Schmerz oder Wärmegefühl an der Wunde. Um eine Infektion zu behandeln, können Sie heiße Steine oder gekochte und zerquetschte Pflanzen in ein Tuch wickeln und dieses um die Wunde legen.**

Tourniquets

Tourniquets können für den Betroffenen sehr gefährlich sein und sollten nur verwendet werden, wenn das Opfer ohne diese drastische Maßnahme verbluten würde. EIN ENTSPRECHENDES TRAINING IST UNERLÄSSLICH.

Binden Sie oberhalb der Wunde einen Verband um das Körperglied.

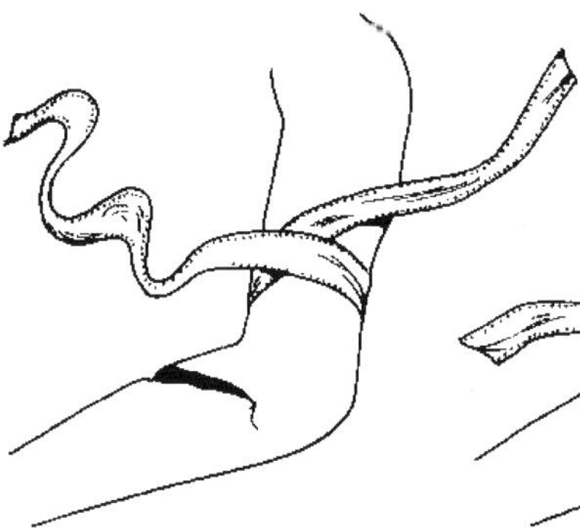

Verknoten Sie den Verband.

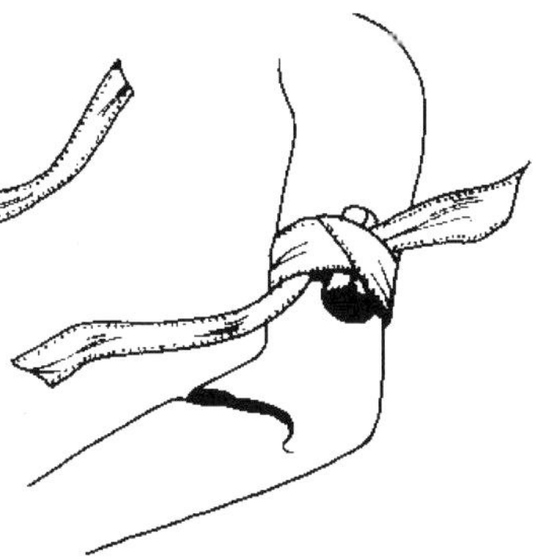

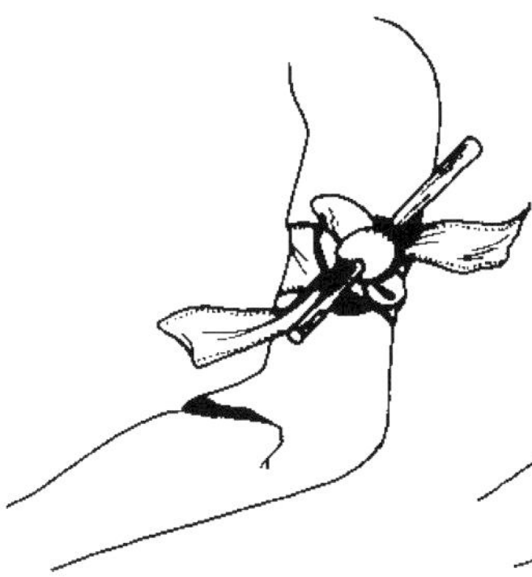

Binden Sie mit einem weiteren Knoten einen Stock fest.

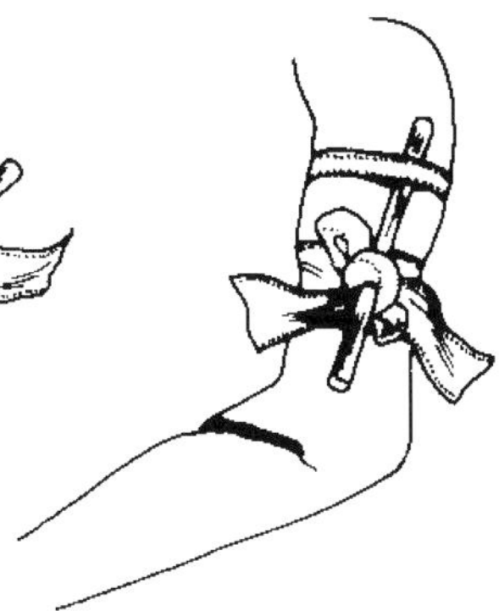

Drehen Sie den Stock, bis die Blutung aufhört.

Hauptarterien

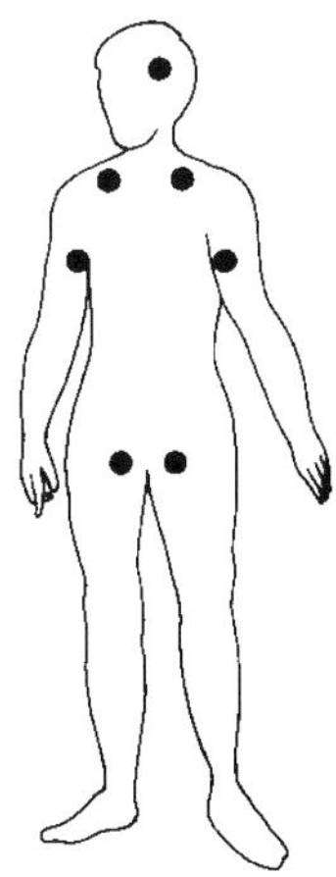

VERBRENNUNGEN

In einer Überlebenssituation entstehen Brandwunden am häufigsten beim Feuermachen, seltener bei Waldbränden. Es gibt allerdings auch andere Möglichkeiten, sich Brandwunden zuzuziehen. Brandwunden können beispielsweise durch Reibung entstehen, wenn ein Seil schnell durch die nackten Hände oder an den Oberschenkeln entlang gezogen wird; oft sind sie eine Begleiterscheinung von Unfällen beim Bergsteigen. Eine weitaus häufiger vorkommende Brandwunde ist der Sonnenbrand, der ab einer bestimmten Stufe genauso ernst genommen werden muss wie alle anderen Arten von Brandwunden. In der Medizin werden Brandwunden in drei Kategorien eingeteilt:

- Verbrennungen ersten Grades: Nur die oberste Hautschicht ist betroffen. Leichte, ungefährliche Verletzungen.
- Verbrennungen zweiten Grades: Reichen bis in die zweite Hautschicht. Es entstehen rote, sehr schmerzhafte Blasen.
- Verbrennungen dritten Grades: Zerstören selbst das tief liegende Gewebe bis hin zum Knochen. Verbrennungen dritten Grades können grauenvolle, schwarz verkohlte, offene Wunden hervorrufen.

Starke Verbrennungen sind aus vielerlei Gründen sehr gefährlich. Sie zerstören nicht nur Gewebe, sondern sind auch sehr anfällig für Infektionen. Oft kommt es beim Verletzten aufgrund des hohen Flüssigkeitsverlusts zu einem Schock. Die Schwere der Verbrennungen kann außerdem je nach prozentualem Anteil der zerstörten Hautoberfläche variieren. Eine Verbrennung zweiten Grades, die den ganzen Brustkorb und die Beine einer Person betrifft, ist zum Beispiel deutlich gefährlicher als eine Verbrennung dritten Grades an einem einzelnen Finger. Die erste Maßnahme gegen eine Verbrennung sollte es sein, die betroffene Stelle zu kühlen. Selbst wenn die Verbrennung nur einen Bruchteil einer Sekunde andauert – wenn man zum Beispiel eine heiße Pfanne berührt – wird die Hitze noch lange im Gewebe Schaden anrichten.

Behandlung

Eine sinnvolle erste Maßnahme ist es daher, die betroffene Stelle etwa 10 Minuten lang mit kaltem Wasser zu kühlen. Beachten Sie, dass Sie an der Wunde klebende Kleidung nicht sofort abreißen sollten. Sie könnten dabei Haut mit abziehen, was die spätere Narbenbildung verschlimmern würde. Weichen Sie daher einfach die Kleidung ein.

Kühlen Sie die Verbrennung so lange, bis der Schmerz beim Herausziehen aus dem Wasser nicht schlimmer wird. Anschließend sollten Sie die Wunde mit einem sterilen Verband abdecken. Tragen Sie nichts auf die Wunde auf, auch keine Salbe. Der alte Ratschlag, Butter oder Schmalz auf die Wunde aufzutragen, ist gefährlich für den Patienten. Wechseln Sie den Verband regelmäßig und säubern Sie die Wunde mit Wasser. Geben Sie dem Patienten viel zu trinken, um die verlorenen Flüssigkeiten zu ersetzen. Reduzieren Sie dies, sobald der Betroffene ungewöhnlich häufig zur Toilette muss. Achten Sie weiterhin auf Anzeichen eines Schocks.

KNOCHENBRÜCHE

Man unterscheidet zwei Arten von Knochenbrüchen. Von einem offenen Bruch wird gesprochen, wenn das Ende eines gebrochenen Knochens die Haut durchstößt und eine blutende Wunde entsteht. Bei einem geschlossenen Bruch ist der Knochen auch gebrochen, durchstößt

Eine Brandwunde behandeln

Um weitere Gewebeschäden zu vermeiden, sollten Sie die Brandwunde so schnell wie möglich mit Wasser kühlen. Tun Sie dies mindestens zehn Minuten lang.

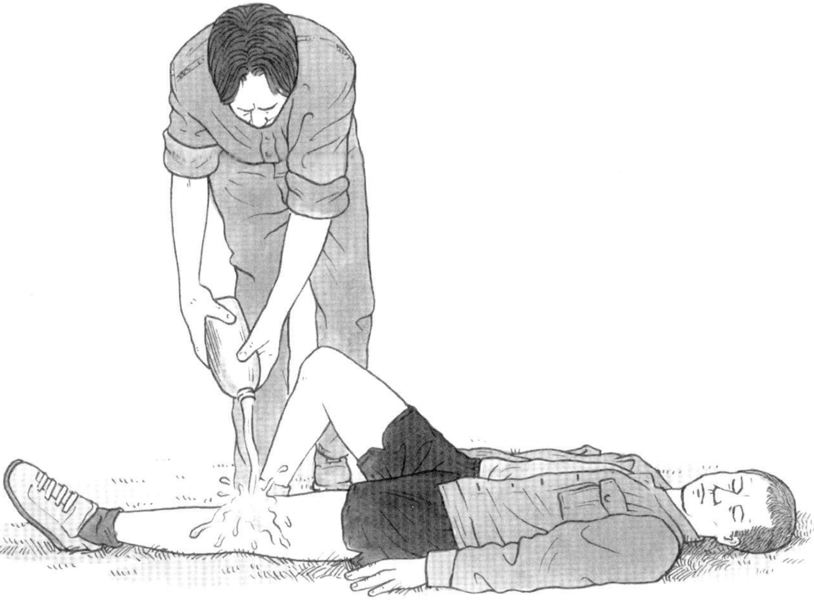

aber nicht die Haut. Die Symptome eines Bruchs sind sehr deutlich:

- Es gibt ein lautes, knackendes Geräusch, wenn der Knochen bricht.
- Die betroffene Person fühlt, wie der Knochen bricht.
- Es kommt zu einem starken Schmerz, und die betroffene Stelle ist sehr empfindlich.
- Ein Körperteil oder Gelenk kann deutlich verformt sein, und in manchen Fällen ist jede Bewegung des betroffenen Körperteils unmöglich.
- Es kann zu einem knirschenden Gefühl oder Geräusch kommen, wenn die beiden Knochenenden aneinander reiben.
- Muskeln um die Bruchstelle herum können in einen Krampfzustand übergehen.

Offene Brüche erfordern eine vorsichtige Behandlung, da Sie den betroffenen Körperteil sehr ruhig halten müssen, während Sie gleichzeitig die Blutung stillen. Um die Blutung zu stillen, halten Sie sich an die oben erklärten Techniken. Bringen Sie den Druck um die Wunde herum an, jedoch nicht direkt auf dem Knochen. Verwenden Sie eine Pinzette, um Knochensplitter aus der Wunde zu entfernen. Beide Arten von Knochenbrüchen können auf Nerven oder Blutbahnen drücken. Wenn sie nicht behandelt werden, können sie Nerven- und Durchblutungsstörungen hervorrufen, die im

Knochenbrüche

Es gibt unterschiedliche Arten von Knochenbrüchen. Grünholzfrakturen treten zumeist bei jungen Menschen auf, deren Knochen noch sehr flexibel sind. Trümmerfrakturen dagegen sind häufiger bei älteren Menschen zu finden oder resultieren aus einem massiven Aufprall.

Einfacher Bruch

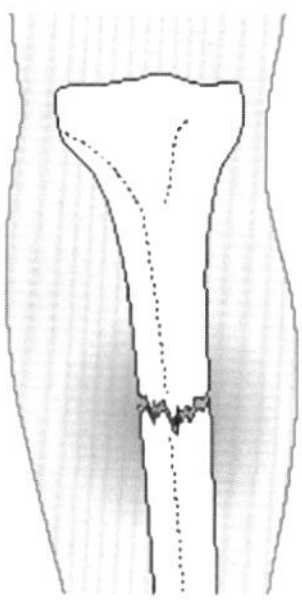

Grünholzfraktur

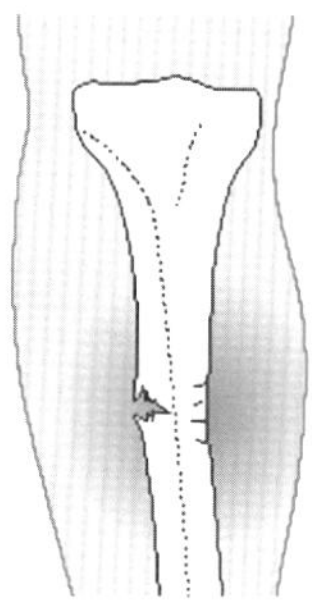

Trümmerfraktur

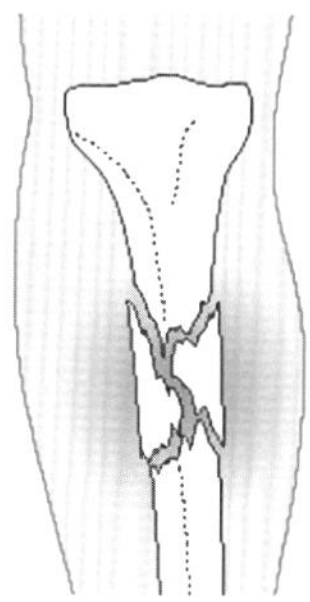

Geschlossener Bruch

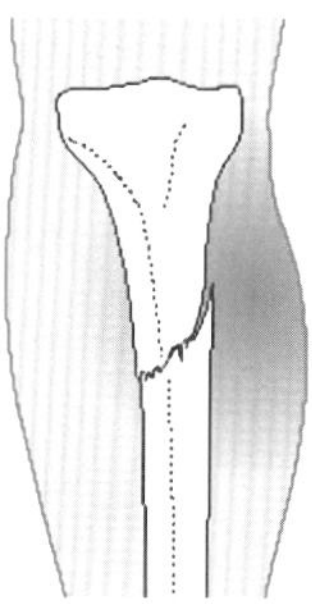

Offener Bruch

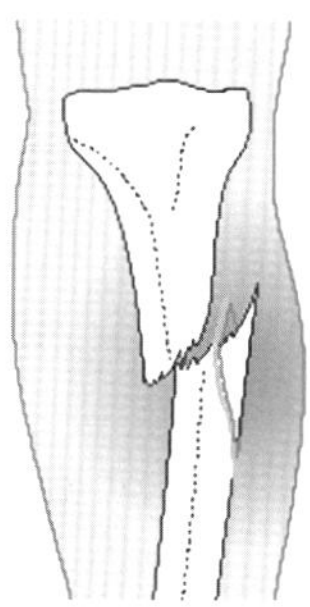

Extremfall sogar zum Verlust von Gliedmaßen führen können. Wenn Gliedmaßen gebrochen sind, sollten Sie die Kreislauffunktion überprüfen, indem Sie den Puls am Handgelenk fühlen (falls der Arm gebrochen ist) oder die Gliedmaßen auf Temperatur und bläuliche oder rosa Verfärbungen hin untersuchen (obwohl es hierfür auch andere Erklärungen gibt). Kneifen Sie in die Zeh- oder Fingernägel und überprüfen Sie, ob sie wieder rosa werden, wenn Sie loslassen. Ist dies der Fall, so funktioniert die Blutversorgung. Prüfen Sie die Funktion des Nervensystems, indem Sie die Hand oder den Fuß des Verletzten kitzeln oder kneifen. Kann der Patient dies fühlen, funktioniert das Nervensystem.

Knochen richten

Schädigungen des Kreislaufs oder des Nervensystems sollten nur von Ärzten behandelt werden. Wenn Sie sich sicher sind, dass Sie innerhalb kurzer Zeit professionelle medizinische Hilfe erreichen können, so stabilisieren Sie den Bruch so gut wie möglich mit Verbänden und Schienen. Falls es einige Zeit dauert, bis Sie professionelle Hilfe erreichen, sollten Sie den Druck auf die Blutbahnen und das Nervensystem mindern, indem Sie die Knochen durch einen kräftigen Zug wieder in die natürliche Stellung bringen. Versuchen Sie aber niemals, ein gebrochenes Gelenk zu begradigen. Dieses sollte im Falle eines Bruchs in einer mittleren Stellung gehalten werden. Bevor Sie den Knochen in die richtige Position ziehen, legen Sie den Betroffenen auf den Boden und bringen ihn dazu, die Muskeln um den Bruch herum zu entspannen. Ziehen Sie nun vorsichtig, aber bestimmt den gebrochenen Knochen nach außen und biegen Sie ihn dann in die richtige Position zurück. Dieser Vorgang kann zwischen 10 und 15 Minuten dauern, da Sie gegen den Widerstand der Muskeln anziehen. Vielleicht müssen Sie den Verletzten auch gegen einen Baum oder einen anderen Gegenstand lehnen, so dass Sie dagegendrücken können. Bei offenen Brüchen müssen Sie vor dem Richten die Wunde gründlich säubern und dann darauf achten, dass Sie keine Haut einschließen, wenn der Knochen zurück ins Fleisch gezogen wird. Wenn das Richten korrekt durchgeführt wurde, sollte sich der Knochen wieder in der natürlichen Stellung befinden, und die Kreislauf- und Nervenfunktionen müssten wieder vollkommen hergestellt sein. Sie sollten den Bruch jetzt schienen, um weitere Verschiebungen zu verhindern.

TIPP

Verstauchungen

Verstauchungen treten bei Soldaten während der Ausbildung häufig auf. Behandeln Sie Verstauchungen wie folgt:

- **Legen Sie einen kalten Wickel um die betroffene Stelle, um die Schwellung zu verringern.**
- **Verbinden Sie die betroffene Stelle und legen Sie das Körperglied hoch.**
- **Entlasten Sie den betroffenen Körperteil vollkommen.**
- **Falls Sie sich den Knöchel verstauchen, aber weiterlaufen müssen, behalten Sie Ihren Stiefel an, um den Knöchel zu stützen und die Schwellung zu reduzieren.**

Behandlung eines verstauchten Gelenks

Entlasten, Kühlen, Verbinden, Hochlegen – das ist die Reihenfolge bei der Behandlung eines verstauchten Gelenks. Durch die drei letzten Schritte wird der Blutfluss zur verletzten Stelle vermindert, wodurch die Schwellung reduziert wird.

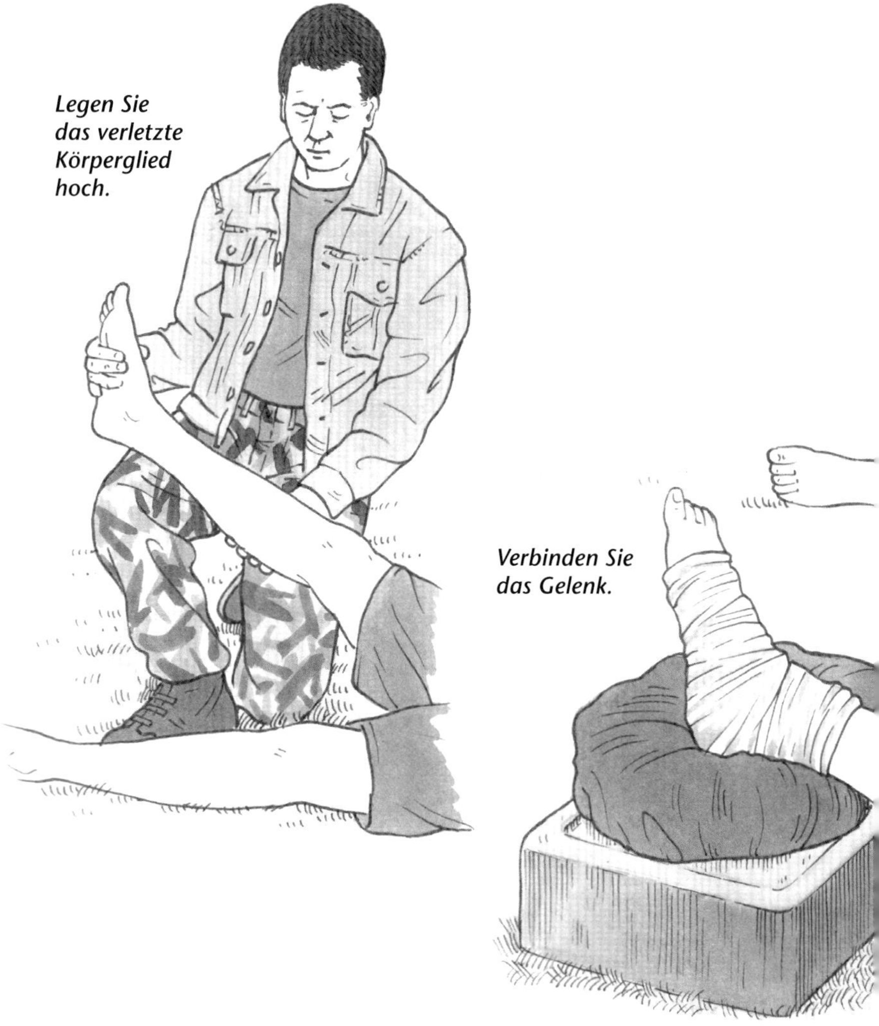

Kühlen Sie die betroffene Stelle.

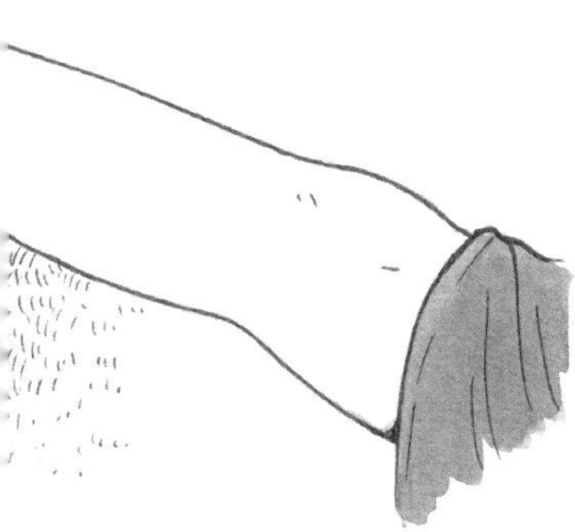

Das Schienen

Beim Schienen wird der Bruch in einer festen Position fixiert. Gerade, feste Äste, Wander- oder Skistöcke oder notfalls sogar zusammengerollte Zeitungen können als Schienen verwendet werden. Sie sollten lang genug sein, dass sie auf beiden Seiten deutlich über den Bruch hinausragen.

Für ein gebrochenes Körperglied sollten Sie zwei Schienen verwenden – auf jeder Seite der Fraktur eine – und diese an vier Stellen (zweimal über dem Bruch und zweimal unterhalb des Bruchs) miteinander verknoten. Legen Sie dicke Polster zwischen die Schienen und den Knochen. Um die Stabilität weiter zu erhöhen, können Sie das gebrochene Glied an einen unverletzten Körperteil binden. Ein gebrochenes Bein könnte also beispielsweise an das gesunde Gegenstück gebunden werden. Nachdem Sie die Schienen angebracht haben, sollten Sie die Kreislauf- und Nervenfunktionen erneut prüfen, um sicherzustellen, dass die Schiene nicht zu fest sitzt.

AUSGERENKTE GLIEDMASSEN

Verrenkungen stellen Sie vor ähnliche Herausforderungen wie Knochenbrüche. Sie treten auf, wenn ein Gelenk aus der normalen Position herausgerissen wird. Meist handelt es sich um ein Schulter- oder Hüftgelenk, bei dem die Kugel aus der Gelenkpfanne herausgerissen wurde. Meistens sind Ausrenkungen die Folge von heftigen Stößen wie beispielsweise bei einem Sturz.

Es kann sich dabei um ernste Verletzungen handeln. Verrenkungen sind nicht nur extrem schmerzhaft, sondern können genau wie Brüche Nerven oder

Blutbahnen abklemmen und so zu dauerhaften Schäden wie Wundbrand oder Deformationen führen.

In fast allen Fällen von Ausrenkungen sollte Ihre erste Priorität darin bestehen, die betroffene Stelle zu schienen und den Verletzten in ein Krankenhaus zu bringen. Falls medizinische Hilfe nicht in Aussicht steht, sollten Sie versuchen, das ausgekugelte Gelenk einzurenken. Wichtig: Das Einrenken ist eine sehr komplizierte Angelegenheit, die nicht auf die leichte Schulter genommen werden sollte. Wie beim Richten von Knochenbrüchen sollten Sie ein Gelenk nur einrenken, wenn medizinische Hilfe innerhalb der nächsten 24 Stunden nicht zu erreichen sein wird und wenn Sie genau wissen, was Sie tun. Besuchen Sie also vor Ihrer Reise einen Kurs, in dem auch diese Dinge gelehrt werden. Führen Sie diese Prozedur außerdem nur dann durch, wenn Sie genau wissen, dass es sich um eine Ausrenkung handelt.

Trageverband

Mit einem Dreieckstuch können Sie einen gebrochenen Arm oder verletzten Ellenbogen unterwegs ruhigstellen. Um die Stabilität zu erhöhen, können Sie einen Verband quer um den Oberarm, das Dreieckstuch und den Oberkörper des Verletzten anlegen.

Einen Arm oder ein Bein schienen

Schienen können aus Verbandsmaterial und jedem anderen stabilen Material improvisiert werden. In Apotheken gibt es spezielles medizinisches Klebeband aus einer gepolsterten Aluminiumlegierung zu kaufen. Es kann auf die passende Form zugeschnitten und stützend um das verletzte Körperglied herum gelegt werden.

Armschiene

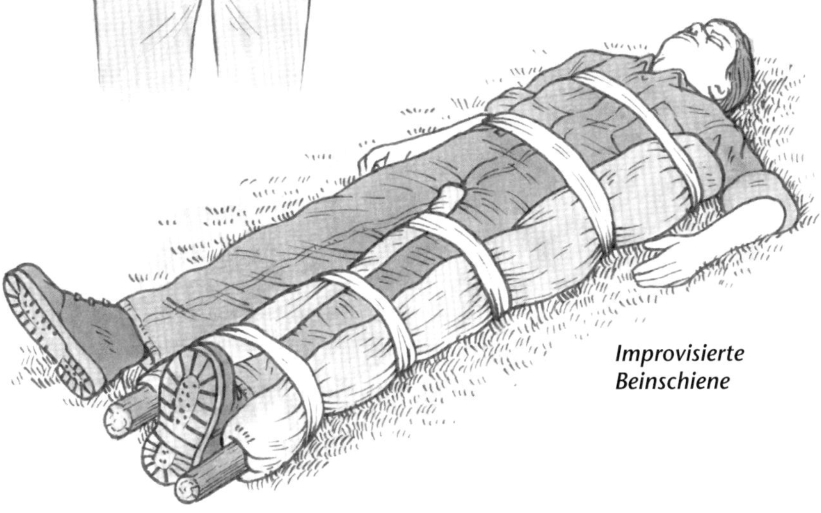

Improvisierte Beinschiene

Die Haut wird aufgrund der ausgekugelten Gelenke ungewöhnliche Konturen zeigen. Das Gelenk selber schmerzt sehr stark, und der Patient ist nicht in der Lage, dieses zu bewegen. Außerdem treten höchstwahrscheinlich Schwellungen und Verfärbungen auf.

Ein gebrochenes Bein richten

Ein Knochen wird gerichtet, um den Druck, den die gebrochenen Knochen auf die Blut- und Nervenbahnen ausüben, zu reduzieren. Sie sollten diese Technik jedoch nur anwenden, wenn medizinische Hilfe nicht in Aussicht steht oder wenn Sie das verletzte Bein in einer stabilen Position schienen müssen.

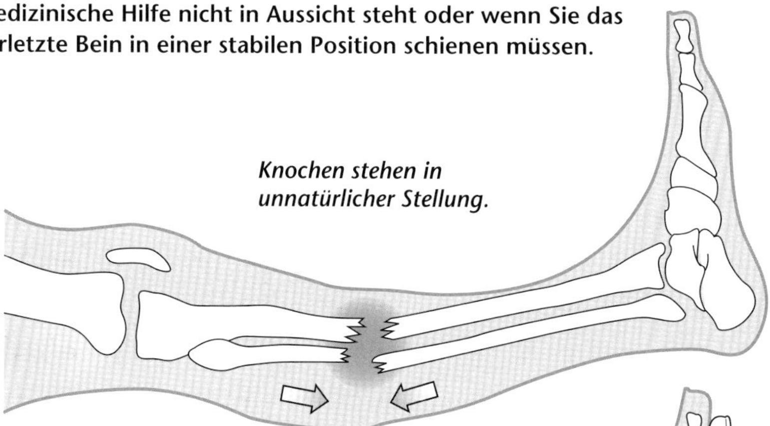

Knochen stehen in unnatürlicher Stellung.

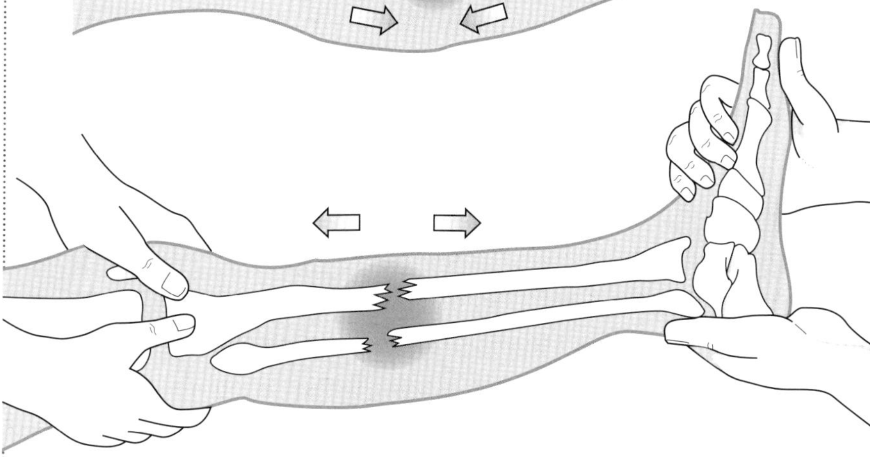

Ziehen Sie langsam am unteren Teil des Körperglieds, bis sich die Knochen wieder in der natürlichen Stellung befinden. Jetzt lassen Sie langsam los.

Halskrause

Legen Sie jedem Patienten, bei dem Sie eine Nacken- oder Wirbelsäulenverletzung vermuten, eine Halskrause an (natürlich nur, wenn medizinische Hilfe nicht zu erreichen ist). Die Krause sollte Bewegungen zur Seite und nach vorne verhindern, darf allerdings keinen Druck auf den Hals oder die Arterien ausüben.

① *Rollen Sie eine Decke auf.*

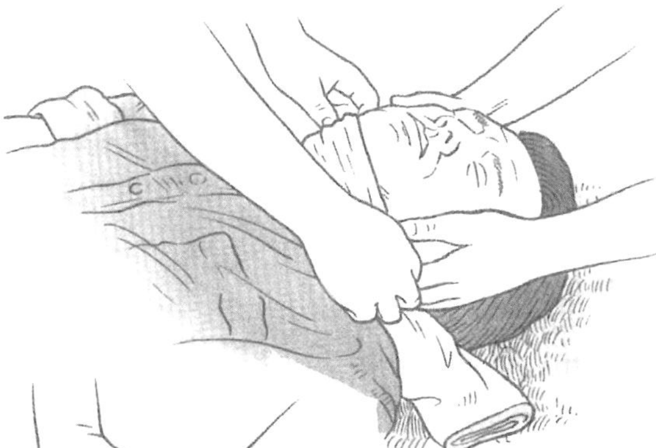

② *Wickeln Sie diese um den Hals.*

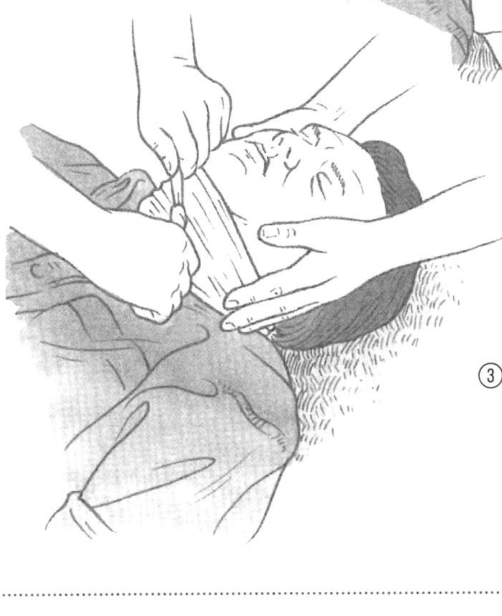

③ *Verknoten Sie sie vorne.*

Einrenken

Ziehen Sie langsam, aber kräftig am Gelenk und ziehen Sie das Glied nach außen, bis Sie die Kugel zurück in die Gelenkpfanne setzen können. Führen Sie diesen Vorgang durch, bis das Gelenk in seinen Normalzustand zurückgekehrt ist und alle Nerven- und Kreislauffunktionen wiederhergestellt sind. Um den Heilungsprozess zu beschleunigen, sollten Sie das Gelenk kühlen und verbinden und das Gelenk in eine stabile Position bringen. Der Verletzte sollte trotzdem möglichst schnell in ein Krankenhaus gebracht werden.

WIRBELSÄULEN-VERLETZUNGEN

Die Behandlung von Wirbelsäulenverletzungen geht deutlich über das hinaus, was ein Ersthelfer leisten kann. Das Beste, was Sie tun können, ist es, den Betroffenen zu stabilisieren und schnellstmöglich medizinische Hilfe zu ihm zu bringen. Wirbelsäulenverletzungen treten meist nach hartem Aufprall oder nach einer ruckartigen Verdrehung der Wirbelsäule auf. Die Symptome können unter anderem die folgenden sein:

- Chronische Rückenschmerzen
- Eine deutliche Deformation der Wirbelsäule
- Starke Schwellungen oder andere Verletzungen im Rückenbereich
- Extreme Empfindlichkeit um die Wirbelsäule herum
- Verlust der Kontrolle über die Blase; bei Männern kann es zur permanenten Erektion kommen
- Taubheit oder Kribbeln in den Gliedmaßen
- Lähmung oder fehlende Reaktion auf Stimulierungen (Versuchen Sie, die Handfläche oder die Fußsohlen zu kitzeln, und fragen Sie den Verletzten, ob er dies fühlt.)

Die erste Priorität des Ersthelfers ist es, den Verletzten in einer ruhigen, stabilen Lage zu halten – jede Bewegung könnte die Verletzung verschlimmern oder sogar mit dem Tod enden. Stabilisieren Sie den Nacken des Opfers mit einer improvisierten Halskrause beispielsweise aus einem Handtuch. Legen Sie diese um den Nacken des Verletzten, ohne seinen Kopf zu bewegen oder den Hals abzuschnüren. Falls der Betroffene auf dem Rücken liegt, binden Sie eine zusammengerollte Decke, ein Paar Schuhe oder irgendeinen anderen Gegenstand an die Seiten des Kopfes, um Seitwärtsbewegungen zu verhindern. Prüfen Sie sowohl die Atmung als auch den Herzschlag des Verletzten regelmäßig – beides kann durch Verletzungen der Wirbelsäule beeinträchtigt werden – und seien Sie stets darauf vorbereitet, die Techniken der Wiederbelebung anzuwenden.

In manchen Situationen müssen Sie den Verletzten allerdings bewegen. Das kann zwar nicht empfohlen werden, ist aber nicht zu ändern, wenn die betroffene Person sich beispielsweise an einer durch Steinschlag oder Lawinen gefährdeten Stelle befindet. Sie können dies nur tun, wenn mehrere Helfer zur Stelle sind. Ideal sind fünf Personen, die sich entlang des Körpers des Verletzten aufstellen und diesen gemeinsam auf ein Brett oder eine Tragbahre heben. Eine Person sollte den Kopf des Verletzten während dieses Vorgangs in einer natürlichen Position halten. Falls sich der Kopf des Verletzten nicht in der natürlichen Position befindet, so legen Sie Ihre Hände an beide Seiten des Kopfes und drehen dann den Kopf langsam und ohne plötzliche Bewegungen in die normale Position.

Eine verletzte Person hochheben

Bei der hier dargestellten Methode wird eine zusammengerollte Decke verwendet, um die verletzte Person hochzuheben. Falls Sie beim Opfer eine Verletzung an der Wirbelsäule vermuten, müssen Sie es unbedingt während des gesamten Vorgangs gerade halten.

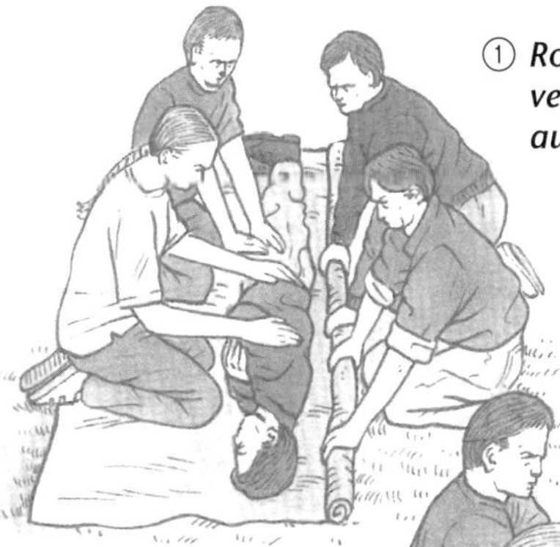

① *Rollen Sie die verletzte Person auf die Decke.*

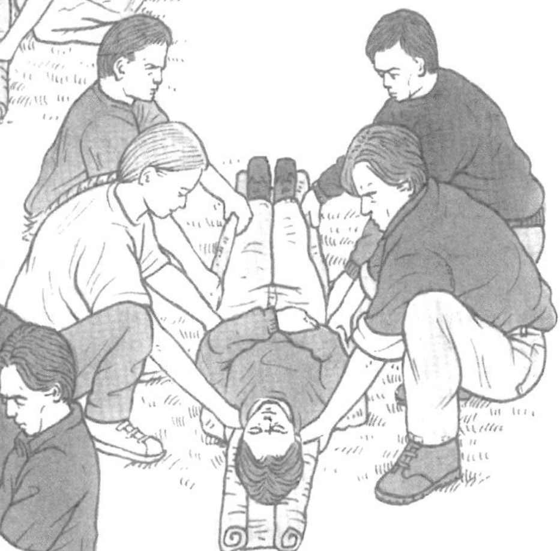

② *Rollen Sie die Enden der Decke auf, um dort gut anfassen zu können.*

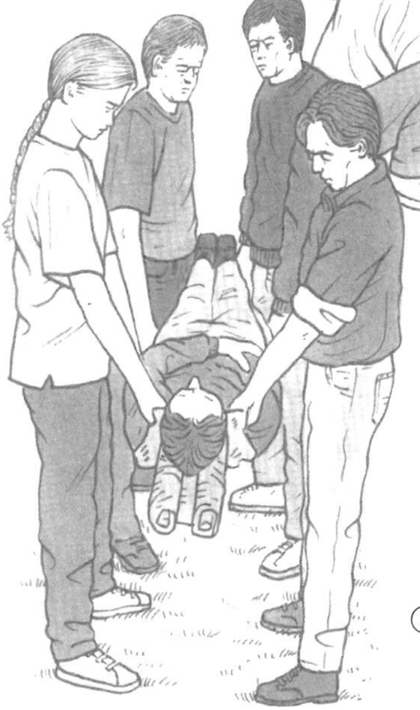

③ *Stehen Sie gleichzeitig auf.*

Der Gamstragegriff

Der von Soldaten häufig verwendete Schultertragegriff ist sehr nützlich, wenn Sie eine verletzte Person schnell aus einer Gefahrenzone herausbringen wollen. Natürlich kann er bei Opfern mit einer Wirbelsäulenverletzung nicht angewendet werden.

① *Legen Sie Ihre Hände unter die Achseln des Verletzten.*

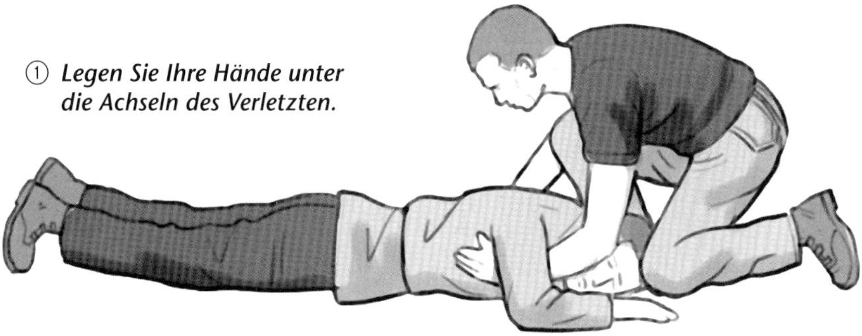

② *Heben Sie die Person auf Brusthöhe an.*

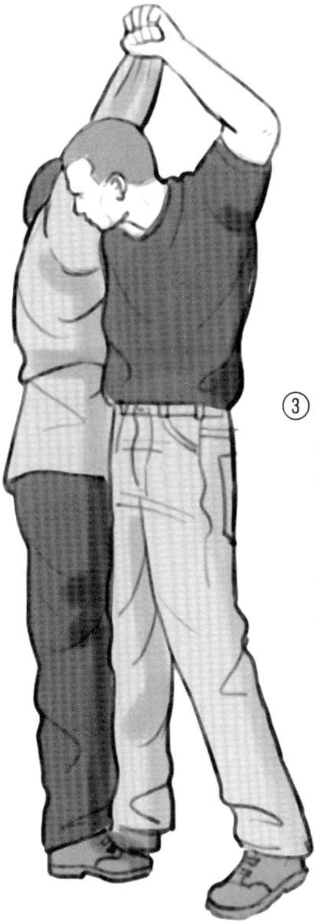

③ *Ziehen Sie einen Arm der verletzten Person über die Rückseite Ihres Nackens.*

④ *Gehen Sie in die Hocke und heben Sie den Verletzten so hoch, dass sein Brustkorb auf Ihren Schultern ruht.*

⑤ *Stehen Sie auf und halten Sie die Beine und den Arm des Opfers fest.*

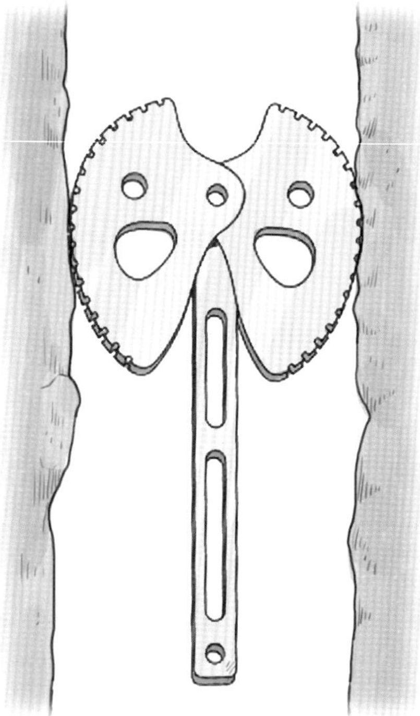

Routenplaner

Datum: | Zeit: | Startposition:

Wettervorhersage:

Mitglieder der Reisegruppe:

Beschreibung der Route:

Ziel (Koordinaten)	Beschreibung (des Ziels)	Richtung	Entfernung	Zeit (für Strecke)	Höhenunterschied	Zeit (für Höhe)	Gesamtzeit	Beschreibung (Route und Terrain)	Mögl. Alternativrouten	Fluchtroute

Endgültiges Ziel (Koordinaten): | Abholzeit:

Beschreibung: | Rückmeldung per Telefon:

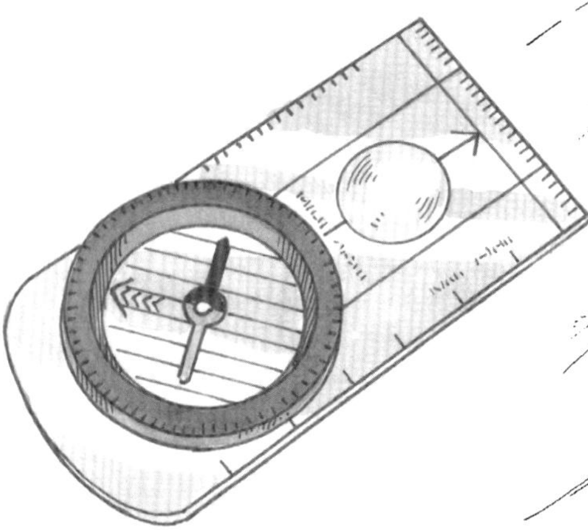

7

Navigations-techniken und Fortbewegung

Navigationstechniken und die richtige Art der Fortbewegung helfen Ihnen, die kürzeste und sicherste Route zur Rettung zu finden

Navigationstechniken und die richtige Art der Fortbewegung sind zwei wichtige Fertigkeiten, die Ihnen helfen, in der Wildnis zu überleben. Wenn Sie sie nicht beherrschen, können Sie eine gefährliche Situation noch auswegloser machen, indem Sie sich weiter von einer Rettungsmöglichkeit entfernen oder sich in einem womöglich gefährlichen Gebiet verletzen. Beherrschen Sie diese Techniken, so besteht die Chance, dass Sie sich innerhalb von Stunden bei einem Rettungsteam oder in Sicherheit hinter den eigenen Linien befinden.

LANDSCHAFTLICHE HÜRDEN

Jedes Gelände bietet eigene, für die Region typische Hindernisse, die uns das Vorankommen erschweren. Solche Schwierigkeiten zu kennen, kann Ihnen helfen, sich sicher fortzubewegen und sowohl kleinere Verletzungen, wie beispielsweise verstauchte Knöchel, als auch schwere Unfälle zu vermeiden.

Bergregionen

Steile Abhänge gehören wohl zu den anstrengendsten Gebieten, in denen Sie unterwegs sein können. Wenn Sie steil bergwärts gehen, sollten Ihre Zehen

Navigationstechniken und die richtige Art der Fortbewegung gehören wohl zu den technisch anspruchsvollsten Aspekten des Überlebenstrainings. Auch wenn Ihnen dieses Buch einen Überblick über diese Fertigkeiten geben kann, müssen Sie vor allem das Navigieren immer wieder üben, damit Sie sich im Ernstfall auf Ihre Fähigkeiten verlassen können.

Mentale Landkarte

Nutzen Sie einen hoch gelegenen Aussichtspunkt, um sich einen Überblick über das vor Ihnen liegende Gelände zu verschaffen und sich ein Bild von der Landschaft zu machen. Achten Sie auf hervorstechende landschaftliche Merkmale und prägen Sie sich die Beziehung zwischen diesen ein. Wenn möglich, sollten Sie eine Karte skizzieren, um die vor Ihnen liegende Route zu planen.

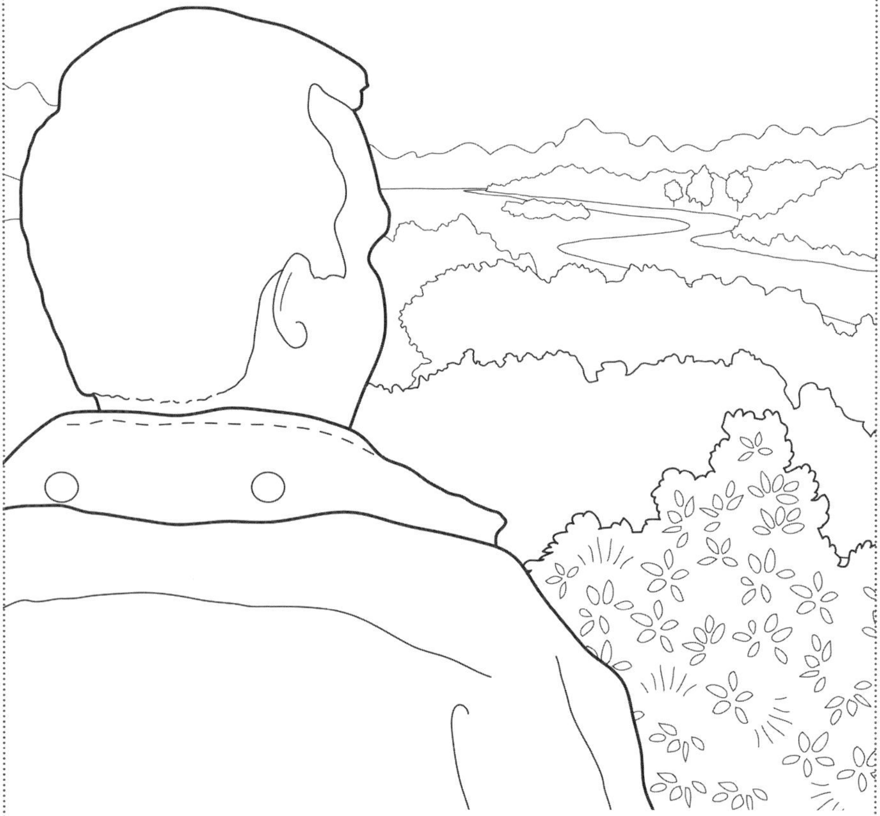

Der Grätenschritt

Der Grätenschritt – bei dem die Füße deutlich nach außen gedreht werden – ist sehr nützlich beim Bergwärtsgehen, vor allem wenn die Hänge aus losem oder bröckeligem Geröll bestehen.

Wanderstöcke

Wanderstöcke können Ihre Beine beim Wandern stark entlasten. Dafür können sie die Belastung auf Armen, Schultern und Handgelenken erhöhen. Achten Sie genau darauf, was Ihr Körper braucht.

Klemmgerät

Mit Federn versehene Klemmgeräte können in Felsspalten geklemmt werden. Wenn von unten durch ein Seil Zug auf das Klemmgerät ausgeübt wird, wird es auseinandergedrückt und verankert sich so fest im Stein.

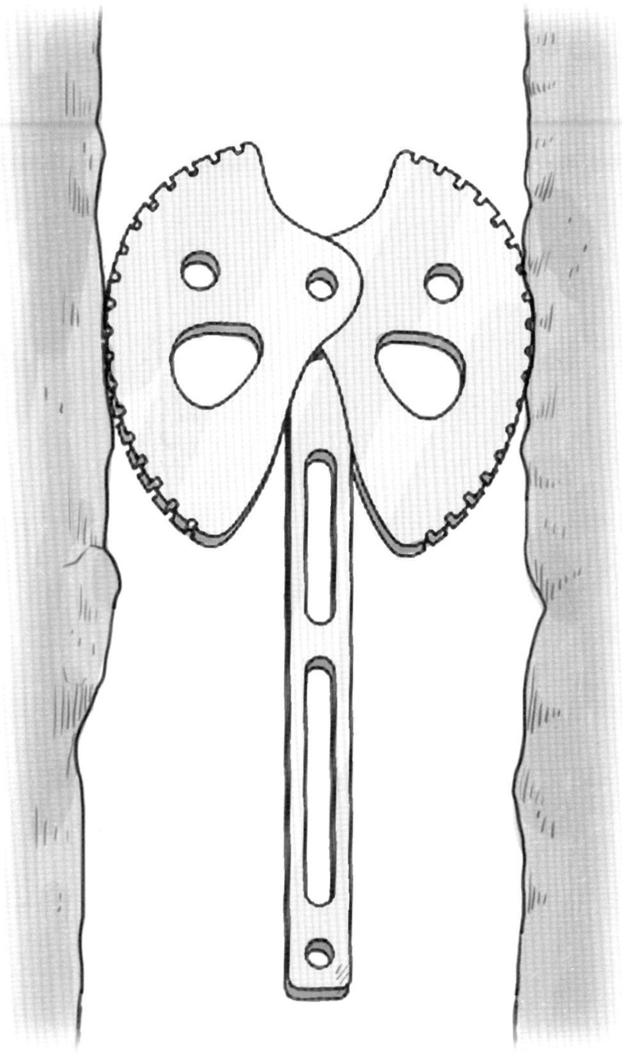

Gegenseitige Sicherung beim Klettern

Für das Sichern brauchen Sie mindestens einen Kletterpartner. Der Sichernde – die Person, die das Seil nachführt – sollte fest verankert stehen und das Seil so halten, dass es problemlos durch den Bremsknoten laufen kann.

nach außen zeigen (Grätenschritt), da dies die Stabilität Ihres Gangs erhöht. Außerdem sollten Sie sich bei besonders steilen Stücken für einen Zick-Zack-Anstieg entscheiden, um Ihre Beine nicht zu sehr zu belasten. Beim Abstieg sollten Sie die Knie beugen, den Rücken gerade halten und das Gewicht zentrieren. Auch hier sollten Sie einen Zick-Zack-Kurs nehmen, falls der Hang zu steil ist, um sicher in gerader Linie abzusteigen.

Haben Sie es mit einer Geröllhalde zu tun, dann passen Sie besonders auf, wo Sie hintreten, um keine großen Steine loszutreten oder versehentlich einen Erdrutsch auszulösen. Treten Sie immer auf die Oberseite und die Hangseite eines Felsens; falls Sie abrutschen, könnte der Felsen Ihrem Fuß Halt geben und Sie somit vor einem Fall bewahren. Beim Besteigen von Geröllhalden stoßen Sie Ihre Zehen in den Hang, um Halt zu gewin-

Abseilen

Beim Abseilen sollten Sie einen Winkel von 45° zum Felsen einnehmen und die Beine etwa in Schulterbreite gespreizt halten, um für mehr Stabilität zu sorgen. Lehnen Sie sich beim Abbremsen zurück, das Gesicht dem Felsen zugewandt.

nen. Beim Absteigen sollten Sie in einem leichten Entengang laufen.

Wasserwege

Bäche oder Flüsse stellen nicht nur in Bergregionen, sondern auch anderswo Hindernisse dar, die Ihr Weiterkommen erschweren können. Falls Sie einen Fluss überqueren müssen, suchen Sie eine nicht allzu felsige Stelle ohne Stromschnellen, mit eher flachem Wasser und möglichst geringer Strömung. Schauen Sie sich die gegenüberliegende Seite an. Das Ufer sollte stabil, fest, frei von Schlamm und nicht zu stark bewachsen sowie flach genug, damit Sie problemlos herausklettern können.

Falls Sie einen Fluss alleine überqueren müssen, sollten Sie in einem 45°-Winkel zur Strömung laufen, um dieser möglichst wenig Angriffsfläche zu bieten. Wählen Sie Ihren Ausstiegspunkt dementsprechend. Nehmen Sie einen dicken Ast, der länger ist als Sie groß sind, um sich damit am Grund des Flusses abzustützen. Positionieren Sie den Ast flussaufwärts von Ihrem Körper – dies wird Ihnen nicht nur Stabilität geben, sondern auch die Strömung brechen und so deren Effekt auf Ihren Körper mindern. Überqueren Sie niemals einen Fluss mit einem umgeschnallten Rucksack – er

Einen Punkt neben dem eigentlichen Ziel anpeilen

Auf dem Rückweg zum Lager setzt der Wanderer bewusst einen Kompasskurs, der ihn, auch wenn er bis zu fünf Grad davon abkommt, flussaufwärts von seinem Lager führt. So weiß er auf jeden Fall genau, in welche Richtung er dem Fluss folgen muss, um sein Lager zu erreichen.

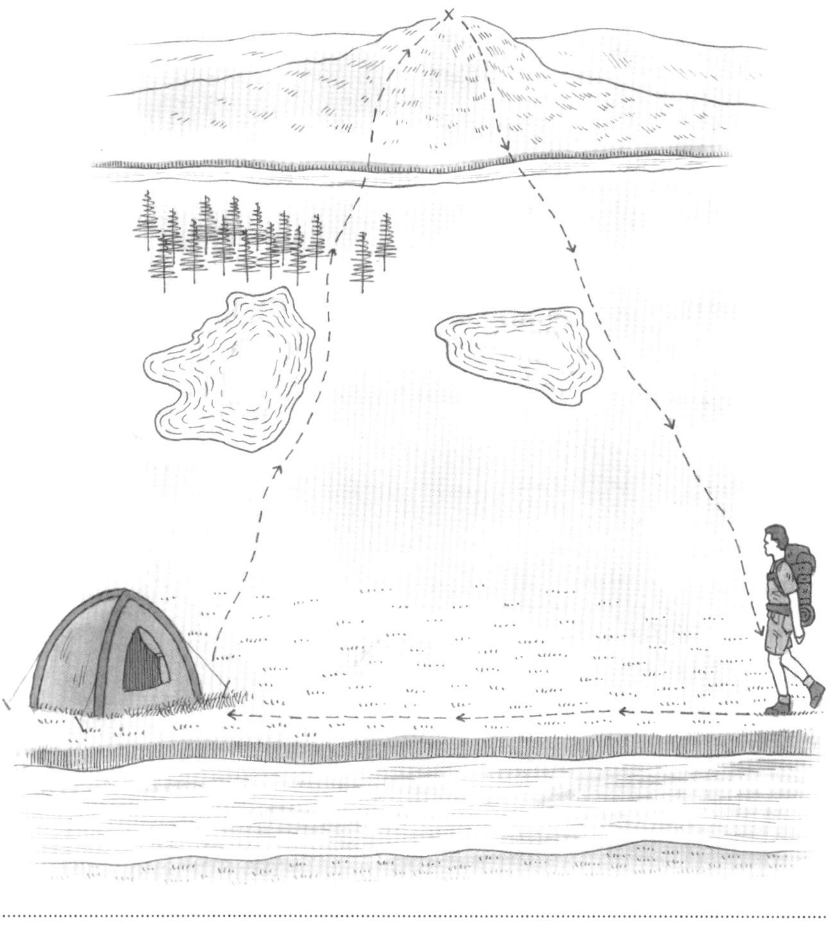

Einen Fluss überqueren

Dieses Drei-Mann-Team verwendet ein im Kreis gespanntes Seil als Rettungsleine – für den Fall, dass eine Person im Wasser fällt – und überquert so sicher den Fluss.

Flussbett als Wanderweg

Flüssen sollten Sie folgen – auch wenn sie ausgetrocknet sind, wie hier –, da es wahrscheinlich ist, dass Sie an den Ufern auf menschliche Siedlungen treffen. Falls das Vorankommen am Flussufer zu schwer ist, können Sie in einer gewissen Entfernung parallel zur Flussrichtung laufen.

Floß aus zusammengebundenen Baumstämmen

Mit einem Floß aus Baumstämmen können Sie sich ruhige Flüsse mit ungefährlichen Strömungen hinuntertreiben lassen. Die Zeichnung zeigt, dass die Verbindungsleinen in Kerben in den Stämmen der Plattform sitzen. Durch einen sich selbst zusammenziehenden Knoten werden die Verbindungen fest zusammengezogen.

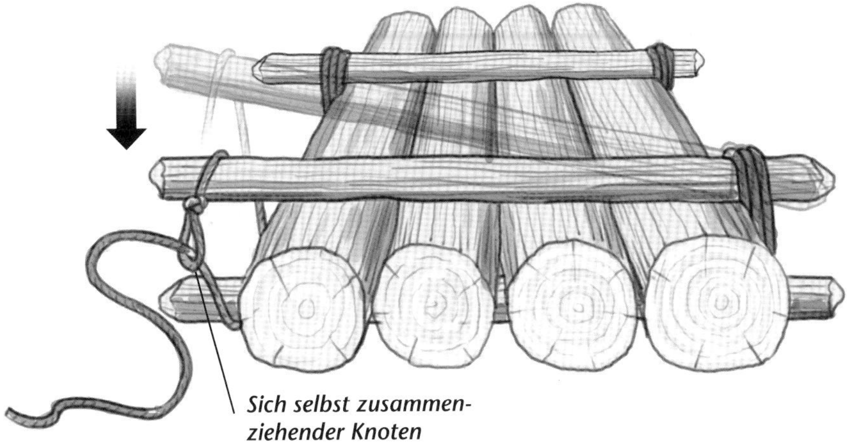

würde Ihre Bewegungen erschweren und Sie im Falle eines Sturzes wie ein Stein in die Tiefe ziehen. Falls notwendig, sollten Sie ein kleines Floß aus Stöcken bauen und den Rucksack darauf über den Fluss transportieren. (Auf Seite 229 wird erklärt, wie Sie zu Mehreren einen Fluss überqueren.)

Schnee und Eis

Von allen Landschaftstypen sind die mit Schnee und Eis bedeckten wohl die anspruchsvollsten: Sie sind ebenso anstrengend wie gefährlich. Frischer, tagsüber gefallener Schnee macht das Wandern sehr schwer, während der Schnee nach einer kalten Nacht in den Morgenstunden stabil und gut begehbar ist.

Wenn Sie auf Tiefschneefeldern vorankommen wollen, brauchen Sie Schneeschuhe. Durch die Schneeschuhe wird Ihr Körpergewicht auf eine größere Fläche verteilt, weshalb Sie über den Schnee laufen können anstatt einzusinken. Improvisierte Schneeschuhe können Sie aus einem äußeren ovalen Rahmen herstellen, der deutlich größer ist als Ihr Fuß. Der Rahmen kann aus einem biegsamen jungen Ast oder zusammengedrehtem Pflanzenmaterial bestehen. Binden Sie die beiden Enden zur gewünschten Form zusammen. Jetzt verbinden Sie die beiden Seiten des Rahmens mit mehreren stabilen Stöcken, bis eine feste Plattform für Ihren Fuß entsteht. Diese Schneeschuhe binden Sie nun direkt an Ihren Stiefel.

In Gegenden mit heftigem Schneefall und schlechter Sicht oder in bergigen Regionen sollten zur Sicherheit alle Teammitglieder an einem Seil gehen und sich in einer Linie hintereinander bewegen. Beim Verlassen des Lagers sollten Sie immer ein Zeichen zurücklassen, das angibt, in welche Richtung Sie gegangen sind. Dies ist sowohl für später nachkommende Teammitglieder wichtig als auch für Rettungsmannschaften. Bauen Sie einen Pfeil so hoch wie möglich in den Schnee, so dass er einen langen Schatten wirft und auch aus der Luft sichtbar ist. Wenn Sie unterwegs die Richtung wechseln, machen Sie weitere Markierungen auf Ihrer Strecke. Dies kann Ihnen helfen, zurück zu Ihrem Lager zu finden, falls Sie sich verlaufen, was in Polarregionen mit schlechter Sicht sehr schnell passieren kann.

Bei Schneefall in den Bergen sollten Sie auf Gletscherspalten achten, die oft für das bloße Auge unsichtbar sind, da sie mit Schnee bedeckt sind. Halten Sie also nach Unregelmäßigkeiten wie dunklen Stellen oder Senken im Schnee Ausschau, die auf einen Spalt hindeuten könnten. Versuchen Sie das Überqueren von Glet-

Regeln für die Gletscherüberquerung

Gletscher sind ausgedehnte Eismassen, die sich über einen Berg oder durch ein Tal bewegen. Es handelt sich um gefährliche geologische Besonderheiten mit brüchigen Oberflächen, Gletscherspalten und Gletscherbächen, die direkt unter dem Eis fließen. Diese Bäche können auch an der Oberfläche fließen, wodurch eine tödlich glatte Fläche entsteht. Die Endmoräne (eine Ansammlung von Felsen) ist auch sehr gefährlich, da die Felsen sehr locker liegen und somit schwer zu überqueren sind. Wenn Sie einen Gletscher überqueren, sollten Sie folgende Regeln der Gebirgstruppen befolgen:

- **Alle Teammitglieder sollten angeseilt sein, hintereinander laufen und in die Fußstapfen der jeweils vor ihnen laufenden Person treten.**
- **Überquerungen in den Morgenstunden sind am besten – durch die höheren Temperaturen tagsüber entsteht mehr Schmelzwasser.**
- **Bei schlechtem Eis oder wenn die Gletscher von sehr vielen Gletscherspalten durchzogen sind, bieten die Seiten- und die Endmoräne die sicherste Route, vor allem wenn diese aus großen Felsbrocken bestehen.**
- **Seien Sie besonders vorsichtig, wenn Sie einen Gletscherbach überqueren, da das Flussbett und die unterspülten Ufer aus sehr festem Eis bestehen und so keinen Halt bieten.**
- **Passen Sie besonders auf, wenn der Gletscher besonders steil ist oder Krümmungen aufweist, da diese Stellen oft sehr instabil sind.**

scherspalten zu vermeiden. Falls es keine andere Möglichkeit gibt, werfen Sie Ihre gesamte Ausrüstung über die Spalte, bevor Sie selbst springen. Festigen Sie den Schnee an der Kante, um gut abspringen zu können, und suchen Sie sich im Voraus einen geeigneten Landeplatz.

Dschungel

So sehr sich Dschungelregionen von Polarregionen unterscheiden, sind sie doch mindestens genau so schwierig zu durchqueren. Dichte Vegetation erschwert das Vorankommen, und es ist nicht nur schwer, Ihre geplante Route einzuhalten, sondern auch die Navigation ist problematisch, da Sie nur begrenzt weit sehen können. Aus diesen Gründen und da gefährliche Tiere vor allem nachts aktiv sind, sollten Sie sich nur tagsüber fortbewegen und sich dabei wenn möglich an gekennzeichnete Pfade halten.

Selbstverständlich sollten Sie vermeiden, Gebiete mit dichter Vegetation direkt zu durchqueren. Falls Sie keine andere Möglichkeit haben, werden Sie eine Machete brauchen, um voranzukommen (siehe auch TIPP rechts). Wenn Sie sich durch dichte Vegetation bewegen müssen, schieben Sie die Pflanzen mit Ihrem Körper zur Seite (ein weiterer Grund, im Dschungel immer Kleidung zu tragen). Versuchen Sie nicht, an Pflanzen Halt zu suchen. Diese können Dornen haben oder Gifte absondern. Außerdem könnten Sie unabsichtlich beißende Insekten, Spinnen oder Schlangen anfassen, die im Unterholz leben.

Vermeiden Sie im Dschungel außerdem Sumpflandschaften. Es ist sehr anstrengend, diese zu durchqueren, und hier lauern Gefahren von Blutegeln bis hin zu Krokodilen und Alligatoren. Flussufer sind dagegen eine gute Möglichkeit, um schneller voranzukommen, da die Vegetation hier nicht so dicht ist. Außerdem ist es wahrscheinlicher, an Flüssen auf menschliche Siedlungen zu treffen und sich so in Sicherheit zu bringen. Dies gilt für fast alle Regionen. Sie werden entlang von Flüssen häufig auf Pfade (menschliche und tierische) treffen, die Sie nachts allerdings vermeiden sollten, da sie zu dieser Zeit von wilden Tieren genutzt werden könnten. Wenn Sie solche Pfade benutzen, achten Sie unbedingt auf von den Einheimischen gelegte Fallen wie Drahtschlingenfallen, Totschlagfallen und Speerfallen.

Die Verwendung einer Machete

Auf einem Einsatz im Dschungel ist die Machete für Soldaten unentbehrlich. Sie kann verwendet werden, um sich durchs Gestrüpp zu schlagen, einen Unterschlupf zu bauen, Feuerholz zu sammeln, Flöße zu bauen und Essen zuzubereiten. Wenn Sie sich durch die Vegetation schlagen, sollten Sie die Machete in einem schiefen Winkel mit dem Ellbogen voran in Richtung der Pflanzenstängel schlagen. In dem Moment, wo die Klinge die Stängel berührt, müssen Sie aus dem Handgelenk noch einmal kurz ausholen. Wenn Sie in einem rechten Winkel in die Stängel schlagen, könnte die Klinge der Machete stecken bleiben. Verwenden Sie nur sehr scharfe Macheten. Die Machete muss bei häufiger Benutzung jeden Tag geschärft werden.

Falls auch die Flussufer von Vegetation überwuchert sind und die Strömung nur leicht ist, könnte Ihre beste Alternative sein, den Fluss mit einem Floß hinunterzutreiben. Bergkämme sind eine gute Möglichkeit, den Überblick im Dschungel zu behalten. Von hier können Sie oft über das Blätterdach hinwegschauen. Das erleichtert die Navigation. Tropische Bergrücken können allerdings bröckeln und verlaufen oft dicht an Schluchten, überhängenden Klippen oder Felsspalten, weshalb Sie sehr vorsichtig sein müssen. Bevor Sie in eine Felsspalte oder ein Tal absteigen, versichern Sie sich, dass Sie auch wieder herauskommen können. Unternehmen Sie keine Abstiege oder Sprünge, die keinen Rückweg erlauben.

Wüstenregionen

Die Schwierigkeit bei der Navigation in Wüsten ist die Abwesenheit natürlicher Orientierungspunkte. Entfernungen sind sehr schwer einzuschätzen, da die Sonnenstrahlung viele Dinge näher erscheinen lässt, als sie wirklich sind. Als Faustregel können Sie die geschätzte Entfernung mit drei multiplizieren, um einigermaßen einzuschätzen, wie weit Sie wandern müssen. Die karge Landschaft der Wüste kann es außerdem erschweren, Ihren Kurs zu halten. Das kann dazu führen, dass Sie in einem großen Kreis anstatt in einer geraden Linie laufen. Kurz gesagt: Unternehmen Sie keine unnötigen Wanderungen und seien Sie sich immer im Klaren darüber, wo Sie hinwollen. Bewegen Sie sich nur zwischen klar definierten Navigationspunkten und prüfen Sie, wenn vorhanden, regelmäßig Ihren Kompass, um sicherzugehen, dass Sie sich noch auf dem richtigen Kurs befinden.

Eine weitere Gefahr beim Durchqueren von Wüsten stellen Sandstürme dar, in denen starke Winde den Sand so aufwirbeln, dass er Ihnen jede Sicht und damit jede Chance zu navigieren raubt. Selbstverständlich sollten Sie niemals während eines Sandsturms unterwegs sein. Sobald Sie einen Sandsturm bemerken (Sandwolken am Horizont), begeben Sie sich in Ihren Unterschlupf und sitzen den Sturm dort aus. Wenn Sie sich auf einer offenen Fläche befinden, setzen Sie sich mit dem Rücken zum Wind auf den Boden und bedecken Sie Ihren Kopf und Ihr Gesicht mit einem Tuch. Wenn möglich, sollten Sie mit einem langen Stock oder mit Steinen Ihre Reiserichtung markieren, um nach dem Sturm Ihren Kurs wieder aufnehmen zu können. Durch den Sandsturm werden womöglich Ihre Navigationspunkte verändert.

NAVIGATION MIT NATÜRLICHEN HILFSMITTELN

Weiter hinten in diesem Kapitel wird erläutert, wie man mit Hilfe von Karte und Kompass navigiert. Doch diese Hilfsmittel sind nicht immer vorhanden. In diesen Fällen bietet die Natur Ihnen einige Möglichkeiten, wie Sie navigieren können. Diese sind allerdings von vielen Faktoren, zum Beispiel der Jahres- und der Tageszeit, abhängig.

Das erste Hilfsmittel ist die Sonne, da diese, egal wo Sie sich befinden, im Osten auf- und im Westen untergeht. Mittags steht sie in der nördlichen Hemisphäre im Süden und in der südlichen Hemisphäre im Norden. Sollten Sie sich direkt am Äquator befinden, so steht die Sonne mittags im Zenit, also direkt über Ihnen. Solange Sie also genau wissen, wo sich die Sonne befindet, haben Sie immer eine Hilfe zum Navigieren.

Bewegung und Spurensuche

Hier sind vier Beispiele für Dinge, die Soldaten als »Spuren« – also als Anzeichen für die Anwesenheit von Menschen oder Tieren – erkennen. Versuchen Sie immer, das Alter einer Spur zu bestimmen, um entscheiden zu können, ob diese nützlich für Sie ist. Fußspuren beispielsweise werden trocken, mürbe und füllen sich mit Schmutz, wenn seit ihrer Entstehung eine gewisse Zeit vergangen ist.

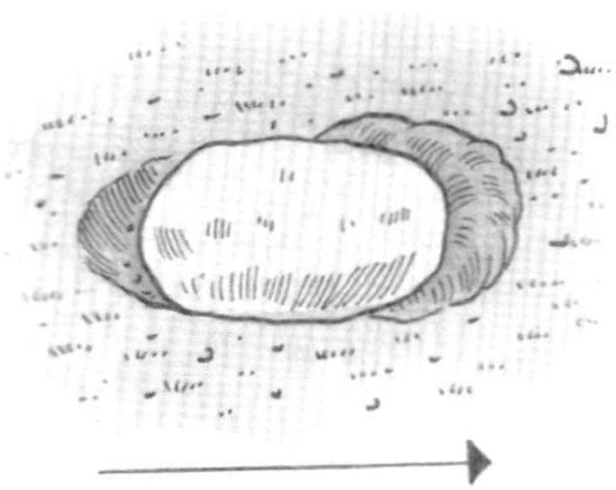

Verschobener Stein

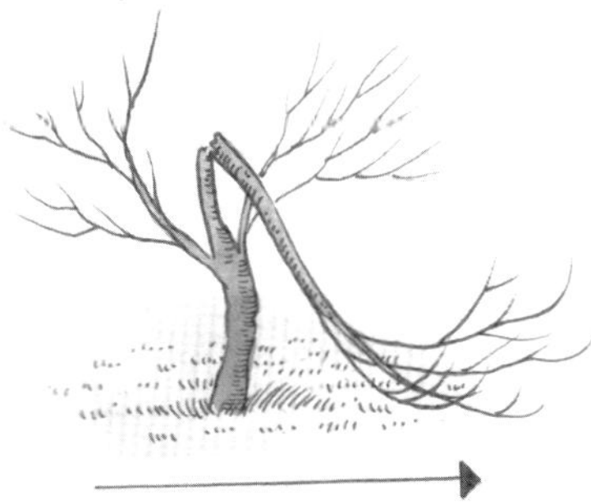

Zerbrochenes Gestrüpp

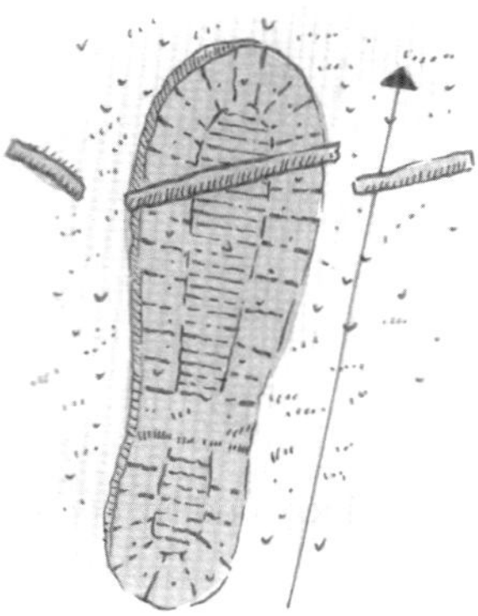

Fußspuren

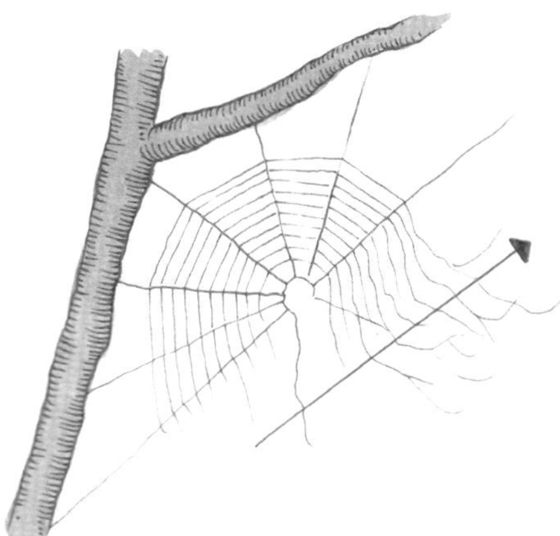

Zerrissene Spinnweben

Peillinie

Eine Peillinie ist die Verlängerung einer Linie zwischen zwei Objekten, die Sie auf Ihrer Karte identifizieren können. Achten Sie immer auf in der Natur vorkommende Peillinien.

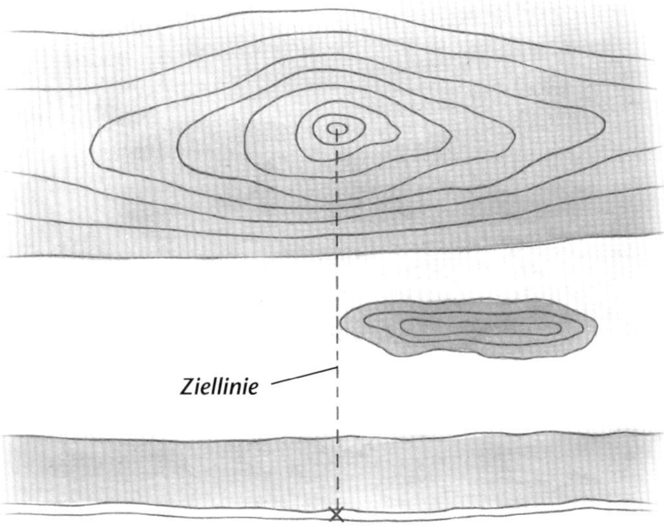

Zeichnen Sie die Ziellinie auf Ihrer Karte ein, indem Sie Ihre Position mit dem Zielpunkt verbinden.

Sie können mit den von der Sonne erzeugten Schatten einen Kompass improvisieren. Stecken Sie einen langen Stock (etwa einen Meter lang) in eine ebene Fläche (je länger der Stock, umso besser das Ergebnis). Wenn die Sonne stark genug ist, wird der Stock einen dunklen Schatten werfen. Markieren Sie die Schattenspitze mit einem Stein und warten Sie 15 Minuten lang, bis Sie wieder die Spitze markieren. Wenn Sie jetzt eine gerade Linie zwischen den Steinen ziehen, erhalten Sie Ihre Ost-West-Linie. Wenn Sie diese Linie halbieren, erhalten Sie auch eine Nord-Süd-Linie. Wiederholen Sie diesen Vorgang regelmäßig, so wird er Ihnen helfen, einen bestimmten Kurs beizubehalten und zielloses Herumwandern zu vermeiden.

Falls Sie eine analoge Uhr mit Zeigern tragen, kann diese ebenfalls zur Navigation genutzt werden. Beachten Sie allerdings, dass die Technik, mit der Sie die Himmelsrichtung bestimmen können, variiert, je nachdem ob Sie sich in der nördlichen oder in der südlichen Hemisphäre befinden. In beiden Fällen müssen Sie die Uhr auf die lokale Zeit stellen – vernachlässigen Sie dabei die Sommerzeit. Halten Sie die Uhr flach. Wenn Sie sich in der nördlichen Hemisphäre befinden, richten Sie jetzt den Stundenzeiger auf die Sonne und halbieren dann den Winkel zwischen dem Stundenzeiger und der 12. In dieser

Einklammern

Das sogenannte Einklammern ist eine nützliche Technik, wenn Sie Ihren Weg zurück zu einem bestimmten Punkt finden wollen. Merken Sie sich markante Punkte auf beiden Seiten Ihres Zieles. Wenn Sie eine dieser »Klammern« erreichen, wissen Sie, in welche Richtung Sie laufen müssen, um Ihr Ziel zu erreichen.

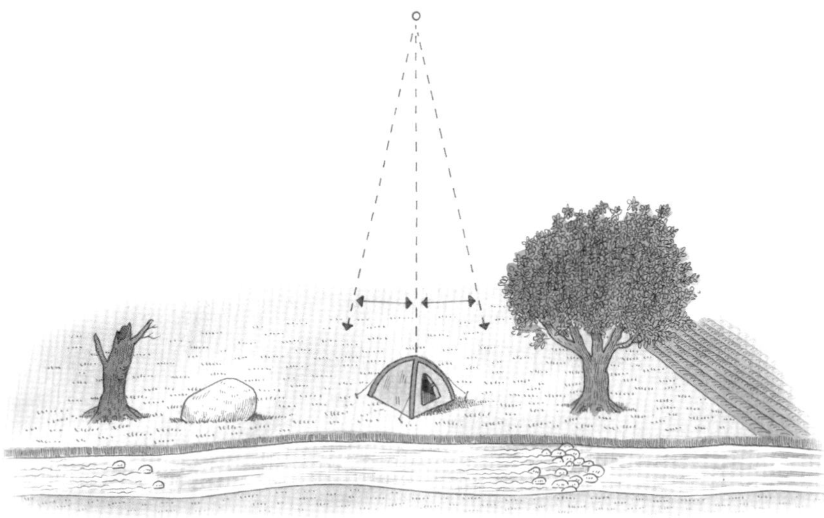

Richtung liegt der Süden, außer in den Stunden nach 18 und vor 6 Uhr. Um diese Zeit liegt in dieser Richtung der Norden.

Um die Himmelsrichtung in der südlichen Hemisphäre zu bestimmen, halten Sie die Ziffer 12 in Richtung Sonne und halbieren dann den Winkel zwischen der 12 und dem Stundenzeiger, um den Norden zu finden. Nach 18 und vor 6 Uhr findet sich dort der Süden. Falls Sie eine Digitaluhr tragen, können Sie eine Uhr mit Zeigern auf einem Blatt oder auf dem Boden skizzieren und die beschriebene Berechnung durchführen.

Navigation mit Hilfe von Schatten

Die folgenden Skizzen zeigen, wie Sie die Sonne nutzen können, um eine Ost-West-Linie auf dem Boden festzulegen. Wenn Sie diese haben, können Sie auch eine Nord-Süd-Linie zeichnen und haben damit eine grobe Orientierungsmöglichkeit.

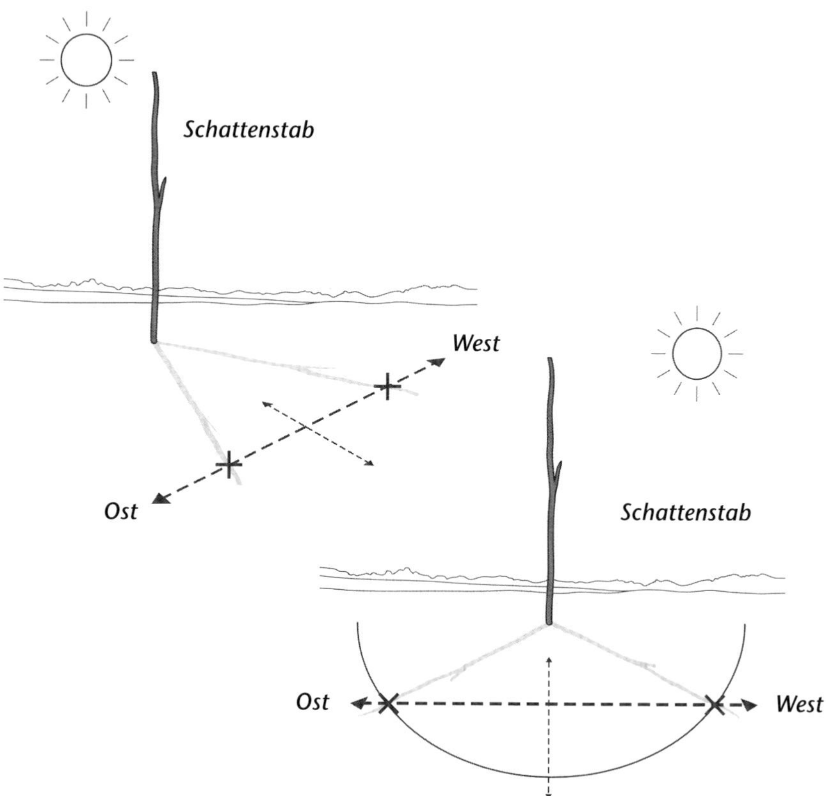

Navigieren mit Hilfe einer Uhr

Analoge Uhren können verwendet werden, um Nord und Süd zu bestimmen (siehe Haupttext). Sie können diese Technik bei Sonnenaufgang und Sonnenuntergang anwenden. Üblicherweise wird Ihnen aber bereits die Position der Sonne am Horizont die Himmelsrichtung verraten, da sie immer und überall im Osten auf- und im Westen untergeht.

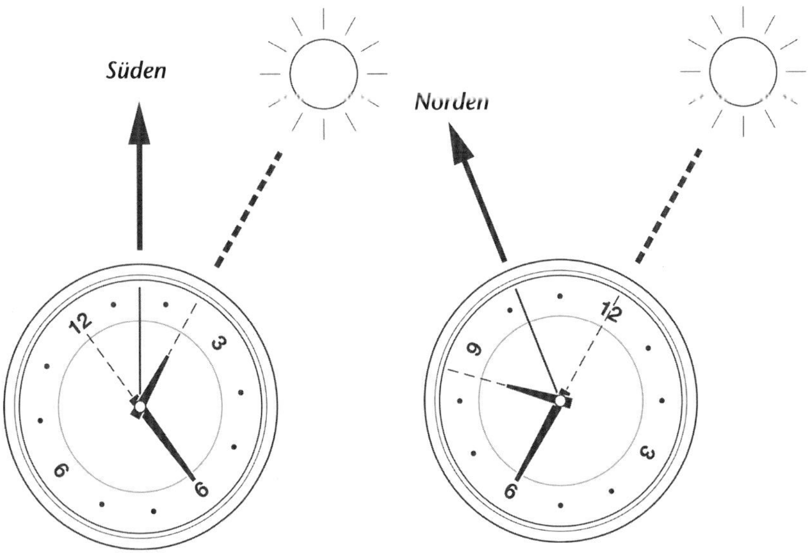

Auch die vorherrschenden Winde sind Indikatoren für Himmelsrichtungen, sie können allerdings auch wechseln. Büsche und Bäume, die insbesondere in Küstenregionen alle in eine bestimmte Richtung geneigt sind, oder Schnee- und Sandwehen, die durch den Wind gleiche Formen angenommen haben, können die vorherrschende Windrichtung anzeigen. Sanddünen, wie sie in der Wüste vorkommen, bilden eine lange, flache Schräge, die in den Wind gerichtet ist, und haben auf der windabgewandten Seite eine steile Kante. In ariden Regionen mit feinem Sand bilden sich Sanddünen häufig parallel zur vorherrschenden Windrichtung. In Verbindung mit anderen natürlichen Indikatoren kann Ihnen die Windrichtung wenigstens eine ungefähre Idee der Himmelsrichtung geben.

Pflanzen können eine weitere Hilfe für die Navigation darstellen. Die meisten Pflanzen und Bäume wachsen in Richtung der stärksten Lichtquelle, in der nördlichen Hemisphäre also in Richtung Süden und in der südlichen Hemisphäre

Wegmarken

Die folgenden Skizzen zeigen, wie Sie eine Suchmannschaft oder Teammitglieder darüber informieren können, in welche Richtung Sie gegangen sind. Errichten Sie die Zeichen gut sichtbar und weit genug entfernt von Vegetation, die sie verdecken könnte.

Dies ist die Marschrichtung

nach links abbiegen

nach rechts abbiegen

Gefahr

in den Norden. Bäume haben auf der Sonnenseite oft ein dichteres Blätterdach und Berge auf den unteren Hängen ihrer Südseite eine dichtere Vegetation. Im Frühling halten sich Schnee- und Eisreste auf der Nordseite von Bergen länger als auf der Südseite. Für die südliche Hemisphäre trifft das Gegenteil zu. Wie bei allen anderen natürlichen Faktoren, die Sie zur Navigation verwenden, sollten Sie auch beim Lesen von Pflanzen vorsichtig sein. Viele Faktoren, beispielsweise die Beschaffenheit der Erde oder Konkurrenz zwischen Pflanzen, beeinflussen das Wachstum, so dass Pflanzen ein eher ungenauer Indikator sind. In Verbindung mit weiteren natürlichen Anzeichen können sie allerdings nützlich sein und Ihnen helfen, ein Gefühl für die richtige Richtung zu entwickeln.

Navigieren bei Nacht

Himmelskörper werden schon seit Jahrhunderten zur genauen Navigation genutzt. Die einzige Voraussetzung ist natürlich ein klarer Himmel, so dass Sie die Sterne sehen können. In der nördlichen Hemisphäre können Ihnen beispielsweise die Sternzeichen Großer Wagen und Kassiopeia helfen, den Polarstern zu finden. Wenn Sie den Polarstern gefunden haben, können Sie entweder diesem direkt folgen, oder sich einen anderen Stern in der gewünschten Richtung aussuchen und diesem folgen. Falls Sie sich für letzteres entscheiden, müssen Sie Ihren Kurs alle 20–30 Minuten überprüfen, da andere Sterne mit einer Geschwindigkeit von 15 Grad pro Stunde um den Polarstern herum kreisen. Wählen Sie jeweils einen neuen Stern, mit dessen Hilfe Sie Ihren Kurs halten können.

Eine weitere markante Konstellation ist der Orion mit seinem aus drei Sternen

Orientierung an den Sternen

Jeder Stern kann Ihnen als Anhaltspunkt für die Navigation dienen. Dazu setzen Sie sich 15–20 Minuten lang ruhig hin – zu viel Bewegung würde das Ergebnis beeinträchtigen. Wählen Sie zwei in einiger Entfernung gelegene Punkte am Boden. Jetzt fixieren Sie einen Stern und beobachten, in welche Richtung sich dieser in Relation zu Ihren Punkten am Boden bewegt. Mit den folgenden Regeln können Sie dann Ihre Blickrichtung bestimmen:

Nördliche Hemisphäre:

- Aufsteigend: Der Stern befindet sich im Osten.
- Sinkend: Der Stern befindet sich im Westen.
- Bogen nach links: Der Stern befindet sich im Norden.
- Bogen nach rechts: Der Stern befindet sich im Süden.

Südliche Hemisphäre:

- Aufsteigend: Der Stern befindet sich im Westen.
- Sinkend: Der Stern befindet sich im Osten.
- Bogen nach links: Der Stern befindet sich im Süden.
- Bogen nach rechts: Der Stern befindet sich im Norden.

Navigieren mit dem Kreuz des Südens

Das Kreuz des Südens wird auf der Ostseite von zwei hellen Zeigersternen begleitet. Der so genannte »Kohlensack«, ein Nebelsack, bildet einen sternlosen Bereich südöstlich des Kreuzes. Wie die untere Skizze verdeutlicht, zeigt das Kreuz, wenn es senkrecht im Himmel steht, zum geographischen Südpol.

Das Kreuz des Südens besteht aus vier Hauptsternen und zwei Zeigersternen auf der Ostseite. Ein dunkles Nebelfeld befindet sich südöstlich des Kreuzes.

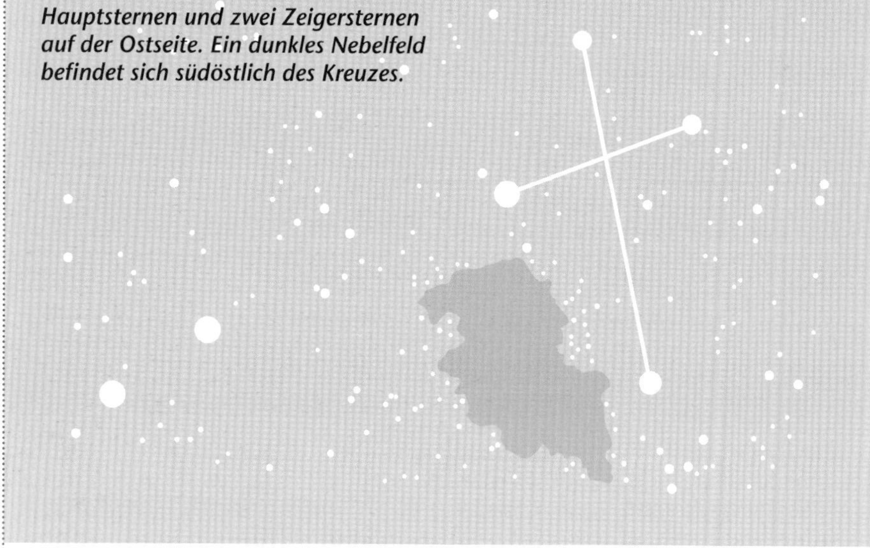

Wenn das Kreuz senkrecht im Himmel steht, wie hier zu sehen, so zeigt die Hauptachse zum geographischen Südpol.

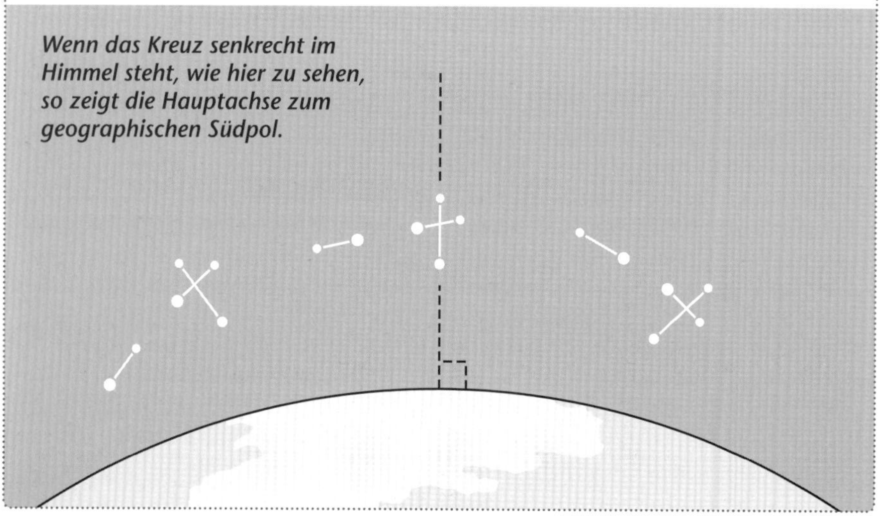

bestehenden Gürtel. Wie die Sonne geht der Orion im Osten auf und im Westen unter. An der Stelle, an der der Gürtel des Orion hinter dem Horizont verschwindet, befindet sich der Westen.

In der südlichen Hemisphäre bietet das Kreuz des Südens eine gute Navigationshilfe. Wenn es vertikal am Himmel steht, so weist der unterste Stern direkt in den Süden. Sollte das Kreuz in einem Winkel am Himmel stehen, müssen Sie die längere Achse um das 4,5-Fache verlängern, was Sie zu einem imaginären Punkt am Horizont bringt. Direkt hier ist der Süden.

NAVIGATION MIT KOMPASS UND KARTE

Auch im Zeitalter von GPS-Systemen bleiben das Kartenlesen und die Nutzung eines Kompasses wichtige Bestandteile der Grundausbildung eines Soldaten. Obwohl ein GPS-Empfänger ein ausgezeichnetes Mittel zur Navigation ist, kann und wird die Technik Sie im Stich lassen. Außerdem gibt Ihnen eine Karte einen tieferen Einblick in die natürlichen Gegebenheiten, so dass Sie Ihre Route und die darin enthaltenen Risiken genauer abschätzen können.

Der Polarstern

Der Polarstern, auch Nordstern oder Polaris genannt, ist ein sicheres Zeichen für den Norden. Wenn Sie, wie hier gezeigt, Linien vom Großen Wagen oder von Kassiopeia ziehen, können Sie den Polarstern sicher finden.

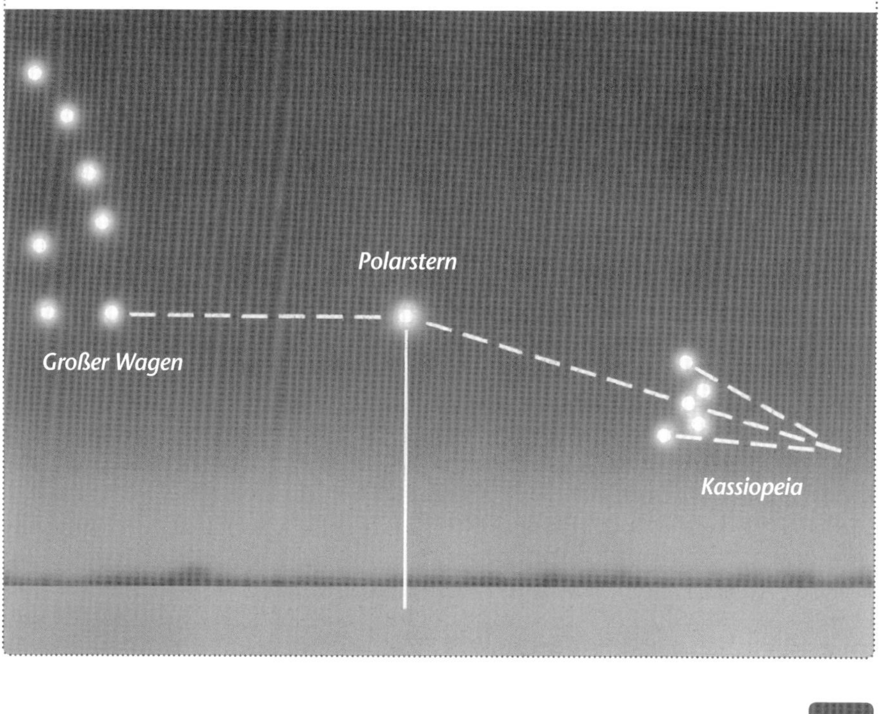

GPS-Empfänger

Die folgenden Hinweise sollten Sie beim Kauf eines GPS-Empfängers für Ihren Survivaltrip beachten:

- **Der Empfänger sollte robust sein, stoßfest, wasserdicht und sowohl unter extrem kalten wie extrem warmen Witterungsbedingungen funktionieren.**
- **Der Empfänger sollte einen großen Bildschirm haben, auf dem Karten angezeigt werden können (im Gegensatz zu einem Empfänger, der ausschließlich Zahlen anzeigt), so dass Sie, wenn notwendig, Karten kaufen und auf das Gerät laden können.**
- **Wählen Sie ein 12-Kanal-Parallelempfänger-System, das vor allem in unübersichtlichen Gebieten wie Wäldern sehr viel genauer ist als sequentielle oder Multiplex-Geräte.**
- **Kaufen Sie einen Empfänger mit einem transreflektiven Bildschirm, da diese bei direktem Sonnenlicht besser zu lesen sind als andere Bildschirmarten.**
- **Wählen Sie ein Gerät, das mindestens 500 Wegepunkte und 20 Routen speichern kann.**
- **Stellen Sie sicher, dass das Gerät eine lange Laufzeit hat und automatisch in den Energiesparmodus übergeht.**

Karten lesen

Landkarten sind das A und O sowohl der militärischen als auch der Survivalnavigation. Karten lesen und verstehen zu können, ist lebensnotwendig. Zunächst einmal ist es wichtig, dass Sie einen geeigneten Maßstab wählen. Der typische Maßstab einer Wanderkarte ist 1:50.000. Das bedeutet, dass eine Einheit auf der Karte 50.000 Einheiten in der Wirklichkeit entspricht. Um Entfernungen schnell abschätzen zu können, bieten die meisten Karten in der Legende eine Maßstabsleiste, die typische Entfernungen zeigt. Mithilfe dieser Linie können Sie schnell Entfernungen auf der Karte abmessen.

Topographische Karten zeigen die Geländeformen einer Region mit Hilfe von Umrisslinien, die auf derselben Höhe gelegene Punkte verbinden. Diese Höhenlinien zeigen nicht nur die jeweilige Höhe über dem Meeresspiegel, sondern auch wie steil der Berg oder Hügel ansteigt – die Distanz zwischen zwei Höhenlinien (Äquidistanz) bezeichnet den vertikalen Höhenunterschied. Liegen die Höhenlinien weit auseinander, so ist der Hang eher flach. Sind die Linien dagegen nah aneinander, so handelt es sich um einen steilen Hang.

Außerdem hat die Karte ein Koordinatennetz aus vertikal (nord-südlich) und horizontal (ost-westlich) verlaufenden Linien. Eine Position auf einer Karte wird mit Hilfe einer sechsstelligen Zahl angegeben, wobei zuerst der horizontale und dann der vertikale Wert genannt wird. Dies kann verwirrend sein, da es anders herum funktioniert, wenn man Längen- und Breitengrade verwendet.

Details auf der Landkarte

Studieren Sie die Karte und die Legende sehr genau und prägen sich sowohl die natürlichen als auch die menschengemachten Merkmale ein. Wenn Sie ein bis zwei dieser Merkmale auf Ihrem Weg im Auge behalten, stellen Sie sicher, dass Sie nicht von der Route abweichen.

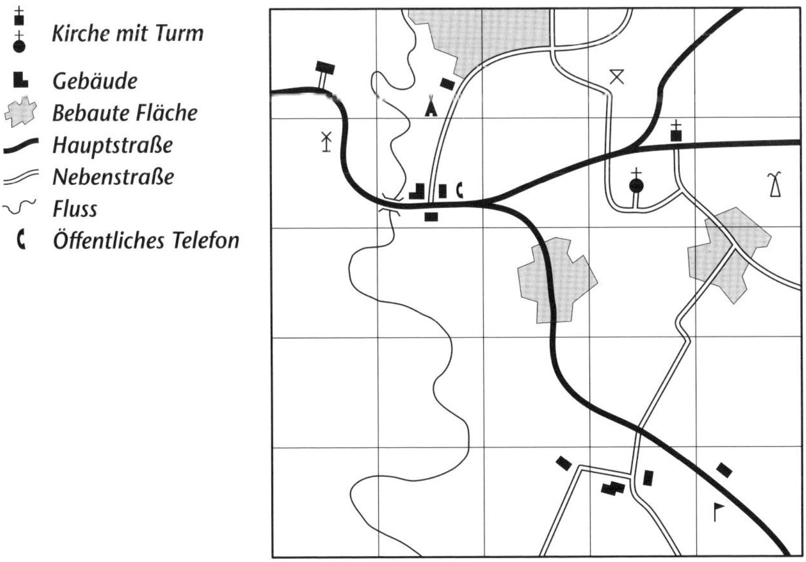

Um die sechsstellige Positionsnummer zu errechnen, identifizieren Sie Ihre Position auf der Karte. Die Nummer der nächstgelegenen Nord-Süd-Linie zur Linken (Westen) gibt die ersten beiden Stellen Ihres Rechtswerts (Ostwerts/Easting) an. Messen Sie den Abstand des Kartenpunkts zur Gitterlinie in Zehnteln ab (sie entsprechen Zehntel-Kilometern). So erhalten Sie die dritte Stelle Ihres Rechtswerts. Wiederholen Sie diesen Vorgang für Ihren Hochwert (Nordwert/Northing), indem Sie den Wert der nächsten Ost-West-Linie unterhalb (südlich) Ihrer Position ablesen und dann den Abstand zwischen Ihrer Position und der Gitterlinie messen. Die sechsstellige Zahl gibt Ihre Position auf der Karte auf 100 Meter genau an.

Kompasse

Kompasse sind Geräte, die zum magnetischen Nordpol zeigen. Der Zeiger ist auf einem in 360-Grad-Segmente eingeteilten Kreis gelagert. Kompasse gehören zur grundlegenden Ausrüstung eines jeden Soldaten.

Geländekonturen

Höhenlinien mögen auf der Karte harmlos aussehen, können aber sehr schwierige Geländeverhältnisse anzeigen. Merken Sie sich, dass sehr eng aneinander liegende Linien auf einen sehr steilen Hang hindeuten, während Linien mit großem Abstand einen flacheren Hang bezeichnen.

Flacher Anstieg

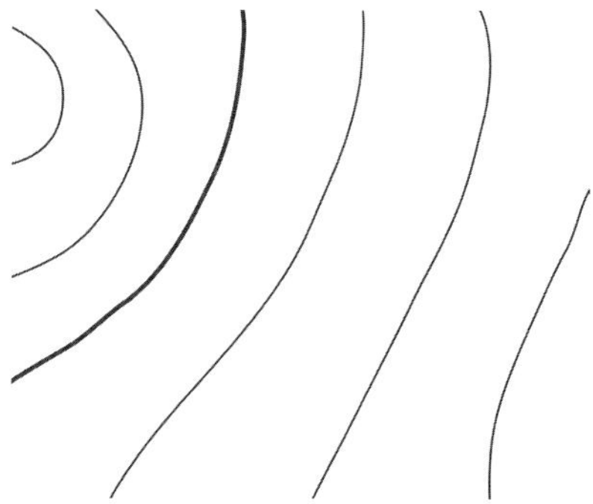

Mäßiger Anstieg

Steiler Anstieg

Steiler Bergrücken

V-förmiger Geländeeinschnitt

Breiter Gebirgsausläufer

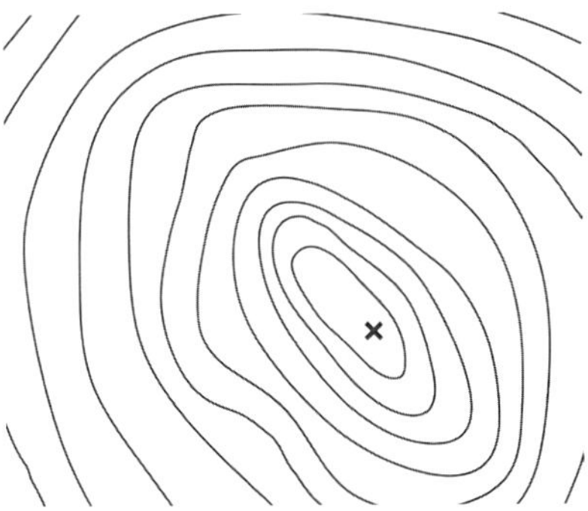

Kegelförmiger Hügel

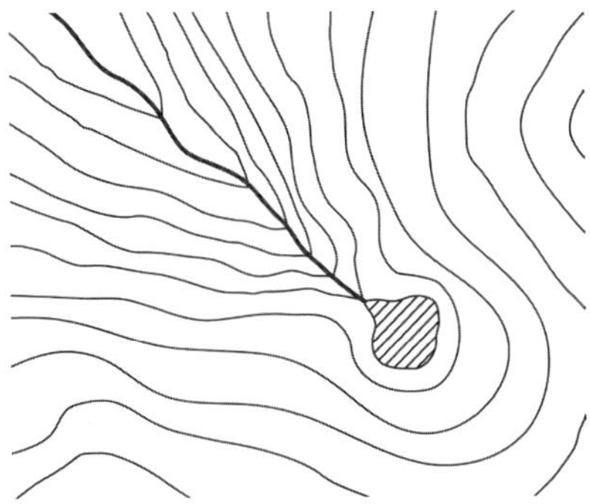

Bergsee und -fluss

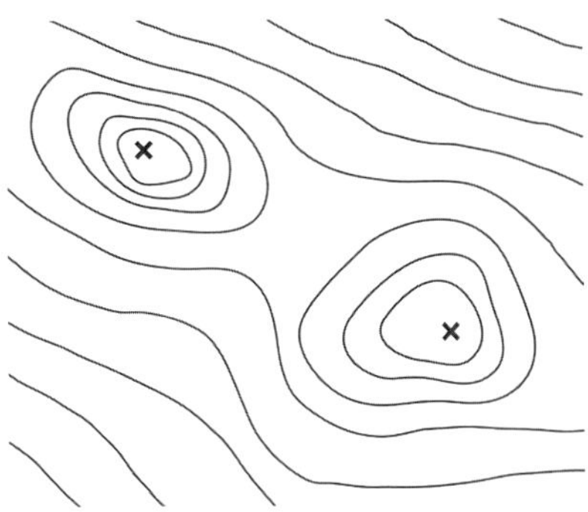

Hügel mit zwei Gipfeln

Landschaft und Karte

Eine Karte gibt die dreidimensionale Wirklichkeit zweidimensional wieder. Lernen Sie die Karte dreidimensional zu lesen, so erkennen Sie bei der Routenplanung auch schwieriges Gelände auf der Karte.

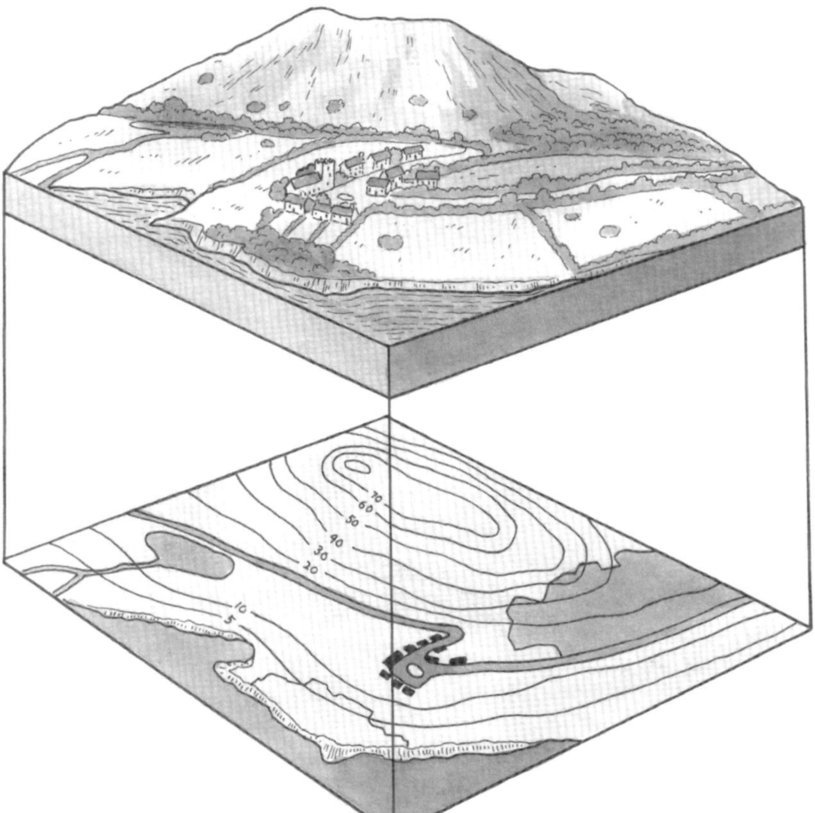

Beachten Sie, dass es einen Unterschied zwischen dem geographischen Nordpol und dem magnetischen Nordpol gibt. Dieses Phänomen wird als Missweisung oder Deklination bezeichnet, deren Stärke je nach Position und Zeit variiert. Die magnetische Missweisung wird in Grad Ost oder West angegeben, je nachdem, ob die Kompassnadel nach Osten oder Westen vom geographischen Nordpol zeigt. Sie werden mehr über die Missweisung erfahren, wenn wir die Verwendung des

Eine Nadel magnetisieren

Das »Survival Manual« der amerikanischen Streitkräfte lehrt, dass Sie »eine Nadel magnetisieren oder polarisieren, indem Sie sie in einer Richtung über ein Stück Seide oder langsam durch das Haar ziehen.« Den gleichen Effekt erzielen Sie mit einem anderen Magneten oder mit einem Stück Leder.

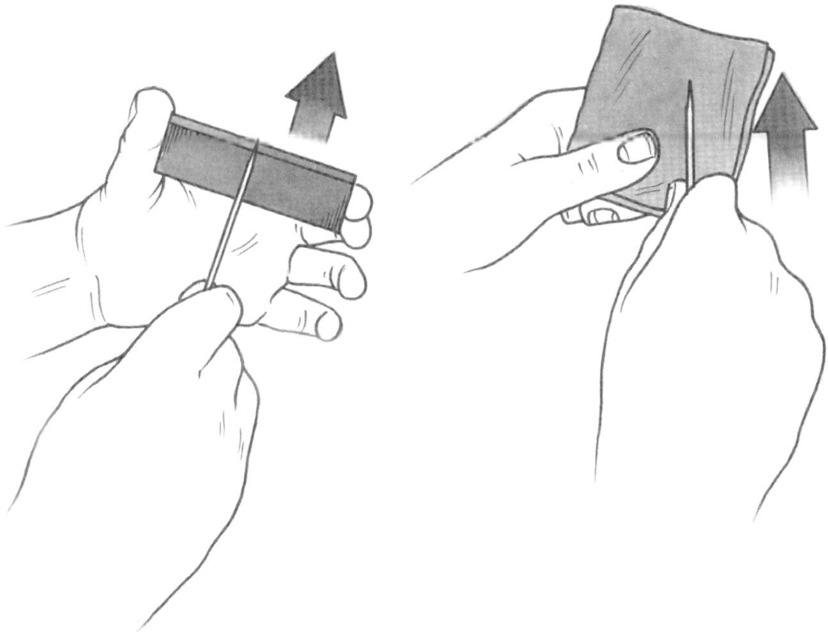

Kompasses näher erläutern. Gute Landkarten sollten jedenfalls eine Information über die Missweisung geben, beispielsweise in folgender Form: »Die Richtung des magnetischen Nordpols befindet sich im Juli 2000 bei 4° 22′ westlich der Nordlinie. Die jährliche Änderung beträgt 13′ Ost.«

Es gibt viele unterschiedliche Arten von Kompassen. Da zahlreiche Wanderer und Bergsteiger Plattenkompasse (etwa von der Firma Silva) nutzen, beziehen wir unsere Erklärungen auf diese Art von Kompass. Legen Sie am besten einen Kompass vor sich, um die folgenden Erläuterungen zu verstehen.

Das Grundlegendste, was Sie mit einem Kompass bestimmen können, ist der magnetische Norden. Drehen Sie das Kompassgehäuse, bis die Skala auf N (000°) steht. Halten Sie den Kompass nun gerade und warten Sie, bis die Nadel sich ausgerichtet hat. Das rote Ende zeigt nun in Richtung des magnetischen Nordpols.

Wenn Sie jetzt den gesamten Kompass drehen, bis die Nadel in einer Linie mit dem Orientierungspfeil liegt, zeigt der

Kompasstypen

Es gibt viele verschiedene Kompasstypen. Elektronische Kompasse sind mittlerweile sehr hoch entwickelt und können Kurse und Routen in ihrer Datenbank speichern. Traditionelle Kompasse sind dafür unabhängig von Batterien.

Plattenkompass/ Linealkompass

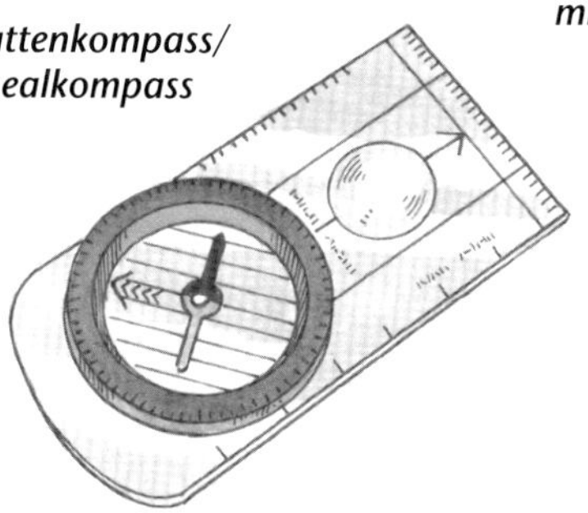

Plattenkompass mit Spiegel

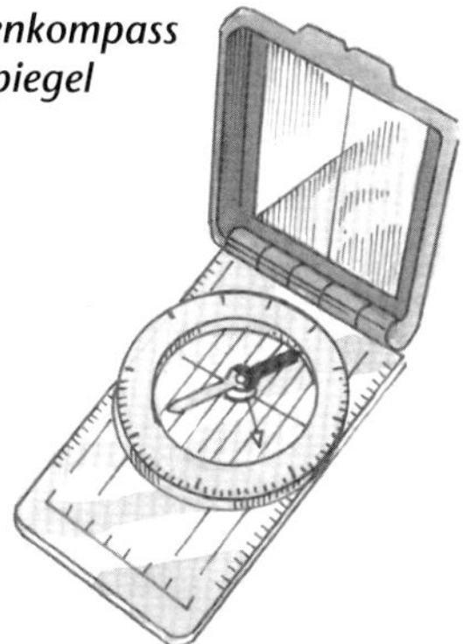

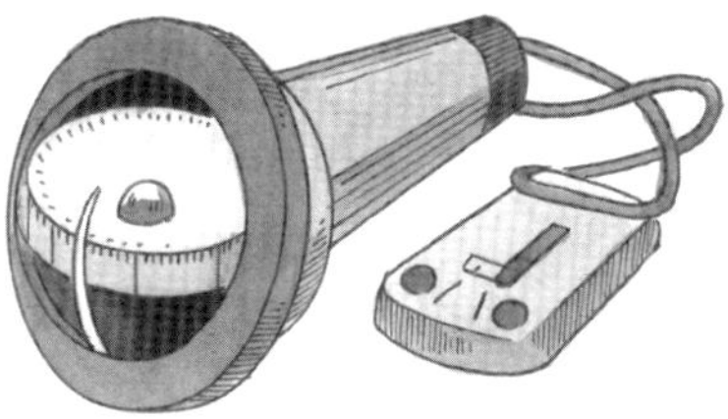

Handpeilkompass

Steuerkompass

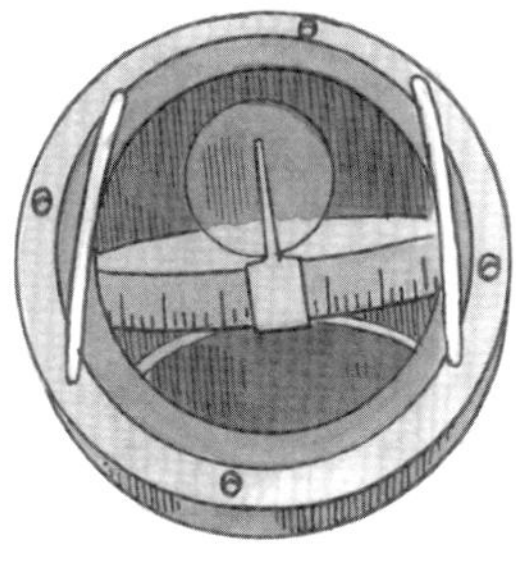

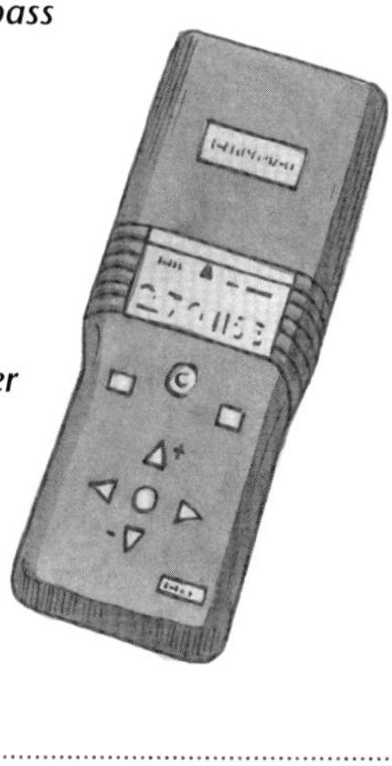

Elektronischer Kompass

Prismenkompass

Marschrichtungspfeil in Richtung des magnetischen Nordens.

Um den geographischen Norden zu finden, drehen Sie das Kompassgehäuse, bis die Nordanzeige direkt über dem Marschrichtungspfeil liegt. Nun sollten Sie die Missweisung korrigieren. Wenn diese beispielsweise 10° W beträgt, müssen Sie das Gehäuse auf 010° setzen; wenn die Missweisung 15° O beträgt, drehen Sie das Gehäuse auf 345°. Als nächstes drehen Sie den gesamten Kompass, bis die Nordnadel (die rote) in einer Linie mit dem Orientierungspfeil steht. Der Marschrichtungspfeil zeigt nun in Richtung des geographischen Nordpols.

Zu allem Überfluss gibt es noch eine weitere Form des Nordens, das Kartennord oder Gitternord. Diese Nordrichtung wird durch die oberen Enden der Nordlinien auf Ihrer Karte angezeigt. Es handelt sich hierbei weder genau um den magnetischen noch um den geographischen Nordpol, aber das Gitternetz erleichtert es deutlich, mit einem Plattenkompass die Karte auszurichten und die Marschrichtung festzulegen. Um Gitternord zu finden, folgen Sie den Anweisungen für

Improvisierter Kompass

Dieser improvisierte Kompass besteht aus nichts weiter als einer magnetisierten Nadel (siehe Seite 249), die auf einem Korken im Wasser balanciert wird. Das Wasser muss sehr ruhig sein, da jede Strömung die Genauigkeit des Kompasses beeinträchtigt.

das Finden des geographischen Nordpols. Allerdings müssen Sie für die Korrektur der Missweisung den Unterschied zwischen magnetischem Nord und Kartennord verwenden. Dies unterscheidet sich häufig von der Missweisung zwischen magnetischem und geographischem Norden. Die genaue Missweisung finden Sie in der Legende der Karte.

Verwendung des Kompasses

Bevor Sie Ihren Kompass benutzen, sollten Sie die Karte nach den natürlichen Orientierungspunkten ausrichten, wobei das Kartennord in Richtung des geographischen Nordpols, wie er von Ihrem Kompass angezeigt wird, weisen sollte. Normalerweise bestimmen Sie jetzt einen Kurs auf der Karte und folgen dieser Route dann mit Hilfe Ihres Kompasses. Der Kurs ist die Richtung eines Punktes oder einer Linie auf der Karte in Relation zum geographischen, magnetischen oder Kartennord und wird in Grad angegeben. Diese Methode ist sehr nützlich, um ein Ziel zu erreichen, das Sie noch nicht sehen können. Folgen Sie hierfür den folgenden Schritten:

Einem Kompasskurs folgen

Um einem Kompasskurs zu folgen, halten Sie den Kompass vor sich und drehen Ihren Körper nach links oder rechts, bis die Nadel in die gleiche Richtung wie der Orientierungspfeil weist.

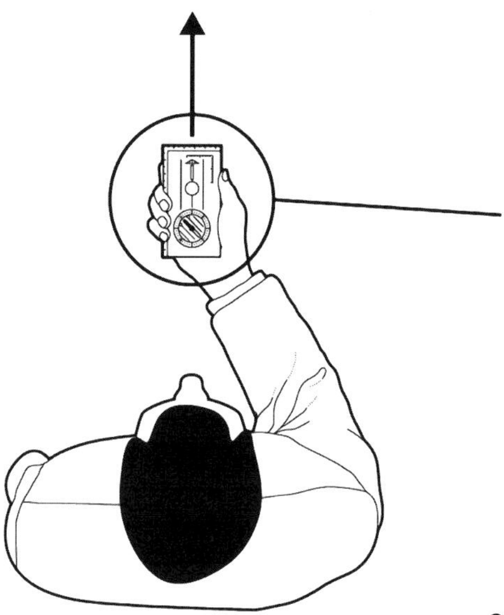

Dem Kurs folgen.

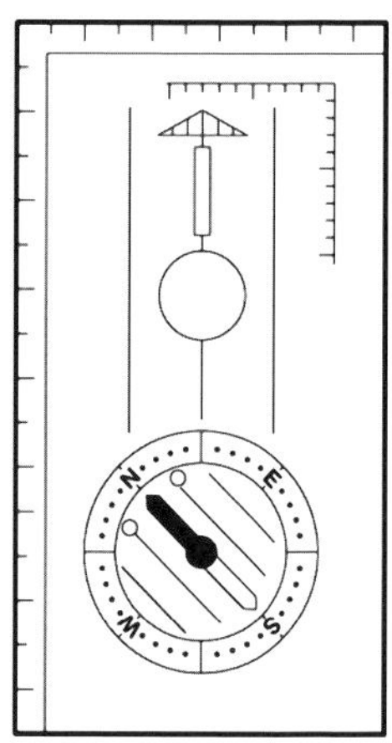

Orientierungspfeil stimmt mit der korrekten Peilung überein.

1. Legen Sie den Kompass so auf die Karte, dass die Kante der Grundplatte der geplanten Route entspricht. Der Marschrichtungspfeil sollte in die Richtung zeigen, in die Sie laufen wollen.
2. Drehen Sie das Gehäuse so, dass die Orientierungslinien des Kompasses parallel zu den Gitterlinien auf der Karte liegen und das N auf dem Gehäuse zur Nordkante der Karte zeigt.
3. Falls notwendig, korrigieren Sie jetzt den Kurs, indem Sie die Skala entsprechend der Missweisung entweder im oder gegen den Uhrzeigersinn drehen.
4. Halten Sie den Kompass jetzt vor sich, so dass der Marschrichtungspfeil von Ihnen weg weist. Drehen Sie sich nun, bis die Kompassnadel mit dem Orientierungspfeil übereinstimmt, wobei die rote Nadel in Richtung des nördlichen Endes des Pfeils zeigt. Sie stehen jetzt in Richtung Ihrer Route.

Um einen Kurs aus dem Gelände auf eine Karte zu übertragen, verfahren Sie genau umgekehrt. Diese Methode kann verwendet werden, um den Kurs zu einem markanten Geländepunkt auf der Karte einzutragen, entweder um eine Positionslinie zu erstellen oder um einen unbekannten Orientierungspunkt zu identifizieren. Es gibt aber einen wichtigen Unterschied. Was Sie vornehmen, ist eine Rückwärtspeilung (Sie messen den Kurs vom Orientierungspunkt zu Ihrer Position):

1. Halten Sie den Kompass vor sich, so dass der Marschrichtungspfeil direkt auf das Objekt zeigt, zu dem Ihr Kurs führen soll. Am besten peilen Sie entlang der Kante der Kompassplatte.
2. Halten Sie die Grundplatte ruhig und drehen Sie das Kompassgehäuse, bis die Richtung der Kompassnadel mit dem Orientierungspfeil übereinstimmt, wobei das Nordende des Pfeils unter dem (weißen) Südende der Kompassnadel liegen muss. So erhalten Sie einen negativen Kurs, keinen direkten Kurs.
3. Wenn notwendig, korrigieren Sie jetzt den Kurs entsprechend der Missweisung, indem Sie das Kompassgehäuse um die entsprechende Gradzahl gegen oder im Uhrzeigersinn drehen.
4. Legen Sie den Kompass nun so auf die Karte, dass die Kante der Grundplatte über dem Orientierungspunkt liegt, dessen Kurs Sie genommen haben. Ignorieren Sie die Kompassnadel und drehen Sie den Kompass so, dass die Orientierungslinien parallel zu den Nord-Süd-Gitterlinien der Karte liegen und das Nordende des Orientierungspfeils in Richtung der Nordkante der Karte zeigt.
5. Ziehen Sie eine Linie von Ihrem Orientierungspunkt in Richtung des Marschrichtungspfeils – dies ist die Rückwärtspeilung, und Ihre Position befindet sich irgendwo auf dieser Linie. Wenn Sie das weiße Südende der Kompassnadel nach dem Orientierungspfeil ausrichten, müssen Sie nicht zuerst den direkten Kurs berechnen, von dem Sie dann 180° subtrahieren müssten.

Wie Sie Ihren Standort bestimmen

Wenn Sie Kurs auf ein Objekt auf Ihrer Karte nehmen, erhalten Sie eine Positionslinie – irgendwo auf dieser Linie befinden Sie sich. Um Ihre exakte Position festzustellen, brauchen Sie mindestens zwei sich überschneidende Positionslinien. Diese Technik wird Kreuzpeilung genannt.

Um die Kreuzpeilung durchzuführen, müssen Sie mit dem Kompass den Kurs zu zwei Orientierungspunkten ermitteln, die Missweisung korrigieren und diese Kurse dann auf der Karte eintragen. Ihre

Position befindet sich am Schnittpunkt der beiden Linien. Wenn Sie eine dritte Kurslinie einzeichnen, ist es unwahrscheinlich, dass sich alle drei genau an einem Punkt treffen. Eher wird ein kleines Dreieck entstehen. In diesem Fall können Sie davon ausgehen, dass Sie sich in der Mitte dieses Dreieckes befinden.

Beachten Sie, dass es aufgrund des Geländes schwierig sein kann, einem Kompasskurs direkt zu folgen. Unwegsames Gelände, Hindernisse, steile Hänge und ungleichmäßige Schritte können Sie von Ihrer geplanten Route abbringen. Aus diesem Grund sollten Sie Ihre Position regelmäßig überprüfen und auch Ihren gesunden Menschenverstand einsetzen – folgen Sie einer Route nicht blind, wenn diese Sie in Schwierigkeiten bringen könnte.

NOTSIGNALE

Bei der Navigation im Survivalnotfall geht es darum, sich selbst in Sicherheit zu bringen; der Sinn von Notsignalen besteht darin, andere auf Ihre Lage aufmerksam zu machen. Notsignale werden vor allem angewandt, um Rettungskräfte oder Rettungshubschrauber auf sich aufmerksam zu machen. Signale werden verwendet, um Ihre Position über große Distanzen hinweg entweder visuell oder akustisch anzuzeigen. Möglicherweise befinden Sie sich in der Wildnis, und vor allem in Wald- oder Schneegebieten kann es selbst mit modernster Technik schwierig sein, Ihre Position auszumachen. In diesem Abschnitt erläutern wir daher einige Techniken, wie Sie auf sich aufmerksam machen, so dass Sie selbst in einem weitläufigen Gelände gefunden werden können.

Für visuelle Signale eignen sich moderne Signalraketen ideal. Beachten Sie hierbei genau die Nutzungsanweisungen und verschwenden Sie die Raketen nicht innerhalb eines zu kurzen Zeitraums. Zünden Sie eine Rakete nur dann, wenn Sie relativ sicher sein können, dass diese von jemandem gesehen wird. Führen Sie keine Leuchtraketen mit sich oder haben diese schon verbraucht, ist ein helles Feu-

Korrekte Kreuzpeilung

Wenn Sie die Genauigkeit einer durch Kreuzpeilung festgestellten Position einschätzen wollen, sollten Sie alle möglichen Fehlerquellen in Betracht ziehen. Wenn Sie den Kurs zu einem Orientierungspunkt mit Hilfe eines einfachen Plattenkompasses festlegen, so ist es unwahrscheinlich, dass Sie diesen genauer als auf 2° messen können. Wenn Sie einen Kompass mit Visier oder einen Prismenkompass bei sich haben, können Sie den Kurs vielleicht bis auf 1° genau messen. Eine Abweichung von 2° ergibt eine Abweichung von 30 Metern auf jeden Kilometer, der zwischen Ihnen und dem Ziel liegt. Aus diesem Grund sollten Sie zwei Objekte wählen, die etwa 90° auseinander stehen, da hier die Fehlergefahr kleiner ist als bei zwei dichter beieinanderstehenden Objekten.

er (nachts) oder ein stark rauchendes Feuer (tagsüber) eine ausgezeichnete Alternative, um Aufmerksamkeit auf sich zu lenken. Um ein stark rauchendes Feuer zu erzeugen, können Sie einfach grüne Äste, frische Blätter, nasses Holz, Gummi oder Öl zu einem normalen Kochfeuer hinzugeben.

Körpersignale

Die folgenden Gebärden werden international dazu verwendet, um mit Rettungshubschraubern oder Suchtrupps zu kommunizieren. Machen Sie möglichst große, kräftige und klar voneinander abgesetzte Bewegungen.

Empfangsgerät ist betriebsbereit

Positiv (Ja)

Kann bald weitergehen, bitte warten, wenn möglich

Benötige mechanische Hilfe oder Teile, große Verspätung

Hier nicht landen

Bitte aufnehmen, Flugzeug aufgegeben

Nachricht abwerfen

Alles in Ordnung, nicht warten

Negativ (Nein)

Hier landen (Landerichtung anzeigen)

Benötige dringend medizinische Hilfe

Rauchsignale

Wichtig bei Rauchsignalen ist, dass die Farbe des Rauchs in möglichst starkem Kontrast zu der Umgebung steht. Hier wird gut sichtbarer weißer Rauch vor dem grünen Hintergrund eines Nadelwaldes gezeigt.

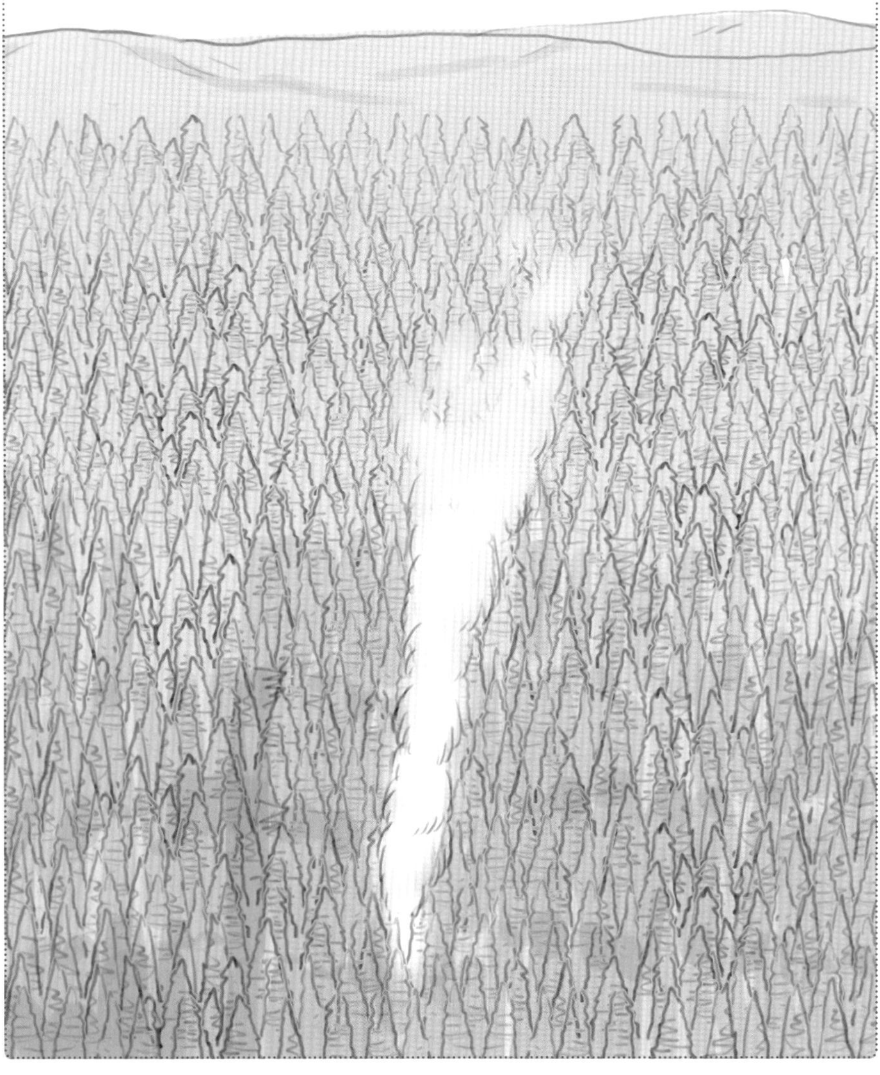

Je nach Umgebung sind unterschiedliche Farben von Rauch sinnvoll. Weißer Rauch, der entsteht, wenn Sie frisches Holz oder Blätter verbrennen, ist beispielsweise gegen das dichte Blätterdach des Dschungels sehr gut sichtbar, während dunkler Rauch, der bei der Verbrennung von Gummi oder Öl entsteht, in Polarregionen vor viel Schnee oder Eis besonders hervorsticht. Egal was für ein Feuer Sie entzünden, stellen Sie sicher, dass es gut sichtbar ist und Sie es auf gut einsehbarem Terrain entzünden.

Entfachen Sie außerdem niemals auf gut Glück ein Feuer. Stattdessen sollten Sie, wenn Sie nicht sowieso ein Kochfeuer haben, ein extra Signalfeuer vorbereiten. Es sollte, wenn möglich, schnell

Landezone für einen Helikopter

Eine Landezone für Helikopter muss mindestens 35 m breit sein, um dem Rumpf des Helikopters genug Raum zu geben, und mindestens 50 m Freiraum für die Rotorblätter bieten. Außerdem sollte der Landeplatz idealerweise mehrere hundert Meter lang sein, um einen längeren Anflug zu ermöglichen.

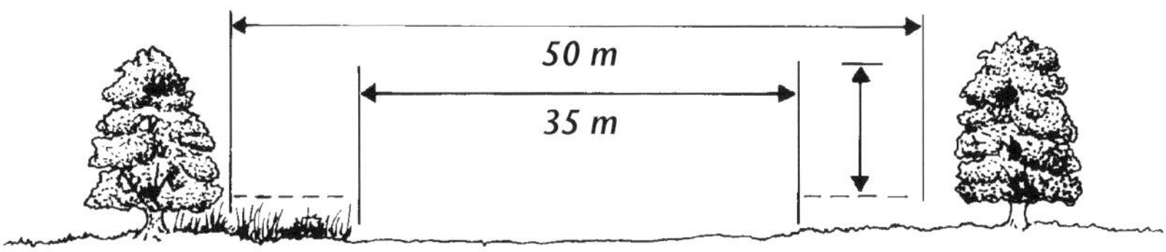

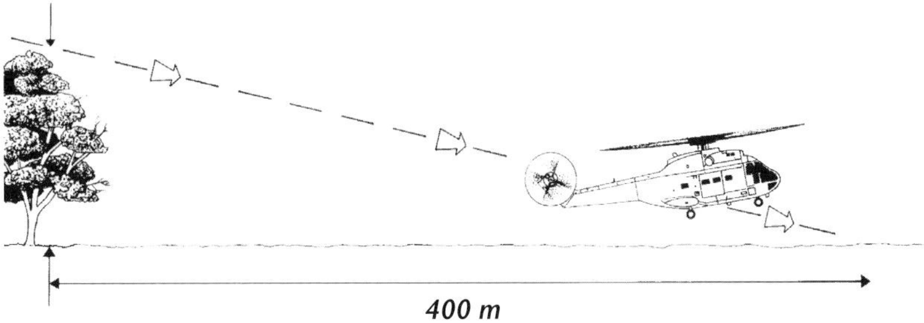

Boden-Luft-Signale

Kommunizieren Sie mit Luftfahrzeugen mit Hilfe dieser Zeichen, welche aus Ästen, Felsen, Erde, Gräsern oder anderen geeigneten natürlichen Materialien hergestellt werden können.

Benötige Arzt

Benötige Signallampe

Benötige Brennmaterial/Öl

Benötige Medikamente

Geben Sie Richtung für den Weitermarsch an

Alles in Ordnung

Kann nicht marschieren

Gehe in diese Richtung

Nein

Benötige Nahrungsmittel und Wasser

Versuche zu starten

Ja

Benötige Waffen.

Flugzeug beschädigt.

Nicht verstanden.

Benötige Karte und Kompass

Sichere Landung wahrscheinlich möglich

Benötige Techniker

brennende Materialien wie trockenes Gras, Öl, Benzin oder Schwarzpulver enthalten. Wenn Sie in der Ferne eine Rettungsmannschaft hören oder sehen bzw. das Dröhnen eines Flugzeuges oder eines Helikopters vernehmen, entzünden Sie das Feuer umgehend.

Es gibt außerdem eine Reihe von international gebräuchlichen Boden-Luft-Signalen, die Sie mit Hilfe von Naturmate-

Signalspiegel

Mit Hilfe dieses Signalspiegels »fängt« man die Sonne, indem man sie durch das Loch im Spiegel auf seine Hand fallen lässt. Dann dreht man den Spiegel in Richtung des Zielobjekts, um die hellen Strahlen auf dieses zu richten.

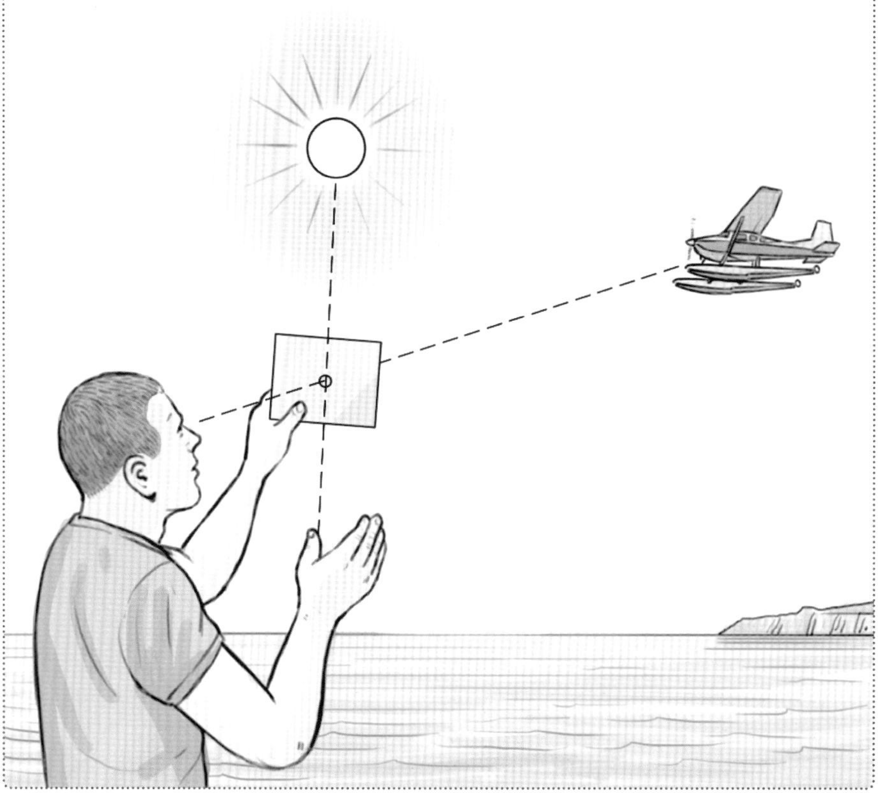

rialien herstellen können. Die einzelnen Signale sind auf Seite 258 dargestellt. Besonders wichtig sind dabei folgende Eigenschaften:

1. Die Signale sollten so groß sein, dass sie auch aus großen Höhen sichtbar sind.
2. Wählen Sie ein Material, das farblich mit dem Untergrund kontrastiert.

Die Bestandteile eines Buchstabens oder eines Symbols sollten mindestens 10 Meter lang und etwa 3 Meter breit sein. Zusätzliche kleinere Signale sind trotzdem hilfreich für Bodensuchmannschaften. Um farblichen Kontrast zu erzielen, können Sie jedes natürliche Material verwenden und ein wenig Kreativität einbringen. Helle Kleidung, Planen oder Rucksäcke sind gut geeignet, um ein Signal farblich hervortreten zu lassen. In winterlichen Bedingungen stechen dunkle Äste auf dem Schnee stark hervor. Alternativ können Sie auch Schneeblöcke auftürmen, die bei direkter Sonneneinstrahlung lange, dunkle Schatten werfen. Steine, Pflanzen und Algen können verwendet werden, um im Sand sichtbare Signale zu hinterlassen. In Graslandschaften können Sie das Gras mit Steinen niederdrücken, um die Notsignale zu erstellen. Kurz gesagt: Versuchen Sie alles, damit Ihr Signal gut sichtbar ist. Zu anstrengend sollte die Signalerstellung andererseits auch nicht sein.

An sonnigen Tagen ist ein Signalspiegel eine ausgezeichnete Methode, über große Entfernungen auf Ihre Notlage aufmerksam zu machen. Tests haben ergeben, dass die Reflektion von starkem Sonnenlicht durch einen Spiegel noch in 32 Kilometern Entfernung sichtbar ist. Heliographen erlauben es, das Sonnenlicht zielsicher auf einen Beobachter zu reflektieren. Handspiegel, CDs, DVDs oder polierte Metallstücke funktionieren jedoch ebenfalls. Die folgenden grundlegenden Regeln sollten Sie beachten:

- Fangen Sie das Sonnenlicht mit Ihrem Reflektor ein und lenken Sie es auf den Boden vor Ihren Füßen.
- Schauen Sie in Richtung Ihres Ziels (etwa eine entfernte Rettungsmannschaft oder ein Flugzeug).
- Lenken Sie den Lichtstrahl vom Boden direkt auf das Ziel. Versuchen Sie nicht, einen ruhigen, konstanten Lichtimpuls zu senden, sondern erzeugen Sie ein aufblitzendes Signal, indem Sie den Reflektor hin und her bewegen. Dies wird deutlich mehr Aufmerksamkeit erzeugen und verlangt kein genaues Zielen.

Bei einer weiteren Methode halten Sie den Reflektor dicht an Ihr Gesicht, während Sie die andere Hand ausstrecken und wie ein Zielfernrohr auf das Ziel ausrichten. Richten Sie den reflektierten Lichtstrahl auf Ihren Handrücken. Nehmen Sie jetzt die Hand herunter, so dass der Lichtstrahl das Ziel erreicht. Eine gute Taschenlampe kann einen Reflektor ersetzen. Sie sollten allerdings sicher sein, dass Sie das Ziel mit dem Licht auch erreichen können, bevor Sie wertvolle Batterien verbrauchen.

Die Möglichkeit, visuelle Signale zu senden, hängt stark von der Tageszeit und der Wettersituation ab. Nachts sind Ihre Möglichkeiten auf ein helles Feuer oder eine Fackel begrenzt. In dieser Situation können Sie Ihre visuellen Notsignale durch akustische Signale ergänzen. Schreie, Pfeifen und Nebelhörner können unter günstigen Umständen über eine relativ große Entfernung gehört werden. Sechs lange Pfiffe, gleichmäßig innerhalb einer Minute wiederholt mit einer nachfolgenden Minute Stille, auf die wieder die Pfiffe folgen, gelten als internationales Notsignal.

Morsezeichen

Morsezeichen lernen die Soldaten der Spezialeinheiten bis heute. Mit Hilfe einer Taschenlampe oder einer Pfeife können Sie Morsenachrichten über eine große Distanz senden. Sie werden auf der ganzen Welt verstanden.

A .—	M ——	Y —.——
B —...	N —.	Z ——..—
C —.—.	O ———	1 .————
D —..	P .——.	2 ..——
E .	Q ——.—	3 ...——
F ..—.	R .—.	4 ....—
G ——.	S ...	5 .....
H	T —	6 —....
I ..	U ..—	7 ——...
J .———	V ...—	8 ———..
K —.—	W .——	9 ————.
L .—..	X —..—	0 —————

INDEX

A

B

K

L

M

N

T

Y

Z